JN287993

福祉NPOの社会学

安立清史

東京大学出版会

The Sociology of Non-Profit Welfare Organizations
Kiyoshi ADACHI

University of Tokyo Press, 2008
ISBN 978-4-13-056065-8

はじめに

　社会学者にとって，自分の研究テーマが，時代や社会と共振していくのを見ることほどうれしいことはない．
　福祉NPOというテーマに取り組みはじめて10年以上がたつ．この間，驚くほど急激に福祉とNPOをめぐる世界が変わった．時代や社会が大きな変化と転換を必要としていたのだと思う．この大きなうねりを間近に見続け，そのなかで自分の研究テーマと出会えたことは社会学研究者として望外の幸運であった．
　1990年代初頭，日本における福祉NPOのはしりとも言える市民互助型・住民参加型在宅福祉団体の調査を始めたころには，まさか福祉の世界にここまで大きな変化と展開が起こるとは予想できなかった．ましてやNPOという新しい組織が，これほど一気に誕生し社会に浸透するとは夢想すらしなかった．しかし現実は，私の予想をはるかに上回る規模と速度で展開していった．この経験は社会学研究者としての私に，日本社会は変わるのだ，変わりうるのだ，という肯定的な確信を与えてくれた．私だけでなく福祉とNPOに関わる人びとにとって，この10年間は驚きと興奮につつまれた年月であったことだろう．
　紆余曲折はあったがNPO法が施行されNPO法人が続々と誕生した．またさまざまな批判はあったものの介護保険制度が開始され，本格的に福祉NPOが活動しはじめた．何かが大きく変わろうとしていた．しかし介護保険制度のその後の展開は，とりわけこの数年の展開は，昔ながらの日本社会の壁が巻き返してきたような感がある．日本社会の厚い現実の壁が，福祉NPOの前に立ちはだかっているように見える．もっとも，私たちの介護保険制度発足当初の予測や希望が，やや楽観的で期待過剰だった部分もあろう．介護保険制度は一種の社会実験であり，実験しながら前進していくものと楽観していた部分があったのである．しかし制度改定のたびに規制や監督が厳しくなり，実験的な余地がなくなっていくようである．営利企業も非営利組織もまったく同一の事業体とみなされるような制度設計では，福祉NPOの独自性や機能を果たしにく

i

い．また「介護の社会化」や「措置から選択へ」という理念も消えかけているという声も少なくない．福祉NPOをめぐる状況は，かなり厳しいものがあり，多くの関係者の間で変化や転換を求めた発足当初の改革への期待が萎縮してきているように感じられる．景気の回復とともに変化を求める熱気もさめて，もとの日本社会の姿に後戻りするような動きがあるように思われてならない．本書の執筆と並行して2007年夏に，福祉NPOをふくむさまざまな介護保険事業者と介護現場の変化の全国調査を実施したのだが，介護現場の離職率の高さと，将来不安の広がりは驚くほどだった．制度改定のたびに規制と監督がきびしくなり，現場のやる気や自発性は抑えられ，そのうえ介護報酬は減額されている．介護保険の先行きにたいしては暗い見通しばかりがたちこめ，介護現場では大きな不安が広がっている．これでは介護現場からの離職者が相次いでも不思議はない．制度発足当初には，使命感ややりがいを感じてこの世界に入ってきた人たちの夢を，これほど短期間に萎縮させてしまう制度運営というのは，いったい何であろうか．介護ケアというヒューマンサービスに携わる人たちの力を信頼できないのだろうか．人間を信頼できない制度とは何のための制度なのだろうか．精緻で破綻なく運営することだけを目的とした制度のための制度になっていくのではないだろうか．私たちが求めていたのは，そういうものではなかったはずだ．調査を集計しながら，そういう思いを抑えることができなかったのである．

　しかしこの変わりにくい日本社会にあっても，どこかに変化の兆しが現れているはずだ．それはどこであり，また変化を生み出すソーシャルアクターはどこにいるのだろうか．それを探しあてて解明していくことこそ社会学の原点の問いではないだろうか．福祉は日本社会の変化の必要性がもっとも見えやすい分野である．ここには市民の新たな社会参加が大きく現れはじめている．しかし新しいソーシャルアクターがそのソーシャルアクションを起こすとき「組織」の特性に多くの問題が残されているのは明らかだった．公益法人制度は，明治期の民法で規定されたものであった．だからこそ，これまでとは違った行動原理や組織原理をもつボランティアやNPOという新しい入れ物が，日本社会の管理主義的で制度優先，組織優先の仕組みを，人間優先のものへと転換していくきっかけになるのではないかと，多くの人たちから期待されたのである．

変化は一朝一夕には達成困難なことであろう．しかし少子・高齢化のような待ったなしの社会的な課題に直面して，時代や社会が否応なく転換を迫られている現在こそ，福祉 NPO はその機能を発揮できるのではないか．転換期における一種の社会実験がそこから始まるのではないか．社会学の研究者としての私が過剰なまでに期待したのは，まさにそういうことであった．NPO 一般ではなく，まさに福祉 NPO にとりわけ注目したのも，ここにこそもっとも先鋭的に時代や社会の課題が現れていると思われたからである．

　この期待は放擲していない．期待しつづけている．本書の出版年である 2008 年はまだ介護保険発足 8 年めである．あまり性急に評価を下すわけにはいかないだろう．これからも社会実験が続くのだ．とくにもっとも高齢化が進むとされている 2015 年あたりに向けて，これからも大きな制度改革が進むであろう．なかでも新しいソーシャルアクターとしての福祉 NPO の役割は，もっと根本的に見直して評価していくべきではないか．福祉 NPO の本来の可能性は，これから本格的に現れるはずなのだ．そのためにも，日本の制度や政策，そして日本的な現実や実態にとらわれず，NPO という組織が本来もつべき可能性をできうるかぎり描き出してみたかったのである．

　福祉 NPO の理論という言葉のなかに込めてみたかった思いはここにある．現実は直線的には進まず，ときに逆行するかもしれないが，理論の世界は可能性に満ちている．この日本の「現実」に負けないためにも，福祉 NPO の理論やモデルが必要なのではないか．本書は，こうした思いを持ちながら，ある程度冷静になってこの十数年間をふり返り，来るべき今後の展開にとっての問題や課題を整理しておきたいと思い定めて第一歩を踏み出したものである．

目　次

はじめに　i

序　章　福祉 NPO の社会学をめざして ──1

1　はじめに　1
日本の福祉ボランティア団体の直面した問題　5
NPO の社会学へ向けて　7
日本的組織と NPO　9

2　NPO とは何か　11
理念型としての NPO　12

3　社会にとって NPO とは何か　13
NPO の発展の歴史　14
福祉にとって NPO とは何か　14

4　社会学にとって NPO とは何か　15

5　本書のプランと構成　17
本書のプラン　17
本書の構成　18

第 1 章　NPO の理論・NPO の社会学 ──21

1　はじめに　21

2　NPO 研究の動向　23
サラモンの NPO 論　26
サラモンらの NPO 定義の特徴　29
グローバル・シビル・ソサエティ　30
日本へのインパクト　31
NPO と政府との協働　32

3　NPO理論の検討　32
　　　　アンハイヤによるNPO理論の総合　32
　　　　NPOの定義　34
　　　　NPOの理論　38
　　　　NPO理論の批判的検討——NPOの社会学はどこにあるのか　44

　　4　NPOの社会学へ向けて——理論的検討　45
　　　　組織の硬直化と逆機能　45
　　　　ミッションとエートスの行方　46
　　　　組織の死と再生——組織のライフサイクル・ライフコース　47
　　　　非営利組織の理論と社会学　50

第2章　福祉NPOの理論・福祉NPOの社会学　———55

　　1　福祉NPOの理論と福祉NPOの社会学　55
　　　　福祉NPO研究　55
　　　　米国における福祉NPOの概念定義　55
　　　　日本における福祉NPO研究　56
　　　　福祉NPOの社会学　60
　　　　日本における福祉NPOの社会学　63
　　　　福祉NPO研究のプラン　67

　　2　NPO・福祉NPOの社会的機能論　68
　　　　NPOの社会的機能論　68
　　　　クレーマーの社会的機能論　71

　　3　クレーマーの福祉NPOの理論　72
　　　　クレーマー理論の射程　73
　　　　クレーマーによる福祉NPOの社会的機能論　76
　　　　Voluntary Agencies in the Welfare State の要約と検討　77
　　　　クレーマーの4機能論　78
　　　　クレーマー理論のまとめ　87

　　4　福祉NPOの機能分析枠組み　89
　　　　クレーマー理論から　89
　　　　福祉NPO分析とNPO分析の2つのモデル　92
　　　　モデルの再構築　94

第3章　日本における福祉 NPO の生成と展開 ─── 103
地域福祉・介護保険と NPO

1　地域福祉における NPO の展開　104
社会福祉の導入　104
社会事業から社会福祉へ　105
社会福祉の日本化過程　106
社会福祉組織の日本化　107
ボランティアの日本化　108

2　住民参加型・市民互助型在宅福祉活動団体　112
住民参加型・市民互助型団体の提起した問題　113
住民参加型・市民互助型団体の NPO への展開　116

3　地域福祉への市民参加　117
福祉 NPO の社会参加促進機能　117
政治学における参加論　119
社会学における参加論　122
社会福祉学・地域福祉論における参加　126
ニードとディマンド　128
利用者主権　129
参加型福祉　131

4　介護 NPO の展開　133
NPO による高齢者支援　133
介護 NPO の活動実態　135
介護 NPO のサービス分類　139
介護 NPO の課題　145
介護保険制度改定と介護 NPO　150

第4章　福祉 NPO の可能性と課題 ─── 159
米国の AARP を事例として

1　はじめに　159

2　福祉 NPO のアドボカシー機能　160

3　社会変革と NPO　162

  米国のシニアムーブメント 163
  シニアムーブメントとは何か 164
  なぜ社会運動とNPOは相補的になりえたのか 167
  考察──社会運動とNPOとの「相補性」 171

4 世界最大の高齢者NPO──AARPの実態と分析 173
  エセル・パーシー・アンドラス 173
  定年退職 174
  高齢者へのグループ医療保険 175
  全米退職者協会の創設 176
  社会教育家としてのアンドラス 178
  アンドラスの死去と組織の継承 179

5 AARPの活動と米国社会 179
  1960-1970年代の米国とAARP 179
  社会運動体としてのAARP 180
  AARP会員のプロフィールとサービス 181
  政府との協働 184
  情報提供活動 185
  地域でのボランティア活動支援 186

6 AARPの組織と財政 187
  AARPの組織 187
  財政規模 188
  営利と非課税の境界 188

7 現在のAARP 191
  AARPの成功と批判 191
  NPOの規制 192
  岐路に立つ米国のNPO 193
  もはや「退職者協会」ではない 194
  AARPの示唆するもの 195

8 AARPの問題と課題──その社会学的分析 197

9 福祉NPOと日本社会・米国社会 205
  福祉NPOの世界へ 205
  住民参加型在宅福祉サービス団体の展開 206
  阪神・淡路大震災 207

  ボランティアの日米比較　210
  日系アメリカ人コミュニティにおけるNPO　211
  NPOのマネジメント　214
  サラモンとジョンズ・ホプキンス大学　215
  AARPとの遭遇　217

10　まとめと考察　218
  ボランティア活動とボランティア・コーディネーター　219
  福祉概念の相違　220
  ボランティア活動の日米比較　220
  NPOサポートセンター　222
  NPOの社会変革力　223
  日本のNPOの課題　225

文　献　231
あとがき　247
人名索引　253
事項索引　255

序　章

福祉NPOの社会学をめざして

1　はじめに

　本書はNPO理論や福祉NPOの理論を概観したうえでNPOの分析枠組みを立て，それを日本と米国のNPOの具体的事例に応用しようとする試みである．福祉NPOを実証的に研究することを通して「NPOとは何か」だけでなく，そこに「NPOの社会学」さらに「福祉NPOの社会学」を構築しようとするものである．

　NPOはこれからの社会を実験的に開拓する組織原理であると思われる．しかしNPOは日本社会のこれまでの組織原理とは異質なものである．それゆえに理論的な組織モデルとしては，日本社会の組織原理とは対立する点が多い．したがって日本社会がほんとうに受け入れるには大きな社会変革が必要で，それには多くの抵抗と時間がかかるものだとも思われる．だからこそ多くの問題を抱えた日本社会の組織変革に対して大きな示唆のある組織モデルなのではないか．

　ところが現状では，現象としてのNPOはボランティアやボランティア団体の延長線上に，それらとほぼ同質なものとして何の違和感もなくすんなり受け入れられているようだ．発足してわずか10年たらずのうちに日本でも3万団体を超えるNPO法人が出現したことは驚くべきことだ．同時に，ボランティア団体とNPOとが，たんに法人格を持つか持たないかの違いでしかなくなっていることを示しているのではないか．政府や行政からは，さかんにNPOへの「協働」の期待が語られる．企業や地域社会からも同様な声が聞かれる．短

期間に数多くのNPOが出現してさまざまな分野，とりわけ福祉や環境などで活躍している．介護保険や指定管理者制度などで着実に成果をあげているNPOは少なくない．しかしこのようにスムーズに日本社会に受け入れられたこと自体が，本来は日本社会にとって異質な組織であるはずのNPOが，日本的な組織へと変質・変容・転換している証のように思えてならない．それを価値判断するわけではない．しかし今こそ，NPOの役割と機能に関する理論的で客観的な評価研究も出てくるべきではないか．表面的な現象とは別に，理論的な次元で，NPOとは何か，NPOの本来的な役割や機能は何か，そして福祉分野におけるNPOの役割や機能は，いったい何なのか，という原理的な考察を行っていく必要がある．そうしなければ，やがてNPOは一過性のブームとして消え去っていくのではないか，さまざまな日本的な組織がたどってきた「いつかきた道」をたどりなおすことになるのではないか．本書の問題意識の根底には，このような思いがある．だからこそ「NPOの社会学」や「福祉NPOの社会学」の理論的な考察が必要なのだと考える．

　これまで「NPOの社会学」や「福祉NPOの社会学」のありかは必ずしも明確ではなかった．社会学は，和を貴び異質な要素を排除して共同体的な同質性へと包含していく日本的な社会原理の傾向にたいして批判力を持ち続けてきた学問だ．社会的マイノリティからのアドボカシーや，社会批判としての住民運動や市民運動，社会運動などの集合行動に強い関心を持ち続けてきたのが社会学だ．阪神・淡路大震災や高齢化，介護保険などをきっかけとしてブーム的な社会現象となったボランティアやボランティア団体，そこから出現してきたNPOに関心を持つのは当然だと言えよう．ところが社会学とNPOとはそう単純にはつながらない部分がある．なぜだろうか．これまでの社会学の守備範囲内にも，ボランティアやボランタリー・アソシエーション，社会運動や市民運動，住民運動，集合行動があった．共通性や関連性は見やすくても質的な違いがあることは必ずしも明確にされてこなかった．たとえばNPOは法人格を持ち社会制度の中に組み込まれている．また非営利とはいえ事業経営を行う経済主体でもある．市民運動のようでもあり小規模な会社のようでもある両義的な性格は，NPOが社会学からは警戒と懐疑を持たれる一因かもしれない．またNPOが米国の制度を母胎としていることも，世界のグローバル化に批判的

な社会学から懐疑的に見られることにつながったかもしれない．NPO や NGO は米国の制度や価値観が根底にあり，冷戦後の世界に広がったグローバル化現象のひとつと見られることもある．このように社会学のある種の立場から見ると，NPO は現代社会において社会批判力を持っているのか疑問符がつくことにもなるのだ．こうした理由もあって，社会学からの NPO 評価は両義的なものになるのである．ゆえに関心は高まっているものの，まだ本格的な「NPO の社会学」や「福祉 NPO の社会学」は現れていないのが現状と思われる．

　しかし NPO 現象は現代社会の大きな社会変動とともに展開しているきわめて社会学的な研究対象である．少子・高齢化という人口構造の大転換を経由して福祉国家から福祉社会への大転換が起ころうとしている現代社会にとって，NPO は重要なアクターである．サービスを提供する担い手としてのアクターでもあり，制度や政策へのアドボカシーを行うアクターでもあり，当事者や利用者などのステークホルダーの参加や関与を生み出すアクターでもある．こうした社会的なアクターとしての NPO の側面，NPO のソーシャルアクションがどのように社会に伝わり，どう社会を変えていくのかというところに「NPO の社会学」があるはずだと考える．しかもそれは社会運動のような批判と対立によるものではなく，社会システムに内在してサービスを提供しながら行うところに特徴がある．米国の NPO やシニアムーブメントを研究するなかで，なぜ米国ではシニアムーブメントがある種の社会変革を成し遂げたのかを考えてきた．社会運動や労働運動だけでなく，さまざまな草の根運動団体も加わって展開された 1970 年代から 80 年代にかけての米国のシニアムーブメントに NPO は重要なアクターとして関与した．多様な団体がなぜ連携や協働できたのか，その間にあった NPO の役割に注目するとき，社会運動論とは違った NPO 論のあり方が見えてくるように思われたのである．社会運動論としてではなく「NPO の社会学」を考えたいゆえんである．

　本書の研究対象は「福祉 NPO」に限定している．社会福祉や地域福祉の分野でこそ，もっとも NPO 本来の役割や機能が鮮明に見えると思われるからである．介護保険は，新しい社会保険制度として民営化の要素も加味した「準市場」的な方向性により，社会福祉の構造改革をめざすはずだった．にもかかわらず，現状を見れば国家や行政の規制管理強化が強まっている．これでは

第3章で論じる「社会福祉の日本化過程」がまざまざと再現されるばかりではないか．民営化によって「選択の自由」という画期的な方向性がうたわれたこと，「措置から契約へ」という主体性と権利性を発生させようとしたこと，「介護の社会化」という先進的な理念を打ち出されたはずなのだ．ところが，こうした理念や目標が萎縮しつつある．社会実験を行いながら新しいあり方を模索し，挑戦しながら形成していくという画期的な社会政策になるのではないかという介護保険導入前夜のわくわくするような感動と期待は急速にしぼんできている．なぜなのだろうか．これは「社会福祉の日本化過程」の再現ではないか．管理が緻密になっていくばかりでは制度や政策が硬直化し，大きな社会変動への対応能力を失っていくのではないか．そこに社会学研究者としてはまざまざと「いつかきた道」を見てしまうのである．

　「国家主義的福祉国家」（エスピン－アンデルセン（Gøsta Esping-Andersen））や「家父長的福祉国家」（武川正吾），「規制的福祉国家」（朴光駿）などと言われるような福祉国家の中にわれわれはいる．しかしいずれは変容していくことになるだろうし，変容させるアクターが出現するはずだと考える．そのアクターを現実の中だけでなく，理論やモデルの中に探し求めることも，「福祉NPOの社会学」の役割だと考える．福祉NPOに注目するのは，そのなかに可能性としての制度変革力や社会変革力を見るからである．必ずしも現実にある福祉NPOの多くはこうした状況打開の可能性を持つわけではないかもしれない．介護保険事業者となったNPOは制度の中で悪戦苦闘していて，アドボカシーどころではないというのが現実かもしれない．しかしこのように現実が厳しい時にこそ，理論やモデルが必要なのである．

　第4章は，NPOが高齢者代表となって社会変革の重要な一翼を担ってきた米国のAARPを詳しく紹介する．光の部分のみを取り上げすぎていると批判されるかもしれない．AARPにはさまざまな矛盾や問題も存在していることは承知している．しかしそのうえでモデルの可能性を探究し，現実だけでなく理論的な可能性の範囲を拡大していくことが研究の重要な役割と考える．日本とは異質な土壌と条件のもとに形成されたAARPというNPOは，それゆえ理論的な可能性の考察対象として格好のモデルである．このNPOの存在がなければ，私の福祉NPO研究は，日本の現状の風波に揺らぎ続けかねなかった

だろう．日本の現実や現状を越えた理論モデルを持つことが，長期的なビジョンや社会学的な研究視点としては不可欠なのではないか．

そして本書の研究の重心は理論とともに実態の探求にある．現在進行形のNPOの研究の場合には，まず現実のなかでの驚きから始まるからである．

日本の福祉ボランティア団体の直面した問題

住民参加型在宅福祉サービス団体は公的な社会福祉制度の周縁部や外部で活動してきた．福祉公社や社会福祉協議会運営型のように，組織の基盤やスタッフの人件費を公的にまかなうという混合型の組織運営もあったが，大部分は小さな民間のボランティア団体であり，組織運営に苦労していた．活動する人たちは，ほぼ全員が平等な立場のボランティアとして関わっている．しかし援助を必要とする人とボランティアとを結びつけるコーディネートの役割を果たすためには組織だった仕組みが必要になる．短期間はボランティアで担えても，中長期的には担いきれない．そこで安定した事務局機能が必要になる．しかしながらこの仕組みづくりが難しいのだった．活動を「ボランティア」とうたっているため，運営経費の捻出が困難なのだ．ボランティアとしての関わりと，安定した運営の仕組みの必要性との，矛盾した問題がここにあった．

いくつもの解決策が模索された．第1は，堀田力氏らの「さわやか福祉財団」などが提唱した「時間貯蓄」の仕組みである．この方式は米国の「タイム・ダラー」などを参考にしながら，さまざまなタイプへと発展していった．基本的なアイデアは，ボランティアが活動した時間を記録しておき「時間貯蓄」を行うというものである．このボランティア時間は，後に自分や家族がヘルプを必要とするようになったときのための「貯蓄」となるというものである．これは，ボランティア活動は持続性や継続性が担保されにくい，という特性に着目してその弱点を改善しようとするものであった．

しかし各地のさまざまなボランティア団体がボランティア時間を「記録」したとしても，その時間の貯蓄を担保する仕組みがはたして可能なのかが議論のまととなった．そもそも多様なボランティア活動を「時間」という尺度で均質的にとらえることが難しいのではないか．ある団体でボランティア活動をして貯蓄したボランティア時間を，後になって移動や転勤した先で別のボランティ

ア団体から「引き出す」というアイデアも，一見可能なように見えても実現には問題があった．全国のさまざまな団体を，ボランティア活動時間，という均質の単位を共有するようネットワーク化することは困難な課題であった．さまざまなボランティア団体が，いつまで存在するのだろうか，この仕組みを「担保」するのは誰なのか，そうした問題点が噴出してきた．今ではこのアイデアは，ボランティア団体からNPOへいたる過渡期的な試行実験と位置づけられよう．多様なボランティア活動を，社会システムの一部として機能がはたせるように媒介していくためには，たしかに制度的な基盤が必要なのである．当時の日本には，そのような仕組みがなかった．

第2は「会員制度」である．住民参加型在宅福祉サービス団体のサービスを利用する人も，ボランティア活動に参加する人も，双方が団体の「会員」となってともに事務局運営経費を負担しあう．双方が会員となってコストを負担しあうことによって，活動と利用の持続性や継続性も可能となる．しかし会費だけでは事務局経費をまかないつづけることは困難なので，次の有償・有料システムやチケット制度などを併用するようになっていった．

第3が「有償・有料システム」である．運営費用の捻出のために，ホームヘルプなどの利用を市場価格よりは低廉にした「有償・有料」とする方法である．これは自発的で無償の活動であるはずの「ボランティア活動」と在宅生活支援のための活動コストとの，矛盾する問題を解決するための苦心の妥協策なのであった．「有償・有料」の金額を「その地域の最低賃金以下とする」と設定したところが苦心を物語っている．もし「有償・有料」が「対価」であるとしたら，それは労働であり，ボランティア活動ではなくなる．対価ではなくて「謝礼」ならボランティア活動でありうるとする論議があみだされた．では対価でなく謝礼である範囲はどこからどこまでなのか．そこで「労働の対価ではなく，謝礼である」ことの目安が「地域の最低賃金」とされた．この論理構成には，矛盾や苦しさがあった．

しかし，ボランティア活動とはいったい何なのか，どこまでがボランティア活動で，どこからボランティア活動でなくなるのか，その境界線とは何か，という問いにたいして，根源的な解答はありうるだろうか．米国の事例を調べると，金銭の直接的な授受はなくても，マイレージというかたちで交通費の支給

がある場合はふつうである[1]．そのほかにも連邦政府が管轄し自治体やNPOが運営する低所得者のボランティア活動支援プログラム（シニアコンパニオン・プログラム）では，保険や交通費，食費などを補助する．大学進学を希望するが学費がまかなえない若者にボランティア活動を義務づけて，学費を援助するプログラムもある．そもそも米国の税制では，ボランティア活動にかかった費用やNPO団体への寄附は，確定申告のさいに税控除できる仕組みになっている．つまり「有償か無償か」という議論は，社会システムのさまざまな違いを総合的に考慮しないと，理屈の上だけの空虚な論議になってしまうのである．

「無償」であることだけを論議することは危険である．米国では「ボランティア活動をしたくてもできない低所得者が存在する．無償性を強調することは，そうした人たちに対する社会的な格差を増大させる」という議論がある[2]．「無償性」だけをボランティア活動の基準とすることには，大きな陥穽があるのだ．

日本でも住民参加型在宅福祉サービス団体のように，地域福祉や在宅福祉の分野で活動しようとすると，運営経費の捻出に大きな問題が発生する．これはまさにボランティア活動を可能にするための基礎条件の問題なのである．NPO論の観点からすれば，ボランティア活動のレベルから，NPOのレベルへの移行の問題，そしてボランティアやNPOが可能な社会システムへの転換の課題がここに現れていたのだ．ボランティア活動団体の「運営」や「経営」は必然的な要請である．だからこそ，福祉ボランティアから福祉NPOへの移行や転換の過程には，多くの社会学的な研究課題があった．

NPOの社会学へ向けて

NPOの世界を調査研究するとはどういうことだろうか．

第4章で論じるAARPを見てきて，まずNPOについてのイメージや概念の幅が格段に広がった．日本にいるだけではこれほどダイナミックに振幅のあるNPOの世界のイメージをつかむことはできなかっただろう．ほんの数名のスタッフが活動しているのもNPOだし，ワシントンDCに本部ビルを所有して1,000人以上の専従スタッフを雇用するのもNPOである．そもそも米国では大学や病院もNPOである場合が多いのだから，雇用規模や経済規模も日本

に比べて格段に大きい．巨万の富を財団という形で残していった大富豪のつくった団体も NPO だし，そうした親族による支配から完全に抜け出して先進的な NPO に脱皮しているフォード財団などもある．NPO への資金提供に特化している NPO も，分厚い冊子になるほど数多いし，NPO の運営技術をサポートする NPO サポートセンターも各地にある．米国の NPO 概念は，日本で考えるような「小さなボランティア団体」あるいはそれの発展型，という狭いイメージで考えてはいけないのだ．巨大な企業のような NPO を，肯定的に評価するか批判的にとらえるかは別として，米国の NPO はこうした組織までを含む概念であることを受け入れる必要がある．

そして，米国では，組織は，あくまでも目標達成のための道具や手段であることを理解する必要がある．日本の組織のありようと，米国の組織のありようは，大きく違っている．NPO においてもその落差に驚くことが多い．日本では，ボランティア団体であれ，NPO であれ，当初は目的を共有する少数の人たちが，目標達成のために活動する組織としてボランティア団体や NPO を形成しても，それはやがて「共同体」的なものに転化していくことがしばしばである．活動しているうちに団体や組織そのものが愛着の対象となりやすいのである．

米国の NPO は，その本質的な姿が「アソシエーション」である．アソシエーションとは，社会学ではコミュニティの中に多様に分化しながら形成される「目的達成集団」あるいは「結社」のことである．米国社会学の古典『コミュニティ』(MacIver 1917) を著したマッキーヴァー（Robert M. MacIver）によれば，米国社会の特質のひとつは「コミュニティとアソシエーション」との組み合わせにある．そもそも米国社会は，共同性すら意図的意識的に形成する．コミュニティは自然発生的なものではない．ましてや行政が決めた地域割りではない．コミュニティは地理的な概念ではなく，地域に対する関わりや愛着によって地域固有の社会性や文化などが形成されることなのである．米国にはシティやタウンなどの自治体を形成しない地域（unincorporated area）がじつはたくさんある．市になるためには市役所やその職員を持たなければならない．そのためのコストとして新たな税金を負担するかどうか．市にならず，相対的に低いソーシャルサービスで我慢するという選択肢が可能なのである．市を形成するか否かは選択可能なオプションである，そう知ったときには驚いた．そ

してコミュニティとアソシエーションという概念が，すこし見えてきたことを思い出す．コミュニティを実質化するのはコミュニティの住民の参加と関わりであり，それこそアソシエーションである．アソシエーションは目的達成型の自発的結社であり，目標や目的が達成されれば解散する．そして次の目標や目的が生じれば，あらたなアソシエーションをつくる．そのようなダイナミックな人びとの集まりの構造を概念化したのがアソシエーションである．

建国当時の米国を訪問して見聞記を残したアレクシス・ド・トックヴィル（Alexis de Tocqueville）は，米国では人びとが絶え間なくアソシエーションを作り，アソシエーションの中で意見を述べ，アソシエーションを通じて世論が形成され，米国の民主主義はこのような活発なアソシエーションによって支えられていることに，驚いている（Tocqueville 1835）．レスター・M. サラモン（Lester M. Salamon）はじめ，米国の NPO 研究者が，必ずといってよいほど紹介するエピソードがこれなのだ．アソシエーションが米国の重要な核心部分をつくってきた．そのアソシエーションが，法人制度や税制とともにさまざまに分化して制度化されると NPO となる．NPO は，制度としてみると，歴史的に，富裕層の税金逃れのために形成された部分や，それに対抗する内国歳入庁とのたたかいなどにも彩られているが，その本質は，トックヴィルが見たように，米国社会を形成する市民の自発的なエネルギーなのである．

NPO を研究するということは，米国社会を形成してきた社会形成のメカニズムと人びとの社会への関わりとの関連を解き明かすことにほかならないであろう．そしてもうひとつ大切なのは，現在ある社会を，つくりかえていく仕組みでもあることだ．ここに「NPO の社会学」の存在意義があると考える．

日本的組織と NPO

NPO 研究からえられる日本社会への示唆を，社会学の観点からまとめてみよう．

第 1 は，社会変動のアクターとしての NPO である．日本社会においては，社会運動や市民運動，住民運動など，政府や企業組織への反対運動や対抗運動は，これまでにも存在した．社会学では「社会運動論」や「住民運動論」が社会問題と社会変動との接点にあらわれる集合的な主体を重要な研究テーマとし

てきた．しかしこれまで，NPOのように，法人制度の内部に位置づけられた制度内存在でありながら，政府や政策へのアドボカシーを行い，社会変革に関わる組織は，あったとしてもすぐに消失してきたのではないか．社会政策とりわけ社会福祉や介護福祉，地域福祉への政策提言能力（アドボカシー）をもつ福祉NPOがあらわれることは，日本の福祉を大きく変えていく可能性を持つのではないだろうか．

　第2に，非営利事業を行う存在としてのNPOである．制度内存在である民間非営利組織はこれまでにも存在した．たとえば，民法34条の規定する「公益法人」（財団法人や社団法人）などがそれであったし，特別法のもとで形成された社会福祉法人，学校法人，社会福祉協議会，生協や農協などもそうである．それらの組織とNPOとは，どこがどう違うのだろうか．この点は，AARPが多くの示唆を与える．財政的な独立性が政府や政策にたいする関わり方を変えるのである．AARPの活動の独立性は，財政的な自立・独立性によって担保されている．会員制度や事業展開によって支えられた基盤にはあやうさも伴う．しかし，非営利事業を展開して，政府や行政にたいして財政的な自立性を保ちながら，政策へと関わるあり方は，日本の非営利組織にたいして大きな示唆を与える[3]．

　第3に，目標達成のための自発的結社，アソシエーションという組織特性の持つ示唆である．小室直樹や橋爪大三郎たちは「日本においては，機能集団が共同体へと転化する」ことを指摘している．『日本教の社会学』（山本・小室1981）において目標達成のための合理性やそのための機能よりも「共同体であること」の要請のほうが次第に優越していってしまうという日本の組織の特徴が論じられている．橋爪大三郎によれば，日本では企業組織においてすら，収益を最大化するという組織本来の目標よりは，会社共同体の規模の拡大や，共同体であることを最大限維持しようとする傾向が生まれるという．かつては，それが日本企業の成長の要因でもあり，現在は，それがグローバル化社会の中で競争力を失い，組織の自己改革力を失っている原因のひとつであるという（橋爪 2004；2005）．

　この日本の企業や組織一般の特性は，じつは，ボランティア団体やNPOにおいても当てはまる日本社会の組織特性なのではあるまいか．ボランティア団

体やNPOは，共同体とは異なる特性をもつ組織形態のはずである．ゆえに米国においては，コミュニティの中に必要不可欠な機能集団として生成してくる．ところが，日本社会では，ボランティアやNPOですら，組織メンバーの共存や共同性の維持そのものが自己目的化する傾向があらわれてくることがしばしばである．NPOでさえも共同体的な組織原理にからめとられてしまうとすれば，組織存在のために行政の外郭団体化という道は不可避なのではないか．近年の「行政とNPOとの協働」の風潮や展開は，そのような「いつかきた道」の危惧を感じさせるのである．

　NPOの社会学は，NPOを考えるだけではない．NPOという切り口をとおして当該社会のさまざまな問題や課題へとつながっていくことでもある．NPOのサービス提供機能を考えることは，既存の福祉サービスのあり方全体を再考することになるであろう．NPOの参加促進機能を考えることは，既存の社会参加や政治のあり方を再考することにつながる．NPOのアドボカシーを考えることは，これまでの政策の過程を批判的にとらえかえすことになるであろう．つまり，NPOの役割や機能を分析することは，当該社会に欠けている機能，必要な役割や機能を発見していくことにほかならない．そして何より，NPOとは新しい社会集団や組織のあり方，社会的主体の形成についての新しいパースペクティブを開くはずなのである．それはNPOを媒介して起こる変化や変動，変革につながる道すじを発見していくことでもあろう．自発的に社会に関わる個人から始まり，福祉サービスの提供の過程をとおして静かに広まっている着実な変化のなかにこそ，これからの社会の課題と可能性があるのではないか．福祉NPOの社会学は，そうした静かではあるが着実な変化を発見していくための枠組みを提供しなければなるまい．

2　NPOとは何か

　さて，NPOとは"Non Profit Organization"，直訳すれば「非営利組織」であるが，より正確には「民間・非営利・組織」のことである．レスター・M.サラモンらによる現代の標準的な定義にもとづいて考えれば「非営利」だけでなく「非政府」であること，そして市民の自発的な参加があることも重要

な要素だからである．

　NPOとは，市場や政府の外部に現れて，市民が社会に関わり，社会をつくり，そしてまたつくりかえるための組織のことである．

　米国のような市民社会では，国家や政府が形成される以前からNPO的なものがあった．いやむしろ市民やNPOが主体となってさまざまな自治政府を形成し，それらがやがて国家や社会を形成してきたといえよう．社会のなかにNPOのような市民組織が，その始まりから不可欠の一部として組み込まれて機能してきたと言えるだろう．しかし日本を含めて多くの国々ではそうではない．むしろ近代化・産業化の過程で，国家中心による産業政策や社会政策が行われてきた場合がほとんどである．ごく一部の先進的な工業国において（のみ）市民の力が，政府セクターや市場セクターに対抗・拮抗して「市民セクター」あるいは「市民社会」を形成してきたのだ．NPOの発展にとって重要なのは，「福祉国家」体制の成立と展開，そしてその変容である．サラモン以下，多くのNPO論者が，現代世界におけるNPOの役割の拡大を論じる場合に福祉国家との関連に必ず言及する．現代のNPOの多くは，福祉国家体制のもとで生まれ，展開し，社会にとって不可欠な存在となった．NPOは，現代世界におけるヒューマン・サービス（保健，医療，福祉，文化，芸術，教育など）を供給する重要な組織となってきたのである．

理念型としてのNPO

　NPOはもともと米国の税制と法人制度の複合体であるが，本書を含めて，研究でNPOを扱う場合には，NPOを米国の制度や実体として扱うのではなく，ひとつの理論モデルとして扱う．モデルの基礎にあるのは米国のNPOであるが，本書で検討し，理論形成していくのは，あくまでも普遍的なモデル（理念型）としてのNPOである．

　本書は，米国や日本のNPOの実態や展開にもしばしば言及する．しかし基本的にはそれらの実態や活動を参照しながら，NPOに関する理論的なモデルを形成しようとするものである．なぜならば，日本のNPOの実態は，まだ不完全な条件と制度のもとで展開されている発展途上の姿だからであり，米国においてすらそうだからである．本書でNPOという実体概念を踏まえつつも，

理念型としての NPO モデルを求めて考察しようとする理由は，NPO が現代世界の，そして社会学の重要なテーマに深く関わっているからである．

NPO という「実体」が示している問題状況は，現代社会に新たな組織のあり方や機能が必要なことを告げている．そのための「NPO の理論モデル」を考えることが，本書の基本プランである．

3　社会にとって NPO とは何か

社会にとって NPO とは，「もうひとつの組織（オルタナティブ）」のあり方である．それは，「もうひとつの社会」をつくる可能性を手に入れることである．

たとえばボランティアがグループを形成していて，さらに活動を発展・展開しようとした場合に，組織のデザインとして，さまざまな選択肢のなかに NPO がありうる．米国の場合，ひとくちに NPO と言ってもさらにさまざまな選択肢がありうる[4]．さらにその外側には「組織」や「法人」という形態をとらない選択肢もありうる．

したがって，社会にとって，市民にとって，NPO は，その社会的な活動を行ううえでの，ひとつの可能性であり，ツールのひとつであると言える．

NPO はそれ自体に特別な価値や意味をもつものではなく，むしろそれをどう活用するか，活用する側の意志や意図，そしてその実現や達成に応じて，価値や評価が変わってくる．NPO は，どのような社会にも存在するわけではない．ある特定の社会の時代背景と制度のもとに成立する「枠組み」のようなものである．したがって，後にみるように，米国の NPO の歴史を振り返っても，社会制度が未発達な段階では医療や教育機関を形成するツールとして活用されたり，富者がその富を家族や子孫に遺贈するための道具として用いられたりもした．これは，NPO が「活用」され，ときには「濫用」や「悪用」もされてきたことを示すものである．米国の NPO の歴史は，このようなさまざまな「実態」をめぐる税務当局と NPO 側との戦いの歴史であったともいえるだろう．

NPO をそれ自体のなかに価値が内包されている存在と考えると，このような歴史的な経緯を無視することになる．問題は，この先のハンドリングにある．

米国のNPO「制度」の歴史は，このような「濫用」や「悪用」にたいして，政府や市民社会が，よりよい利用や活用の方向を模索・実験しながら確立してきた歴史といえるだろう．

NPOの発展の歴史

ところで，なぜ現代社会では，NPOが以前にもまして必要とされるようになったのだろうか．

米国におけるNPOの歴史研究の第一人者ピーター・D.ホール（Peter Dobkin Hall）による「米国のフィランソロピー，ボランタリー・アソシエーション，そしてNPOの歴史──1600年から2000年まで」（Hall 2006）という論文によれば，米国のNPO制度は，さまざまなアクターの複雑なからみあいから時間をかけて形成されてきた「発明品」とも言うべきものである．政府と富者の，富と課税をめぐるせめぎあい，そして政府の役割やあり方をめぐる政治的な戦いやせめぎ合いのなかから，さまざまな紆余曲折をへて形成されて，いまだに発展途上の，さまざまな迷路のような規定のある，複雑な生成物なのである．それは自然に生まれ，成長してきた制度ではない．それが必要だと信じる人たちのさまざまな努力や信念，そしてそれを求める人たちの努力と苦渋，それを支える人たちがあってこそ発明され，発展してきた．

したがって，社会の一定の産業化や近代化が達成され，「脱工業化の社会」とりわけ「福祉国家」や「福祉社会」となるにしたがって，「非営利セクター」や「市民セクター」は社会の中で急激にその存在を大きくすることになる．いわば脱工業社会化の社会変動にともなって大きく現れてくるセクターなのだ．

福祉にとってNPOとは何か

「福祉国家」のもとでNPOと「非営利セクター」は大きく発展することになった．もちろん社会福祉のもとでサービスを提供している組織や団体は，NPOに限らない．日本では社会福祉法人や医療法人，企業や生協・農協も含めて多様なサービス供給団体がある．社会福祉法人を含めて既存の福祉サービス供給組織とは異なる「機能」を果たしうる可能性をもつので，社会学にとっても，NPO（福祉NPO）が議論の，そして研究の対象となってくるのだ．

社会福祉という制度と，福祉サービス供給組織との関係については，すでに長く分厚い研究蓄積がある．制度とサービス供給機関との関係は，共変関係にあり，制度の設計に応じて供給機関のあり方も変化する．これは発展途上の福祉国家に見られるタイプで，エスピン‐アンデルセンによれば「国家主義的モデル」，それを受けて改変した武川正吾によれば「家父長制モデル」とも言うべきものである（Esping-Andersen 1996；武川 2001）．

　このような「国家主義的モデル」や「家父長制的モデル」のもとでの福祉サービスの供給のあり方の問題点は，第1に，利用者の意向が制度に反映しにくい点であり，第2に，福祉サービス供給組織によるアドボカシー（制度改革力）が機能しにくい点である．つまり制度が硬直化しやすく，利用者やその家族，介護やケアの現場からのボトムアップ的な制度改革や改良が進みにくい．近年の福祉社会学による「当事者主権」の議論や，「介護の社会化」の議論などは，こうした「家父長制的福祉国家」体制の問題点を指摘している．

　NPO は必ずしも「当事者主権」や「利用者主権」を達成する唯一の道ではない．しかし，ひとつの可能性を生み出すツールである．福祉にとって NPO とは，当事者や利用者の参加を生み出し「当事者主権」「利用者主権」へと制度転回していくためのツールとなりうる．

　これを理論的に普遍化すると，「社会福祉への市民参加」の議論とつながる[5]．それは，「地域福祉論」の世界で40年以上前から論じられてきたことである[6]．しかし，理論としては存在したが，実現することはなかった．NPO が機能すれば，社会福祉への市民参加，地域福祉への住民参加，つまり，福祉学で長年論じられてきた「福祉コミュニティ」の形成[7]へとつながる．

4　社会学にとって NPO とは何か

　ついで，社会学にとって NPO とは何か．
　NPO 研究や NPO 論はすでに日本にも数多い．しかしその多くは公共経済学や公共政策学，行政学や政治学からのアプローチである．社会学や福祉学からの NPO 研究は，必ずしも多くない．これはなぜなのだろうか．社会学では，社会運動，市民運動，住民運動，中間集団論，ボランティアやボランタリー・

アソシエーションの一部として論じられ，調査や研究がされてきたからであろう．社会福祉学においても事情は同じである．

たとえば，人びとが純粋に価値的な関心から集まり，集合行動を形成して，社会にたいして働きかけていくという社会運動の構図で言えば，戦後だけみても，市民運動，住民運動，労働組合運動，学生運動，反戦平和運動，反核運動，環境運動，そしてその後のフェミニズムや「新しい社会運動」まで，じつに分厚い研究蓄積があるのだ[8]．

それに対してNPOは，既存の社会制度（法人制度や税制）のもとで活動する「社会体制内存在」である．社会運動はNPOよりも，はるかに社会のオルタナティブ（可能性としての未来）のあり方を示すものと考えられてきた．現在でも多くの社会学者が，依然としてNPOに対して懐疑的なのもそのためである．社会学，とくにハーバーマス（Jürgen Habermas）やオッフェ（Claus Offe）らの「批判社会学」では，NPOは当該の社会システムの構造的な問題を不問にして社会問題のほころびを縫い合わせることに加担する体制内併呑・体制内編入機能を果たすものとしてネガティブにとらえられてきた[9]．このように社会学では素朴なボランティア主義やNPOにたいする懐疑が根強いのである．

社会福祉学からすれば，NPOは「福祉サービス供給組織論」の文脈に位置づけられるものであろう．一般的に「社会福祉」は福祉国家システムのもとで，制度的に確立され，法的および財政的根拠をもって政府に管理運営される制度実体のことをいう．社会福祉学にとって，NPOのように市民の中からボランタリーに形成され，近年まで制度的な根拠をもたず[10]不安定であり，社会福祉の専門性を持たない団体は本格的に論じる対象にはなりにくかった．後に論じるように岡村重夫の『地域福祉論』(1974)には，今日のNPO論と見まがうばかりの議論が展開されていて，地域の民間の非営利組織の役割が本格的に論じられている．しかしNPOという概念も制度もなかった時代には，そのような役割は社会福祉協議会のような社会福祉法内の存在に仮託されざるをえなかった．

近年，社会福祉基礎構造改革や介護保険制度の導入をめぐって，社会福祉学でさまざまな論議が行われている[11]．その中でNPOの存在は，社会福祉管理

運営論(アドミニストレーション論)や,サービス供給組織論(プロバイダー論)として議論されている.「福祉 NPO の社会学」は,このような「社会福祉システムにとっての NPO」だけでなく,福祉 NPO と社会福祉システムとの相互作用に研究関心をもつ.「福祉 NPO の社会学」は,社会福祉の改革における NPO の役割などを分析することをめざしているのである.

マッキーヴァーは,社会学を科学に,社会福祉をケアするアートにたとえて,その役割や機能の違いをのべ,「どちらか一方だけで十分なのではない」ことを論じていた(MacIver 1931).本書でも,社会学や福祉社会学の方法による可能性を論じてみたい.それは,第 3 章および第 4 章で示すように,福祉 NPO の役割や機能を明確にする枠組みとして,ラルフ・クレーマー(Ralph M. Kramer)の理論枠組みと,それを編成した理論を活用することである.それは米国だけでなく日本の介護 NPO の役割と機能を示す枠組みとしても利用可能である.NPO の社会学や福祉 NPO の社会学は,理論のための理論ではなく,現実の実態と課題を解明し,現実にたいしてオルタナティブを提案していく能力をもつはずだ.

5 本書のプランと構成

本書のプラン

本書の基本的なプランは次の通りである.第 1 に NPO の理論を検討し「NPO の社会学」のありかを探る.米国における NPO 研究の動向をサーベイし,とりわけサラモンやアンハイヤ(Helmut K. Anheier)による NPO 理論を検討し「NPO の社会学」のありかを探る.NPO は人びとが社会に関わり,社会をつくりかえる過程において重要な役割や機能をはたす.ここに NPO の社会学があるはずだ.第 2 に NPO の中でも大きな位置をしめる福祉 NPO の機能と社会的影響力を理論的に検討する.NPO は世界的に拡大しているが,とりわけ福祉国家体制のもとで大きく発展した.現在,先進諸国のみならず東アジアでも人口構造の少子・高齢化が進んでおり,福祉国家から福祉社会への転換や変容も言われるが,こうした大きな人口変動・社会変動のなかで福祉 NPO の果たす役割や機能は今後ますます拡大すると考えられる.福祉 NPO

をこうした社会変動との関連でとらえ，福祉NPOの役割や機能，社会的影響力や効果をとらえる枠組みの中に「福祉NPOの社会学」があると考える．第3に日本の地域福祉や介護保険の分野における福祉NPOや介護NPOの展開を実証データから検討する．地域福祉や介護保険の分野に現れた福祉NPOや介護NPOを実証的データから検討し，なぜ日本にも福祉NPOや介護NPOが現れたのか，どのような役割や機能を果たしてきて，現在どのような問題や課題に直面しているのかを福祉NPOの社会学として検討する．第4に世界最大のNPOである米国のAARPをケーススタディとして取り上げて実証的に検討する．米国のシニアムーブメントの一翼を担い，わずか50年間に会員数3,700万人と公称される爆発的な発展をとげ，米国の高齢者政策に巨大な影響力をもつアドボカシー団体としてのAARPは，福祉NPOの社会学としてまさに格好の研究対象である．非営利と営利のぎりぎりの臨界で，アドボカシーと政治との接点にあって，米国の高齢者を代表する巨大化した圧力団体・利害団体であり，年齢差別と戦う団体として米国に定年制度の撤廃をもたらし，社会を大きく変えた団体である．NPOの社会学としてまことに魅力的な研究対象なのだ．そこには矛盾や問題もたくさんあり，日本とは法的，制度的な背景もまったく異なるが，しかしNPOを理論的に考えていく場合のひとつの可能性のモデルとして，日本における福祉NPOの可能性や課題を考えるうえでも，AARPは実に多くのことを教え，考えさせてくれる研究対象なのだ．

本書の構成

本書は前半でNPOの理論と福祉NPOの理論を検討し，福祉NPOの社会学の骨格を提示する．後半では福祉NPOの理論を，日本の介護NPOと米国の高齢者NPOに応用しながら社会学的に分析する．

第1章では，「NPOの社会学」を求めて先行研究のレビューを行い，NPOの理論を検討する．サラモンやアンハイヤらのNPO理論を検討し，それが「NPOの社会学」にどうつながっていくかを考える．NPOの理論には大きく分けて「政府の失敗理論」と「市場の失敗理論」があるが，それらは主に公共経済学の理論から発展してきたものである．それは「NPOがなぜ存在するのか」という問いに対して答えようとするものであり，「NPOの存在論」と言え

る．しかし，NPOの存在論はそのままでNPOの社会学につながるものではない．NPOの社会学は，どのような社会的な条件のもとに，どのような担い手によって，どのように活動し運営され，それがどのような社会変革をもたらすものかを考えようとするものである．本書は，人口構造の高齢化によって大きく変動しつつある福祉国家や福祉社会における福祉NPOの役割と機能，そしてその社会変革力を考えようとしている．そこで福祉NPOという概念やNPOの理論から福祉NPOの理論への架橋が必要なことを論じる．

　第2章では，福祉NPOの理論を検討する．サラモンやアンハイヤによる「NPOの社会的機能論」と，それらの原型となったクレーマーの「福祉NPOの機能論」を詳しく検討する．クレーマーの理論は，福祉国家における福祉NPOの役割や機能を，4カ国の実証研究からモデル化したものである．このモデルを現代の福祉NPOの機能分析に応えられるような枠組みに再構築する．福祉NPOの原型は「運動性」と「サービス提供機能」である．サービスの提供は改良や改善を介してアドボカシー機能に展開していく．また人びとのニーズが運動や参加を通して，ネットワーキングやソーシャルキャピタル，コミュニティ形成へと展開していく．それは，クレーマーの枠組みにおいては未分化であった「役割と機能」を分離し，福祉サービスにおける役割と，福祉国家・社会福祉システムにたいする社会的機能，の2つの角度から，それぞれ4つの役割と機能を分析する新たな分析枠組みを形成する．福祉NPOの機能論は，福祉NPOを福祉国家や福祉社会との関連において分析することを可能にする．なぜ福祉国家や福祉社会において福祉NPOが必要になるのか，福祉NPOがどのような機能をはたすのか，どのような社会変革がありうるのか，を分析することになる．

　第3章では，介護保険制度の発足とともに生成・展開してきた介護NPOを事例として考察する．介護NPOは，社会福祉・地域福祉制度の外部に現れた住民参加型のボランタリー・アソシエーションがNPOへと発展したもので，わが国の社会福祉史上，画期的な意義をもつものだ．介護保険制度は，NPOが事業体として展開できる数少ない領域であり，開拓的な実験場である．介護NPOが福祉NPOへと発展していけるか，サービス提供組織のみならずアドボカシーや社会変革機能を果たしていけるか，といった課題を2章の枠組みを

用いて分析する．

　第4章では，世界最大級に発展した米国の高齢者NPOであるAARPの事例を検討する．AARPはアドボカシー機能に特化してきた会員制組織である．なぜAARPがこのように大きく発展してきたのか，とくに1970-80年代に果たした大きな社会変革力を分析する．AARPはNPOとしての特徴的な機能を果たしてきたがゆえに発展し，社会変革機能力を発揮できたと考えられる．現在多くの問題や課題に直面しているが，NPO本来の機能をはたしつづけるために苦闘している．このAARPの経験は，高齢化しつつある国々に，そのまま妥当することはないにしても，大きな示唆を与えてくれるに違いない．

1） 連邦政府の運営する高齢者のボランティア促進プログラムのRSVP（Retired Senior Volunteer Program）等．
2） 米国では，ボランティア活動の場所まで行くための公的な交通機関がないことが一般的だ．病院やナーシングホームでボランティア活動をするためには，自動車を所有していることが，まず前提条件になる．米国では，低所得者はボランティア活動がしにくい社会構造になっているのである．
3） 現在の日本のNPOは，そういう意味で，介護系NPOなどのごく一部をのぞいて，政府や行政からの財政的な独立性をまだ獲得していない．
4） 典型的なNPOと言われる501(c) 3（後述）以外にも，「民間・非営利・組織」として，31もの非営利組織のカテゴリーが知られている（Boris and Steuerle, eds. 1999参照）．
5） 日本におけるこのテーマの先駆的な業績として社会保障研究所（1996）がある．その他，安立（2000）などを参照．
6） 日本における「地域福祉論」の先駆者としては岡村重夫が重要である（岡村 1974）．
7） 日本の社会学におけるコミュニティ論の流れとしては奥田道大や鈴木廣が重要である（奥田 1983；鈴木編 1978）．
8） 社会学における社会運動論に関しては，矢澤修次郎の行き届いたサーベイがある（矢澤編 2003）．
9） 典型的な議論として，Habermas（1981），Offe（1984；1985）などがある．
10） 特定非営利活動法（NPO法）以前には「権利なき社団」等が法人格を取得することは困難であった．
11） 古川（1998），仲村（2003a）などを参照．

第1章

NPOの理論・NPOの社会学

1 はじめに

　本章では「NPOの理論」を検討する．まずレスター・M. サラモン（Lester M. Salamon）やヘルムート・K. アンハイヤ（Helmut K. Anheier）らの代表的なNPO研究者のNPO理論を検討する．また近年のNPO研究の動向をサーベイしながら，「NPOの社会学」がどこにありうるのかを考えていく．

　NPOという組織の拡大は世界的な傾向である．なぜ現代社会はNPOを必要とするのか，社会にとってNPOとは何か，なぜ必要なのか，は重要な理論的な課題である．「NPOの理論」はこうした問いに答えようとするものである．

　またNPOは特定の社会分野においてその出現と活動が顕著である．どのような社会分野においてNPOという組織の特性がその性能を発揮できるのか，それはなぜなのか，これもまた「NPOの理論」が答えようとする課題である．

　こうした問いに答えようとする理論的なアプローチは，公共経済学などの理論家によって形成されてきた．「政府の失敗理論」や「市場の失敗理論」がそれである．こうした理論的なアプローチは，NPOの存在理由を解明しようとする理論である．

　ついでNPOが現実の社会のなかで機能していくためのマネジメントの理論が発達してきた．NPOは人びとの集合行為の一種であるが，後にふれるように「運動」と「事業」という二重性をもつ組織であるため，組織のマネジメントが難しい．社会運動組織ではなく，また事業経営する企業組織でもない．理念と目標を達成するために事業を行うが，収益を分配することを禁じられた組

織である．利益や収益といった財が参加者への誘因（インセンティブ）にならない．しかし合理的に組織運営することも求められる．つねに目標や目的が分裂したり逸れていく内在的な傾向をもつ組織がNPOである．こうしたNPOを「ミッション」（理念）を軸として組織運営していく手法や方法を考えるのがNPOマネジメントの理論である．

　さらに，なぜ人びとはNPOに参加するのか，NPOを担う人びととはどのような人びとなのか，NPOのような組織への参加は他の社会参加とどこが異なるのか，というNPOを担うソーシャルアクターについての問いがある．こうした問いにたいしては「社会起業家（ソーシャルアントレプレナー）の理論」や「利害関係者（ステークホルダー）の理論」などがある．しかしオルソン（Mancur Olson）の「合理的選択の理論」が的確に指摘したとおり，参加する側から事態を見れば「ただのり」（フリーライダー）のほうが合理的な選択肢に見える．合理的に考えるとフリーライダーの出現により組織の展開が困難になるはずの集合行動や社会運動では，どのようにフリーライダーの発生をふせげるのか，ここにオルソン問題とされる理論的な問いがあった．ここに社会学との接点が現れてくる．社会運動の社会学では塩原勉の「運動総過程論」や，その後にあらわれた「資源動員論」などがこうした問題と理論的に取り組んできた．資源はたんに物財や経済財とは限らない．関与や参加，そしてそこでの自己表出や社会関係の形成，そして自己実現など「主体形成プロセス」（似田貝香門）などが重視されてくるのが社会運動の社会学の特徴である．いわば合理的な日常からの跳躍の過程に焦点をあてようとするのが社会運動の社会学の特徴である．住民運動や環境問題にはその性格が集約的に現れている．社会学からは，NPOを新しい住民運動や社会運動のひとつと見る見方もある．その場合に社会学に特徴的な見方とは，社会変動との関わりにおいてNPOを見るということではないだろうか．

　また社会学はデュルケム（Emile Durkheim）以来，中間集団の社会的機能に注目しつづけてきた．中間集団は人びとの社会参加を促進し，フォーマルだけでないインフォーマルな社会関係や表出の機会を提供する．さまざまな社会団体を相互に関連させ，また政治や社会制度へと媒介していく役割も担う．ボランタリー・アソシエーション論は，人びとの自発的な集まりの形成能力

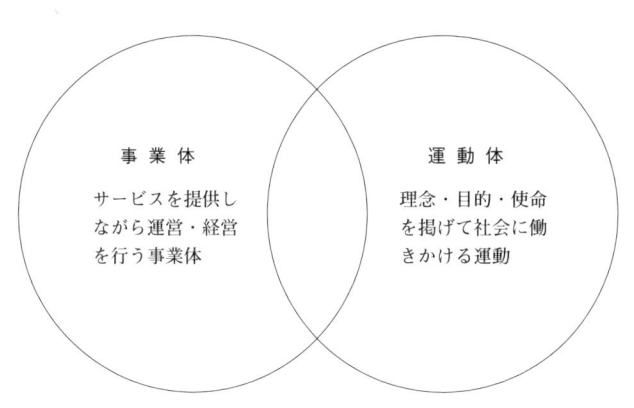

図 1-1　ヴァン・ティルによる NPO の概念図

事業体
サービスを提供しながら運営・経営を行う事業体

運動体
理念・目的・使命を掲げて社会に働きかける運動

と，その結社組織の社会的機能を扱おうとする社会学である．この文脈からは NPO を新しい中間集団とみることもできる．

このように NPO は社会学の理論的な枠組みのなかで多様に位置づけることができる．本章の後半部では社会学理論と NPO との関連を検討しながら，これまでの社会学的な位置づけの上に NPO の社会学の構図を描きたい．そして次章ではさらに分野を限定した福祉 NPO の社会学の枠組みを提出したい．

NPO は社会の変化変動期に現れて，さまざまな社会実験を行いながら社会に必要とされる新たな機能を発見し実現していこうとする．NPO を「運動性」と「事業性」の両面をもつ存在（ヴァン・ティル（Jon Van Til））ととらえると，NPO がなぜ現代の社会のさまざまな新しい分野に出現しているのかが説明されよう．そこに「NPO の社会学」があるはずである．

2　NPO 研究の動向

近年，米国では本格的な NPO 研究書が続々と発刊されている[1]．これらをレビューしながら NPO 研究の現状と動向を概観しておこう．

NPO の歴史研究者であるハーバード大学のホール（Peter Dobkin Hall）によれば，米国における NPO の歴史は 1790 年まで遡り，200 年以上の歴史があることになる．それは紆余曲折の歴史であり，同じ制度や NPO が 200 年続い

表1-1　米国の NPO セクター・その概観

NPO 数（1995 年）	160 万団体
収入（1996 年）	6,703 億ドル（80 兆 4,360 億円）
国内総生産に占める比率	8.8%
雇用（1996 年）	1,090 万人
有給雇用者数に占める比率	7%
ボランティア（1996 年）	630 万人
有給雇用者およびボランティアに占める比率	11%

出典：Salamon（1999：22）.

ていることは意味しない．しかし，米国においても NPO 研究の歴史は比較的新しいものである．また，サラモンによれば，彼が調査を始めた 1984 年前後まで，NPO セクター全体の統計的なデータはなかったという．ただし近年の研究の発展ぶりはめざましく，歴史や理論だけでなく実証研究の蓄積も分厚くなっている．

　日本における NPO のとらえ方とは異なり，米国の NPO は税制と法人格により規定される．多くの大学や病院，美術館や博物館などが NPO である．そのため，米国の NPO を「民間非営利組織」と訳すのは誤りであり「非課税組織」と訳すべきだとする意見もある．事実，米国の NPO は事業体でもあり，議会や税務当局と課税範囲や対象について論議をかもしている団体もある．いずれにせよ，日本とは制度的にも実態としても異なっていることを前提として，米国におけるボランティアや NPO の研究状況について概観しておこう．

　日本でボランティア団体や NPO についての社会科学的な基礎データが乏しいのに比べ，米国では数多くの実証データにもとづいた研究が行われている．たとえば，ボランティア活動に関する過去数十年の論文をサーベイしたブルとレヴァインの *The Older Volunteer*（Bull and Levine, eds. 1993）やフィッシャーとシェーファーの *Older Volunteers*（Fischer and Schaffer, 1993）を見ると，米国のボランティア研究においては，仮説を実証データによって検証するスタイルの論文が数多く積み重ねられている．日本においては鈴木廣らによって仮説的にしか論じられていない所得階級とボランティア活動の相関関係に関しても，米国においては数多くの実証研究がなされている．また，年齢や性別，エスニシティや所得といった属性とボランティア活動に関する相関関係なども

調査研究が蓄積されている．

　ボランティア活動，ボランティア団体やフィランソロピー，寄付に関しては，インディペンデント・セクター（Independent Sector）という NPO が *Giving & Volunteering in the U. S.* という調査研究報告書として定期的に公表している．また NPO に関しても，数多くの調査研究機関があり，アーバン・インスティテュート（Urban Institute）とインディペンデント・セクターは *Nonprofit Almanac* という NPO に関する実態調査研究を公表し，米国における NPO の基礎研究データとなっている．

　しかしながら，米国においても NPO をひとつの社会セクターとしてとらえて，その統計的データの整備がはかられはじめたのは比較的最近のことである．それ以前はたんに米国の内国歳入庁（IRS）のファイルとして存在していただけであった．IRS の膨大なデータファイルのなかから，民間非営利組織の雇用規模や経済規模などを算出・集計し，それらのデータを可視的な形にして「NPO セクター」として描き出し，NPO セクターが決して社会のなかで小さな部分ではないということを統計的にも証明してみせたのがジョンズ・ホプキンス大学のサラモンらの調査研究チームであった．サラモンらの研究成果は，米国における NPO セクターの規模とその重要性を明らかにした．そしてインディペンデント・セクター等，多くの調査研究機関が NPO の実証的調査研究を開始する先鞭となった．またサラモンらジョンズ・ホプキンス大学の研究チームは，世界規模での NPO の統計データを調査研究し，NPO の世界比較研究を進めている．ジョンズ・ホプキンス大学の NPO による定義や統計データの整備の方法は，ヨーロッパ諸国間の非営利セクターの経済・雇用規模を共通尺度で測定する必要に迫られていた EU においても採用され，さらに国連でも統計データの整備が始まった．

　一方，米国には NPO の格付け機関がいくつも存在し，寄付を行う場合の情報提供を行っている．また，Urban Institute や Independent Sector など米国の研究機関は，NPO の経済・雇用規模だけでなく，NPO の提供するサービスの質的・内容的な研究つまり，営利企業や政府機関と比較して NPO の提供するヒューマン・サービスの質的な「評価」を行おうとしている．さらに，ジョンズ・ホプキンス大学でも，NPO の事例研究を行いながら，その長所と短所

とを総合的に把握し，NPO が社会システムにどのような影響を与えているかを世界規模で測定しようとする野心的な「インパクト・アナリシス」（Impact Analysis）を開始している．

ジョンズ・ホプキンス大学の世界比較研究の方法は，日本の NPO 研究にも多大な影響を与えてきたが，現在までのところ，日本の社会福祉研究者には，米国の NPO 研究の方法や蓄積は，あまり影響を与えていないようである．米国における NPO 研究の方法論（政策研究や公共経済学の分析枠組み）が，日本の社会福祉研究の枠組みと大きく異なることが原因であろう．しかしながら，社会福祉基礎構造改革や公的介護保険制度の導入にともない，日本の社会福祉研究者の間にも NPO への関心が高まっている．今後は国際比較の観点から日本の福祉 NPO を調査研究する方向も出てくるだろう．

サラモンの NPO 論

まず今日の NPO 研究の隆盛をつくったレスター・サラモンによる標準的な NPO 論を見てみよう（Salamon 1999）．

サラモンの NPO 論の特徴は，米国連邦政府で働いた経験に基づき，現代の社会サービスやヒューマンサービスが，政府と NPO との連携や協働ぬきにはありえないとする立場から構築されていることである．サラモンの「第三者政府」（Third Party Government）の理論の要点は，「現代の NPO は，政府との協働なしには十分に機能しえず，また政府も NPO との連携や協働ぬきには適切な社会サービスを供給できない」というものである．政府の資金によって NPO が社会サービスを提供する連携や協働の仕組みをサラモンは「第三者政府」と呼ぶ．これは「政府の失敗」「市場の失敗」の理論をふまえながら，NPO だけでも「ボランティアの失敗」が起こるとするサラモンの理論的な立場からくるものである．現代の NPO は，政府との適切な連携や協働によって社会サービスの重要部分を提供する「第三者政府」の機能を果たしていると仮定し，それを示すデータをつくるところからサラモンの NPO 研究は始まった．

初期の著作の目的は，連邦政府の予算の中から NPO 関連の予算を抽出・総合し，NPO と政府との連携や協働の実態と必要性を示すことにあった（Salamon 1977）．IRS のファイルの中に分散していたさまざまな団体が「非営

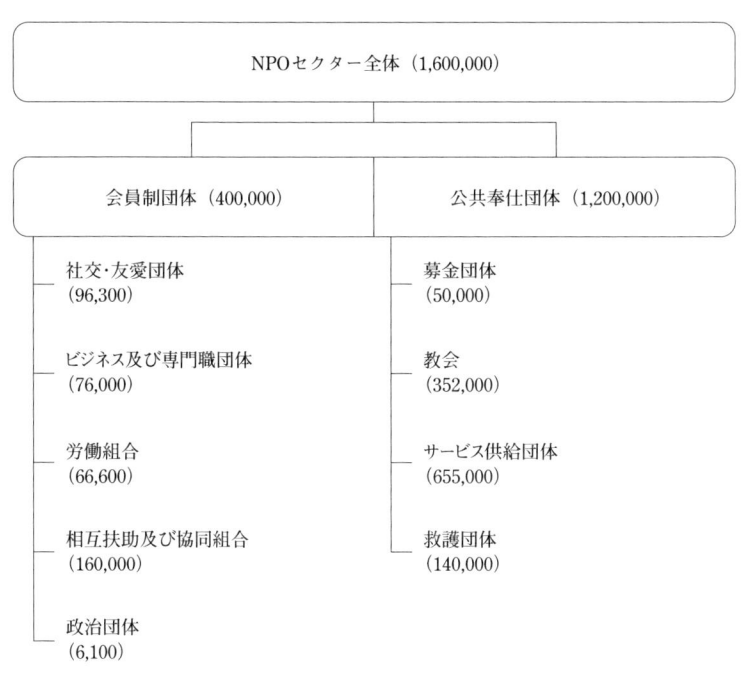

```
                    ┌─────────────────────────────────┐
                    │   NPOセクター全体（1,600,000）    │
                    └─────────────────────────────────┘
                            │
             ┌──────────────┴──────────────┐
    ┌────────────────┐              ┌────────────────┐
    │会員制団体       │              │公共奉仕団体     │
    │（400,000）     │              │（1,200,000）   │
    └────────────────┘              └────────────────┘
```

- 社交・友愛団体 (96,300)
- ビジネス及び専門職団体 (76,000)
- 労働組合 (66,600)
- 相互扶助及び協同組合 (160,000)
- 政治団体 (6,100)

- 募金団体 (50,000)
- 教会 (352,000)
- サービス供給団体 (655,000)
- 救護団体 (140,000)

図 1-2　NPO セクターの団体数
出典：Salamon（1999：22）．

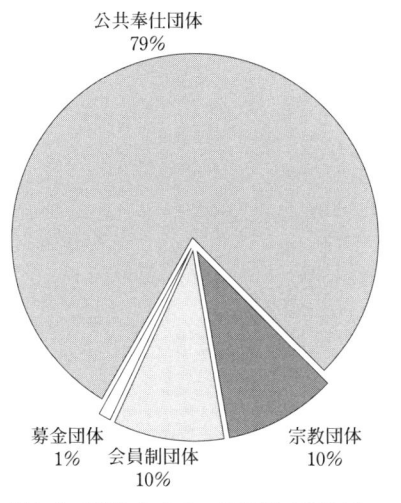

公共奉仕団体 79%
募金団体 1%
会員制団体 10%
宗教団体 10%

図 1-3　NPO セクターの雇用（1996 年）

第 1 章　NPO の理論・NPO の社会学

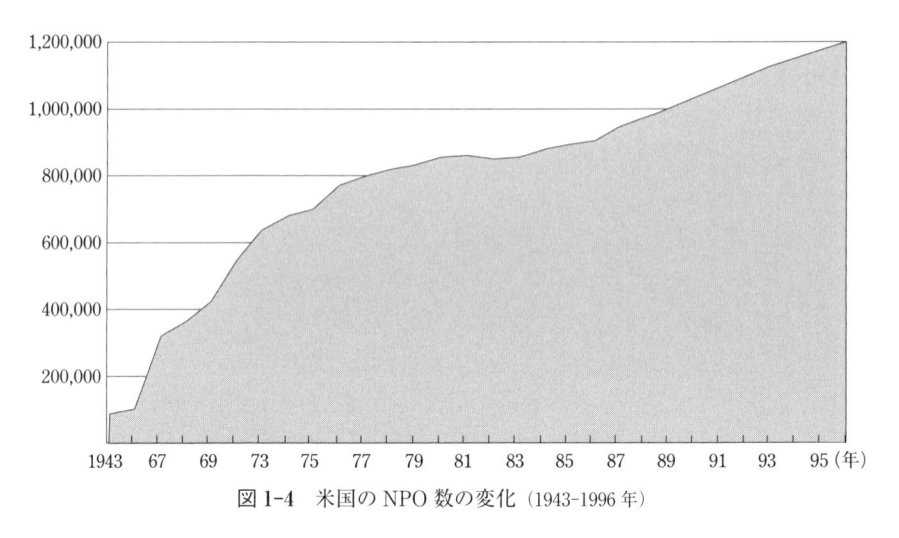

図 1-4　米国の NPO 数の変化（1943-1996 年）

利セクター」という大きな雇用規模や経済規模をもつ独立したセクターであることが可視化されたのだ．保健・医療・福祉・文化・教育サービスなど多種多様な業界で，NPO が重要な役割を果たしている．それぞれの業界には固有の法や制度があり，NPO という共通の枠組みでとらえることは易しいことではなかった．では，異なる法律や制度にもとづく法人を，ひとつの「非営利セクター」としてまとめてみることにどのような意味があるのか．

　米国の NPO 法では，501(c)だけで 27 種類，501 は全体で 30 のカテゴリーに分かれる．さらに農協（521）を含めれば 31 もの非営利組織のカテゴリーが分立しているのだ（Boris and Steuerle, eds. 1999）．多くの法的規定によって，法人の種類が多種多様に分かれ，別々の規制がなされているのだ．米国に限らず世界の非営利組織は，それぞれの国の法律によって成り立っている．詳しく見れば共通性ではなく多様性や異質性のほうが見えてくるのは明らかだ．

　カーター政権からレーガン政権へと政権が移行する過程で，政府と NPO との連携や協働は否定され，大規模な予算カットがなされた．サラモンの「第三者政府」論はレーガン政権の NPO 予算削減に対抗するための理論でもあった．サラモンらの仕事によって米国の非営利セクターがじつは巨大な規模をもち，雇用規模からも経済規模からも政府セクターを上回るほどだという実態を示すことは，サラモンらの戦略でもあった．次に非営利組織の標準的な定義を

形成し，それはやがて国連の国際会計基準などにも採用されていく（United Nations 1993；United Nations Statistics Division 2002）．これは，非営利組織や非営利セクターとの連携や協働なしには，今日の福祉国家は運営できないことを示すことになった．時代はさらに大きく動いていた．サラモンらの NPO の定義や非営利セクター論が時代や社会の大きな脚光を浴びたのは，冷戦の終結と旧共産圏諸国への国際援助という時代の要請があったからでもある．国際援助は，国家間の外交ルートだけでは進まない．国連は NGO を中心とした国際援助の枠組みを構築していた．米国の国内制度である NPO は，NGO との親和性をもっていた．

サラモンらの NPO 定義の特徴

サラモンとアンハイヤらは，世界各国のさまざまな非営利組織概念を検討したうえで，次の 6 つの要件をみたすことを NPO の定義とした[2]．

(1) organizations（組織であること）
(2) private, as opposed to governmental（民間であること：税金をもとにして活動している政府・行政などではないこと）
(3) non-profit-distributing（利益・収益を分配しないこと）
(4) self-governing（自己決定できること）
(5) voluntary（自発的な活動であること）
(6) of public benefit（公共の福祉のためのものであること）

この定義に関しては，機能的な定義ではなく，実体から要素を抜き出しただけで，調査研究する場合に役立つ操作的定義ではないとする批判もある（藤井 1999；2002）．しかし，すでに述べたようにサラモンとアンハイヤらの目的は，法律や制度によって細かく分割されていたさまざまな団体をひとつの大きなセクターを形成する全体像として描き出すことであった．小さな団体が多く，さまざまな制度や法律によって細かく分断されてはいるが，ひとつの大きなくくり方によってそれが「非営利セクター」という巨大な実体として現れる．もはやこの非営利セクターを無視したり敵対することは，政府にとっても社会全体

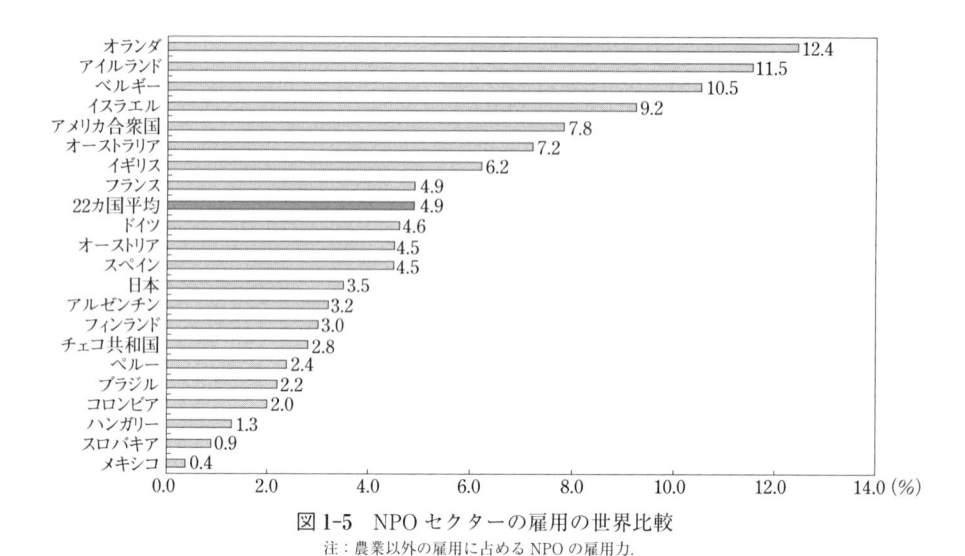

図 1-5 NPO セクターの雇用の世界比較
注:農業以外の雇用に占める NPO の雇用力.

国	%
オランダ	12.4
アイルランド	11.5
ベルギー	10.5
イスラエル	9.2
アメリカ合衆国	7.8
オーストラリア	7.2
イギリス	6.2
フランス	4.9
22カ国平均	4.9
ドイツ	4.6
オーストリア	4.5
スペイン	4.5
日本	3.5
アルゼンチン	3.2
フィンランド	3.0
チェコ共和国	2.8
ペルー	2.4
ブラジル	2.2
コロンビア	2.0
ハンガリー	1.3
スロバキア	0.9
メキシコ	0.4

にとっても賢明なことではない.むしろこの巨大な非営利セクターとどううまく連携や協働していくべきか,それこそが課題である.サラモンやアンハイヤらの定義の基本的なメッセージはここにあった.

グローバル・シビル・ソサエティ

後にサラモンとアンハイヤらは,非営利セクターの国際比較調査にのりだし,非営利セクターの大きさを国ごとに測定する「非営利セクターの国際比較研究」を始めた.これには米国中心主義だとする批判もあるが,サラモンらの目的は一貫しており明確である.それは非営利セクターの大きさ,規模や広がり,多様性や奥深さを実証し可視化することである.

このようにサラモンとアンハイヤらの NPO 定義は,当初は米国社会に向けたメッセージだったが,その後,世界的に波及し大きな影響力を及ぼすことになった.

NPO はヨーロッパでは「市民セクター」や「市民社会」そして「社会経済」の文脈で理解されることになった.もともとヨーロッパ諸国には市民社会の歴史と伝統があったので当然とも言える.とくにフランスやイタリアでは「社会経済」という伝統的概念の再評価という文脈で理解された.サラモンとアンハ

イヤらの『グローバル・シビル・ソサエティ』（Salamon *et al.*, eds. 1999）には世界の22カ国の非営利セクターの規模の一覧表が掲載されているが，上位を占めるのはほとんどがヨーロッパの国々である．つまり，米国やヨーロッパで発達してきた社会制度が非営利組織や非営利セクターの基礎にある（図1-5）．

日本へのインパクト

　サラモンとアンハイヤらの定義がもっとも大きなインパクトを持ったのは，むしろ日本であると言ってもよいかもしれない．「第三者政府」や「非営利組織」や「非営利セクター」「公的セクター」などは，日本社会になじみやすく非常に親和的な概念であった．ところがサラモンらの「非営利セクター」概念は，日本社会の「第3セクター」概念とはまったく異なるものだった．NPOの定義も，日本に当てはめると混乱が生じた．とりようによっては日本社会はすでにNPO大国であるとする論者もいた（入山 2003；2004；今田編著 2006）．公益法人は明治以来の伝統があり，政府や自治体による第3セクターも数多い．この立場からすると，日本社会には非営利組織の長い伝統があり，社会サービスの多くはすでに非営利組織によって提供されているということになる．しかしそれらは，NPO研究の世界では「擬似政府組織」（QUANGOS）[3]とよばれる異質の組織なのだ．

　サラモンらの定義は日本の組織文化と根本的に異質であった．しかし異質であるがゆえに日本の研究者たちに大きな衝撃と影響力をもたらしたのだ．もしサラモンらの定義が，日本の公益法人の実態とさほど矛盾しないものであったなら，NPO概念はたんなる新しい外来語として一時的な流行で終わることになったであろう．しかし突き詰めると，日本的な組織と根本的に異質な組織のあり方が浮かび上がってくるのだ．そこには日本的な非営利組織の問題や病理が浮かび上がってくる．バブル経済がはじけて，いたるところに日本社会の構造的な問題点が鮮明に見え始めた時期だった．NPO元年が阪神・淡路大震災の年であるのは象徴的なことだ．NPOという概念が，日本社会の構造的な改革にとって重要な鍵概念となったのは，このためだ．

NPO と政府との協働

サラモンらの NPO 定義が日本で広く受け入れられたもうひとつの理由として，「NPO と政府との協働」がキーコンセプトとされていることがあげられよう．サラモンは，米国社会のオーソドックスな NPO 概念をとらない．政府の役割を強調し，政府と NPO との「連携や協働」を主張する．サラモンの主著ともいうべき *Partners in Public Service*（Salamon 1995）は，そのことをよく示している．

サラモンらの NPO の定義は，米国社会の伝統的な価値観にもとづきながら，その保守性からは自由になっている．NPO との連携や協働の提唱がそれである．政府と NPO との役割分担や連携・協働という考え方は，日本社会にとってもなじみやすいものであった．サラモンらの NPO 論が，急速に受容されたのは，そのような理由からだと思われる．

3　NPO 理論の検討

アンハイヤによる NPO 理論の総合

次に，現在の NPO 理論研究の最前線を示すと思われるアンハイヤの大著（Anheier 2005）を紹介しながら，NPO 理論を整理しておきたい．

『NPO——理論・マネジメント・政策』と題された同書は，世界の NPO 研究の最前線に立つヘルムート・K. アンハイヤの現時点での主著であり，NPO の理論とマネジメントに関する画期的で包括的な大著である．アンハイヤはドイツに生まれ，米国に渡ってイェール大学で博士号取得後，ジョンズ・ホプキンス大学でレスター・M. サラモンとともに NPO に関する国際的な定義や基準をつくり，NPO の雇用規模やその多様性などを国際比較する「NPO の国際比較研究」や"Global Civil Society"プロジェクトを主導してきた．その後，LSE（London School of Economics）を経て，現在は UCLA（University of California, Los Angeles）の社会福祉および公共政策学教授となり，シビル・ソサエティ研究所所長などを兼任している．サラモンとともに米国のみならず世界の NPO 研究の潮流をつくってきた人であり，サラモンが NPO 研究の対外的な顔であったとすれば，アンハイヤは調査や理論研究の実質を担ってきた．

華麗な経歴をもち米国NPO学会（ARNOVA）でも中心人物のひとりである．
　アンハイヤはNPO理論を大きく次の3つの視点から整理している．
　第1は「なぜNPOが存在するのか」（NPOの存在理由）という視点である．収益というインセンティブをもたないNPOが，組織としてなぜ存在するのかという問題を説明しようとする理論である．
　第2は「NPOはどのような行動をとるのか」（NPOの組織論）という視点である．政府や企業とは異なった組織原理をもつNPOが，どのように組織行動をするか，その特質を考察する理論である．
　第3は「NPOは社会をどう変えるのか」（NPOの社会的影響力）という視点である．NPOが社会にどのようなインパクトを与え，それによって社会がどう変わるのかを説明しようとする理論である．
　サラモンの『米国の非営利セクター』（Salamon 1999）は，多様な非営利団体を統一的に把握する枠組みを形成し，それが非営利セクターとして見ると巨大で現代社会の不可欠な一部になっていることを示した．その意味でNPO世界の「実態」に関する画期的な紹介であった．しかしサラモンの著書には先行研究や理論に関する行き届いたサーベイや，NPOマネジメントに関する言及は希薄だった．いわば多様なNPO世界をはるか上空から眺めおろしてNPO状況の世界地図をつくったのだ．一方，アンハイヤはさまざまな理論や先行研究を整理して「NPO研究」に関する包括的な紹介を行う．そのうえでNPOマネジメントのさまざまなモデルを提示して，NPOを実際に運営する人たちのための理論的なテキストを提供する．
　アンハイヤの著書は4部構成である．第1部「NPO世界の紹介」では，NPO研究の目的と意義，NPOの歴史的背景，そしてNPO概念の紹介と，その概観および個別分野におけるNPOの実態を紹介する．第2部「研究法」では理論の紹介，とくに公共経済学から発展したNPO理論と組織理論が紹介される．第3部「NPOのマネジメント」ではNPOが他の組織とどう異なるのかが，その財政構造やステークホルダー，ガバナンス，アカウンタビリティなどから紹介され，NPOのマネジメントのモデルや問題，課題なども提示される．第4部「ポリシーおよび具体的課題」ではNPOと国家や行政，財団，国際的な課題，グローバル化，そしてNPOに関する政策が論じられる．

同書の特徴は，第1にNPO理論が包括的にサーベイされ，バランスよく的確にまとめられていること，第2にサラモンらと展開した世界比較のデータやUCLAに移ってからの調査結果が具体的に提示され活用されていること，第3にNPOマネジメントに関する豊富な知見やモデルが提示されていることであろう．さらに行政との協働やグローバル化する社会におけるNPOの課題なども手際よくまとめられている．まさにこの一冊だけで，NPOの歴史や展開，NPOの理論とマネジメントのモデル，そして現在の課題が総合的に理解できるのだ．
　アンハイヤはNPO研究の基本枠組みを示す．「NPOはなぜ生まれ，どのように活動し，そしてNPOが活動した結果社会はどうなるのか」という基本的な3つの問いのレベルを立てる．ついで「組織，活動領域，収入や国による違い」が調査研究の対象だとする．3つの「レベル」と「対象」を掛けあわせてNPO研究を9つに分類するのである．とくにNPOの組織レベルに関する問いとして，「NPOはなぜ企業や政府でなく非営利組織という組織形態をとるのか，NPOはどのように運営され，どのような活動を行うのか，そしてNPOは社会のどのような部分にどのような貢献を行うのか」という根源的な問いを投げかける．この問いや研究内容と関連させてNPO理論を「政府の失敗理論，社会起業家理論，市場の失敗理論，利害関係者の理論，第三者政府の理論，社会的起源論」の6つに分類する．この分類法には異論もあろうが，現代のNPO理論の整理の標準となると思われる．ついでM. ヴェーバーの官僚制研究をはじめ組織論を広範に整理紹介する．NPO研究では「事例紹介だけで理論や分析がない」ことがよくある．NPO研究は何を解明しようとしているのか．同書の整理は，NPO研究のあり方をじつに明確に整理してくれる．ついでNPOのマネジメントの整理を行う．最後のNPOの課題に関する第4部は現状分析篇であり，やや網羅的で課題を列挙した感がある．
　以下，アンハイヤを援用しながらNPO理論の概要を紹介しよう．

NPOの定義

　現代社会にとって非営利組織（NPO）や非営利セクターとは何だろうか．①非営利組織や非営利セクターとは何か，なぜ存在するのか，②福祉国家や福

祉社会において，どのような役割や機能を果たしているのか，そして，③福祉国家や福祉社会の転換期においてどのような役割を果たしていくのか，という3つの側面から考えていくことにする．非営利組織は，世界的にその重要性をましている．日本でも介護保険制度の発足とともに福祉NPOの出現と展開が始まった[4]．これは福祉国家や福祉社会の大きな転換と関連している現象である．

　市民が営利を目的とせず公共的な目的のためにさまざまな組織を形成して自発的に社会に関わるという仕組みが民間非営利組織の本質である．そして非営利組織の集合体が「非営利セクター」であり，サラモンとアンハイヤはそれこそ「市民社会」だと言う．現在，「非営利組織」や「非営利セクター」という概念は，さまざまな論者が多様な含意を込めて用いている．用語を一覧するだけでも非営利組織に関しては「チャリティ」「非課税団体」「ボランタリー・アソシエーション」「ボランタリー・エージェンシー」「NGO（非政府組織）」「社会的企業」など類似の概念が多様にある．非営利セクターに関しても，「市民セクター」「サード・セクター」「独立セクター」「ボランタリー・セクター」「フィランソロピー」「社会経済」などさまざまである．このように多様な概念が現れるのは，社会福祉に限らず，現代社会の構造的な転換期における変動の担い手として，非営利組織や非営利セクターが注目されているからだろう．

　こうしたなかでNPO研究ではサラモンとアンハイヤによる「構造‐機能的アプローチ」による定義が標準的なものとなっている．これは非営利組織を，その組織の構造と機能から定義しようとするものである（Salamon and Anheier, eds. 1997）．このアプローチは非営利組織を次の5つの特性から定義していく．第1に組織化されていることである．制度化された組織実体があることを非営利組織の条件とする．たとえば法人格のような制度的な地位をもち，定期的な集会がありスタッフがいて手続きのルールが整っており，組織としての持続性や継続性があること，などがそれである．この条件によって個人的なボランティア活動と，組織としてのNPOとを区別しようとする．第2には政府と区別された民間組織であることだ．これは政府からの支援や援助を受けないことを意味しない．ヨーロッパや日本などでは政府から財政的に支援された擬似政府組織など境界線上のケースも存在するが，それらが政府の支配を受け

表1-2　米国の登録免税団体数（1989年と2000年の比較）

		1989	2000
総　計		992,537	1,355,894
501(c)(1)	連邦法による団体	9	20
501(c)(2)	名称保持団体	6,090	7,009
501(c)(3)	宗教・慈善団体等	464,138	819,008
501(c)(4)	社会福祉団体	141,238	137,037
501(c)(5)	労働組合・農業団体	72,689	63,456
501(c)(6)	商業連合団体	63,951	82,246
501(c)(7)	社交およびレクリエーションクラブ	61,455	67,246
501(c)(8)	友愛団体	99,621	81,980
501(c)(9)	ボランティア団体職員の福利厚生団体	13,228	13,595
501(c)(10)	国内の友愛団体の福利厚生団体	18,432	23,487
501(c)(11)	教員の退職年金団体	11	15
501(c)(12)	ボランティアのための生命保険団体	5,783	6,489
501(c)(13)	お墓の運営会社	8,341	10,132
501(c)(14)	州の認可による信用保険団体	6,438	4,320
501(c)(15)	相互保険会社	1,118	1,342
501(c)(16)	農産物関連融資団体	17	22
501(c)(17)	失業者への追加的補助信用組合	674	501
501(c)(18)	被用者年金信託	8	2
501(c)(19)	戦争従軍者組織	26,495	35,249
501(c)(20)	法律サービス団体	200	—
501(c)(21)	ブラックラング信託	22	28
501(c)(22)	複数雇用者年金基金	—	0
501(c)(23)	1880年以前に設立された退役軍人会	—	2
501(c)(24)	ERISAの4049条に基づく団体	—	1
501(c)(25)	年金関連団体	—	1,192
501(c)(26)	州政府所轄のハイリスク保険団体	—	9
501(c)(27)	州政府所轄の再保険団体	—	7
501(d)	使徒承伝団体	94	127
501(e)	協同サービス団体	79	41
501(f)	協同教育団体	1	1
521	農業者協同組合	2,405	1,330

てその一手段として活動しているかどうかで区別する．「政府とは異なる組織としてのアイデンティティ」をもっているかどうかが重要だとされる．第3に自己統治していることである．民間で非政府組織であるにもかかわらず，政府機関や営利会社に強く支配されている組織もある．それらと区別するために，当該組織が自己統治能力や自律性をそなえていることが必要である．第4に非分配原則をとることである．非営利組織は収益事業を行うこともできる．ただ

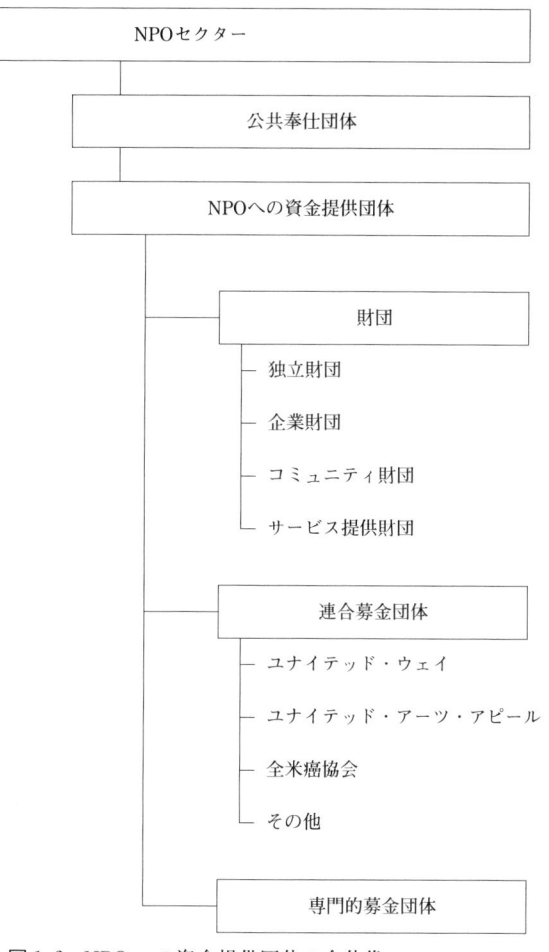

```
NPOセクター
  └ 公共奉仕団体
      └ NPOへの資金提供団体
          ├ 財団
          │   ├ 独立財団
          │   ├ 企業財団
          │   ├ コミュニティ財団
          │   └ サービス提供財団
          ├ 連合募金団体
          │   ├ ユナイテッド・ウェイ
          │   ├ ユナイテッド・アーツ・アピール
          │   ├ 全米癌協会
          │   └ その他
          └ 専門的募金団体
```

図1-6 NPOへの資金提供団体の全体像
出典:Foundation Center(1998).

しその収益を関係者で分配することは禁じられており,収益をミッションや本来目的のために再投資することが非営利組織の特徴である.第5に利用者やボランティアの参加があること.理事会が無償のボランティアによって構成されており,日常の活動にボランティアが参加し,しかもボランティアの関わりが「強制的,拘束的でないこと」[5]などが重要である.

サラモンとアンハイヤによるこの定義によってはじめて,「非営利組織」が

表1-3　政府・NPO・企業の違い

	政　府	NPO	企　業
哲　学	正　義	慈　善	利　潤
誰を代表するか	多　数	マイノリティ	株主と経営者
サービスの法的基盤	権　利	奨　励	サービス料金
財　源	税　金	寄付・料金・補助金	料　金
機能の決定	法の規定	統治している人たちから選ばれた人たち	株主と経営者
政策決定の主体	立法府	理事会による決定	株主と役員会
アカウンタビリティ	選　挙	クライアント関係者	株　主
対象者の範囲	広範囲	限定的	支払い可能な人びと
管理構造	大規模官僚制	小規模官僚制	官僚制，フランチャイズ，地方支社
サービスの管理パターン	単　一	多　様	多　様
組織と事業の規模	大規模	小規模	中規模から小規模

出典：Kramer（1987）．

　世界的に巨大な「非営利セクター」を形成するほどの規模と広がりをもつ社会勢力であることが「発見」された．この定義こそが，今日の非営利組織・非営利セクターの国際比較研究を可能にしたのであり，その研究上の意義は大きい．本書においても，基本的にはこのサラモンとアンハイヤの定義にもとづいていくことにする[6]．

　サラモンとアンハイヤの定義によってはじめて，非営利組織が非営利セクターを形成するほどの規模と広がりをもつ社会勢力であることが明らかとなった．むしろ，そのような規模と広がりのあるセクターを「発見」することを目的とした戦略的な定義であったと言ってもよいであろう．彼らは，法律や制度によって細かく分割されていたさまざまな団体を「非営利組織」としてひとつの大きなセクターを形成する全体像として描き出した．小さな団体が多く，さまざまな制度や法律によって細かく分断されてはいるが，ひとつの大きな枠組みの導入によって「非営利セクター」という巨大な制度的実体が現れることになったのである．

NPOの理論

　非営利組織や非営利セクターの調査や研究が進んできたのは近年のことで

ある．NPOの理論に関してはさまざまな整理がある．オット（J. S. Ott）は非営利セクターに関する理論を，経済学理論，政治学理論，社会学理論，コミュニティ理論，組織理論，寄付の理論に整理している（Ott, ed. 2000）．この整理は，NPOや非営利セクターに関して社会科学の諸ディシプリンがどのような理論的なアプローチを展開しているかについてのオーソドックスな見方である．またNPOに関する社会学理論の整理については，ディマジオ（Paul DiMaggio）とアンハイヤのものが有名である（DiMaggio and Anheier 1990）．これらを踏まえてアンハイヤは，より学際的な観点からNPOの理論を整理しており，これは最新の展開を踏まえたもっとも包括的なものであると思われる（Anheier 2005）．これらを参考にしながら，NPOの理論について概観しておこう．

　NPOがなぜ存在するのかを理論的に裏付けるものとして，「政府の失敗理論」と「市場の失敗理論」とが有名である．ともに経済学理論をベースとしたNPOの存在論と言えるだろう．まず「政府の失敗理論」の代表である「多様性の理論」，なかでもワイスブロドの「公共財理論」を紹介しよう．

　1975年に経済学者ワイスブロド（Burton Weisbrod）が「公共選択の理論」を拡大して「公共財理論」を構築した（Weisbrod 1988）．この理論は，なぜ非営利組織が公共財を提供するのかについての経済学的な理由を考察したものである．この理論は「純粋公共財」より「準公共財」のほうにより当てはまるものだと批判されることもあるが，非営利組織の存在理由を「要求の多様性」（demand heterogeneity）と「平均的な有権者」(median voter) という概念を用いて論じる．民主主義社会のもとでは，政府当局者（government officials）は平均的な有権者のニーズに対応することをとおして選挙で再選される可能性を最大化している[7]．ところが現代社会では，エスニシティ，文化，言語，宗教のみならず，年齢，ライフスタイル，好み，職業や専門性，収入などさまざまな違いによる多様性が，要求の多様性を生み出す．政府による平均的なサービスはこの要求の多様性に応えられない．ゆえに，非営利組織は，政府の提供する平均的な公共財との間のギャップを埋めるために存在する，と論じられる[8]．政府や行政サービスだけでは，人びとの多様性や多様な要求に応えられず，ゆえに非営利組織や非営利セクターが必要となるとするのが「多様

性の理論」または「政府の失敗理論」である．この理論は，現在もっとも広く受け入れられている NPO 理論である．

　ワイスブロッドの公共財理論は，「政府の失敗理論」の代表である．政府が提供する公共サービスは，ごく平均的な市民のごく平均的なニーズに照準しており，ごく平均的な質と量のサービスを，平等に提供するものである．これを「失敗」（failure）と言うかどうかはさておき，「限界」があることは確かであろう．多様な障害者のニーズ，多様なエスニシティや属性に起因するニーズなどに政府は対応できない．高齢社会やグローバル化が進んだこれからの多様な社会においてはますますその限界が明らかになるだろう．こうした限界をひとつの根拠にして非営利組織の存立根拠を論じるのが，「政府の失敗理論」の特徴である．

　一般に，医療や福祉などの世界では，サービス提供側（専門家）と利用者側（緊急の必要をもつ素人）との間に大きな情報格差（情報の非対称性）がある．ゆえに利用者は，サービスの内容や質を適切に評価できないとされる．サービスの内容や質を適切に評価できなければ，市場原理がうまく機能せず，また継続的なモニタリングも困難なので，サービス提供者が営利企業だと，利用者が不当な不利益を受ける可能性が生じる．「市場の失敗理論」と呼ばれるゆえんである．ハンスマン（Henry Hansmann）（Hansmann 1987）は「消費者は営利会社の提供するサービスの量や質についてその的確さを判定できない」が，「非営利組織は営利企業に対して優位性をもつ．それは利益の分配を禁じられているから，より信頼に値するというシグナルをもつことだ」と論じる．つまり信頼性において非営利組織は比較優位性をもつ．これは，サービスとその結果に関する十分な情報が得られにくい分野では，利益を分配してはならないという拘束をもつ非営利組織のほうが，より信頼できる組織と見えるからである[9]．この理論が当てはまる事例としては，児童，精神障害者，虚弱高齢者，ガン末期患者のケアなどがあげられており，こうした医療・福祉サービス等に固有の「性質」に着目した理論である[10]．

　「起業家精神の理論」は，サービス供給サイドから，非営利組織がなぜ存在するのかを説明する理論である．「起業家（アントレプレナー）は，改革的で，さまざまな資源をもち，機会をとらえて新しい価値を創造して社会を変革す

る担い手である」とされ，資本主義社会における主要な改革力とみなされてきた人たちのことである[11]．ヒューマンサービスの領域においても大きな革新は「社会起業家」(social entrepreneurs) が非営利組織を運営することを通じて行う，というのがこの理論である．この起業家精神理論に関して代表的な研究者は，エステル・ジェイムズ (Estelle James)，スーザン・ローズ-アッカーマン (Susan Rose-Ackerman)，そしてデニス・ヤング (Dennis Young) らである．社会起業家の行う「起業」は，利益ではなく社会的価値を創造するためのものであり，「ミッションにもとづき，価値を形成したり守ったりするため，持続的に改革や改良，そして学びながら現在の手持ちの資源に限定されることなく大胆に活動し，サービスを受ける人たちへの高いアカウンタビリティを示しながら，新しい成果を創造していく」という特徴をもつ．この理論は，経済学的な諸理論とはまったく違った前提から非営利組織の存在を考察する可能性を示す．ジェイムズ (James 1987) によれば，非営利組織は非貨幣的価値（たとえば，信仰，信者や会員の数）を最大化するように行動する．そして組織の生成や発展の過程で社会的起業家こそが重要な役割を果たすという．ここから，なぜ非営利組織が，保健・医療・福祉・文化・教育などの分野で活動するのか，とりわけ生命の危機に関連する諸機関（病院，ホスピス，ナーシングホーム）や特別なニーズをもつ人びと（障害者，ゲイやレズビアン，その他）のため活動するのかを説明できるとする[12]．

　アヴナー・ベン・ナー (Avner Ben-Ner) を代表とする「利害関係者の理論」は，組織経済学や制度経済学に依拠しながら，サービスの供給者がなぜ現れるのかを供給者サイドから考察することの重要性を指摘する．この理論は，非営利組織が社会的起業家や宗教的リーダーによって形成される場合が多いことを認めながら，他にも有力なアクターがいることを指摘する．それは供給側と需要側の双方に関わる「利害関係者」(stakeholder)[13] である．「利害関係者の理論」は，「非営利組織は，利用者や他の需要側の関係者が，情報の非対称性のもとで，アウトプットに対するコントロールを最大化するために形成される」とするものである．この需要側の関係者とは，子どもを保育園に預けている親たちなどがその典型例である．彼らは，サービスの質に強い関心をもち，モラルハザードが起きないようにサービス提供組織の運営そのものにまで関わ

表1-4 非営利組織の理論の一覧表

理論名	内　容	キー概念	強　み	弱　点
「政府の失敗理論」 「多様性理論」(Heterogeneity theory) 別名「公共財理論」	公共財や疑似公共財への多様な要求 (demand) が現れる状況のもとでは、非営利組織によるサービス提供が生じる。	要求の多様性、平均的な人 (median voter)、政府、準公共財	公共財が不足する状況のなかで、なぜ非営利組織が「ギャップを埋める存在」として現れるのかを説明。自由主義社会的な文脈で、政府か民間組織かが、どう選択されるのかのダイナミズムを説明できる。	政府と非営利組織との間に、本来的な対立があることを前提としていること。
「供給サイドの理論」(Supply-side theory) 別名「起業家精神の理論」(Entrepreneurship theory)	貨幣的な価値の実現を求める起業家が、人びとの多様な要求に対して応えようとして創出したものが、非営利組織である。	ソーシャルアントレプレナー、非貨幣的な価値、セット販売 (product bundling)、要求の多様性	意味や価値を重視する非営利組織と、医療や教育といったサービス分野の関連について説明できる(価値や意味を最大化する動きを説明できる)。	宗教的価値にもとづく活動と世俗的な価値にもとづく活動とを同一視する価値中立的な状態を仮定している (価値や意味に基づかない非営利組織は説明できるのか)。
「市場の失敗理論」(Contract or Market failure theory)「信頼の理論」(Trust theory) 別名「契約の失敗理論」	情報の非対称性がある状況のもとでは、非分配原則のある非営利組織のほうが、より信頼される (情報の非対称性がある状況では、モニタリングが困難で暴利を貪る組織が現れやすいため)。	非分配原則、信頼性、情報の非対称性	供給側からみて、なぜ非営利組織が組織として選択されるのかを説明。サービス等の本来的な「性質」に着目している。	他にも説明可能 (政府の規制のためなど)。非分配原則は強い拘束ではない。間接的に利益の分配は可能である (営利組織による偽装もある)。
「利害関係者 (ステイクホルダー) の理論」	供給者側と利用者側との間に情報の非対称性がある条件のもとで、関係者はサービス供給をコントロールしようとする。	競合性のない物財、情報の非対称性、信頼	関係者-サービス提供者-利用者という3者関係を理論的に扱うことができる。	この理論で扱える領域が、強くコミットする関係者のいる情報関係の問題に限定される。

「相互依存の理論」(Interdependence theory) 別名「ボランティアの失敗」(Voluntary failure)、または、「第三者政府の理論」(Third-party government theory)	非営利組織は活動に取りかかる場合のイニシアルコスト（初期費用）が小さいので、政府に先行してさまざまな公共性あるサービスを提供することができる。しかし「ボランティアの失敗」を理由として、公的セクターとの間に次第に相互作用が生まれてくる。	フィランソロピーの不十分性、特定主義（particularism）、家父長主義（パターナリズム）、素人主義（アマチュアリズム）、第三者政府	ボランタリーセクターと政府セクターとの競合というゼロサム理論を超えて、公－私のパートナーシップ関係というしばしば起こりうる関係を説明できる。	中立的で善意ある行政を前提としており、価値にもとづいた活動とそうでない活動とを同一視しており、協働が、どのような条件のもとで展開するのか、その条件が見えないこと。
「社会的起源の理論」(Social origin theory)	非営利セクターの規模や構造は、さまざまな社会関係、階級関係、社会体制の複雑なからまりのなかに「埋め込まれたもの」の反映である。	比較－歴史的アプローチ、経路依存、国家－社会関係	マイクロ経済学モデルを超えて、相互依存の理論を開拓している。	非営利組織の形態は、国や文化によって大きく異なるうえ、次第に変容しているという事実にうまく答えられない。

出典：Anheier (2005).

るようになる。いわば利用者側の利害関係者による組織参加として非営利組織を説明しようとするものである。

　多様性の理論など多くの理論が、政府と非営利セクターとの「対立」を理論的な前提としている。しかし事実としては、必ずしも対立しているわけではない、とサラモンは指摘する（Salamon 1995）。サラモンによれば「政府は非営利組織の代理でも代替でもない」。むしろデータの示すところ、政府は非営利セクターを大きく支援しており、「政府は非営利組織の活動を支える主要な保証となっている」。サラモンは、ワイスブロッドの公共財理論やハンスマンの信頼性理論では政府と非営利組織との間の共生的関係が抜け落ちているとし、「第三者政府」の概念を提出する。「このパターンの特徴は、政府の目的の遂行のために、非政府団体、少なくとも非連邦政府的な団体が活用されることであり、また、こうした団体は、公的な資金や権威を、かなり自由裁量で使うことができる点にある」[14]。すなわち、政府に活用されているのではなく、むしろ

政府と協働することを通じて非営利組織としての特質や独自性を発揮できるとする．サラモンによれば，非営利組織はフィランソロピーの4つの弱点（資源不足，個別的すぎること，恩恵的性格，アマチュアリズム）をもつとされる．よってサラモンの理論は「ボランティアの失敗理論」ともいわれる．サラモンの理論は，このような弱点をもつ非営利組織が，政府と協働しながら「第三者政府」となって米国の社会サービスを提供しているとするものである．ボランタリーセクターの強みは政府セクターの弱みであり，ボランタリーセクターの弱みは政府セクターの強みでもある．このようにボランタリーセクターと政府セクターとは対立的でなく相補的であり，協働しうるというのがこの理論の核心である．

NPO理論の批判的検討――NPOの社会学はどこにあるのか

アンハイヤらによるNPO理論の整理と総合をふまえながら，次にわれわれの研究関心は「ではNPOの社会学はどこにあるのか」へ向かうことになる．アンハイヤの整理は，「NPO理論」は「NPOはなぜ存在するのか」に答えようとする「NPOの存在論」ともいうべき理論であった．しかし社会学にとっては，なぜ存在するのかだけでなく，どのように活動し，そのことで社会がどのように変化・変動していくのか，が重要な課題である．NPOと社会との関わりこそが社会学の研究関心の中心だからだ．この部分で，NPO理論とNPOの社会学とは接合する．

ところで，アンハイヤのNPO研究者としてのデビューの舞台は社会学であった[15]．ディマジオとの共著論文「NPOおよびNPOセクターの社会学的概念化」（DiMaggio and Anheier 1990）は驚くべき広汎な文献サーベイと，問題の分類整理の鮮やかな手腕を示していた．この論文は「NPOはなぜ存在し，どのように活動し，それで社会はどう変わるのか」を論じた．まさに「NPOの社会学」と言うに相応しい問題提起をもった論文だった．しかし内容的には，「NPOの社会学は何を調査研究対象にして，どう論じているか」という整理と課題設定を行った論文であり，「どこにNPOの社会学があるのか」は明らかではなかった．その後のアンハイヤはNPOセクターやシビル・ソサエティの実態に関する世界比較と，NPOのマネジメント研究へと傾斜している．アン

ハイヤの著書（Anheier 2005）も先行研究や理論の整理には水際だった冴えを見せ，教科書としての完成度は高いが，アンハイヤ独自の理論化やモデルは見られない．

さらにNPOに関する社会学的研究の観点から見ると，同書にはいくつかの欠落点があると思われる．第1に，「社会の変化・変動の過程で活動する社会変革のエージェント」としてのNPOの特徴や役割である．この部分に関する先行研究のサーベイや言及が同書には見られない．第2に，市民社会形成や社会変革に果たしてきたNPOの役割についての位置づけも弱い．トックヴィル（Alexis de Toqueville）も言及する「アメリカの民主制」とボランタリーアソシエーションとの関連，つまり米国社会を形成してきたNPOの役割にも言及が少ない．ドイツに生まれた国際人としてのアンハイヤなら，米国のNPOとヨーロッパの市民運動や社会運動との比較などを期待したい．社会変革とNPOとの関連では絶好のケーススタディを提供すると思われる人種差別や性差別の撤廃運動，とくに公民権運動，フェミニズムやジェンダーの運動とNPOとの関係，年齢差別の撤廃を叫んで社会政策を大きく変えてきた高齢者団体の運動などの多くがNPOとして活動している米国の歴史は，NPOの社会学の研究対象として，多くの人の関心をひきつけるはずなのだ．

4　NPOの社会学へ向けて——理論的検討

次に「NPOの社会学」にとって重要な概念でありながら，アンハイヤらのNPO理論では深くふれられていなかった理論的な諸要素について検討し，「NPOの社会学」の概念化を行おう．

組織の硬直化と逆機能

「組織」（organization）そのものに理念や価値が内在しているわけではない．しかしM. ヴェーバーが明らかにしたように，組織のあり方は，価値や理念から生み出されるものである．価値や理念，そして集合的な行為規範（エートス）があってはじめて組織は可能になる．

ここにヴェーバーの組織論の特質のひとつがあるが，ヴェーバー理論によれ

ば，近代的な組織は「合理化」過程で「官僚制」（bureaucracy）を発達させる．組織の発展と展開にとって，官僚制は不可欠の要素となるからである．

ヴェーバーによれば官僚制には「規則の支配」「権限のヒエラルヒー」「地位や役割が職務に関連づけられて人間関係が非人格的」「職務の専門化」などが関連する．ヴェーバー理論にもとづけば，合理的組織には必ず官僚制が随伴する．官僚制組織は，合理的であるばかりか，次第に形式合理性へと転化していく傾向をもつ．この理論にもとづけば，組織が合理的な展開を行えば，必ず官僚制が形成されることになる．NPOも例外ではない．したがって，NPOでも官僚制組織となりうる．実際に，第4章で検討する世界最大級のNPO組織，米国のAARPには，かなり強い官僚制が見られる．このように経験的なデータが示す限り，組織が展開していく過程で合理化と官僚制化は不可避である．問題は，自発性と官僚制という矛盾する要素をどう両立させるかにある．NPO理論の重要な課題がここにある．

ミッションとエートスの行方

組織が合理的に展開していく過程で官僚制化が進行しても，一連の組織展開過程でミッションや価値や理念が失われなければ問題はない．しかしミッション主導の非営利組織であれ，その理念が形式化・形骸化することはけっして稀ではない．

ボランティアやそのボランタリー・アソシエーションとしてのNPOが自発的な個人の自由な連携という組織原理をどこまで貫けるのか，そして「職務の専門化」は必要であるが，「専門家の組織」でないものを形成できるのか，ここに「NPOの組織論」の大きな課題がある．ところが組織が合理的に発展すると，NPO当初のあり方や作動が，逆転してくる．

ヴェーバーの理論が示すところによると，官僚制化した組織では「形式主義，繁文縟礼，画一主義，権威主義，セクショナリズム，創意の欠落，役得利用」などがはびこる．その結果「規則や権限の遵守が自己目的化し規則万能主義となる」．つまり合理的な組織であるはずの官僚制組織が，非能率な組織へと転化することになる．官僚制がここにおいて，組織にたいして逆機能となるのである．

組織の死と再生――組織のライフサイクル・ライフコース

 ところでNPOは，通常の組織といかなる関係にあるだろうか．それは，特別の意志やミッションをもった人たちの，特殊な活動なのだろうか．持続したり継続することの困難な1回限りの活動なのだろうか．

 そうではない．NPO的な原理をもった集合行為は，われわれの社会のいたるところに，つねに現れてくる．そして通常の政府や企業組織の中にも，その萌芽はいたるところに現れてくる．NPO的なるものは，じつは組織のライフサイクルやライフコースの中に，必然的に現れる一段階なのである．それは通常組織の中の一部として存続する場合もありうるし，組織の転換期に出現する場合もあろう．また組織の官僚制化や硬直化にともなって，組織本来の目標達成が困難になると，NPO的な原理が活発に活動しはじめたり，もし組織が死滅した場合には，小さな種子となって再び生成する場合もあるだろう．さらに，まったく新たな活動分野において，組織からではなくひとりの人間から始まる場合もあるであろう．そこからふたたび組織化が始まることになる．

 このように組織の生成と展開，官僚制化や硬直化，そして死や再生，といった組織現象のライフコース，ライフサイクルと関連づけてNPOをとらえる視点が必要である．それはNPOの組織社会学といってよいだろう．

 「やむにやまれぬ思い」から始まるボランティアやボランタリーアクションは，社会運動や住民運動，市民運動のような集合行動に展開する場合もありうるし，NPOのような組織に展開する場合もありうる．どのような組織形態が選択されるかは，課題とされる問題の性格にもよるであろうし，当該社会の制度や時代背景にも左右されるであろう．社会運動や住民運動が「制度化」されていく場合もありうるし，NPOが企業的な展開を遂げる場合もありうる．NPOの社会学の重要な研究課題は，どのような条件のもとで，これまで社会運動として展開されてきた集合行為が，NPOとして展開されるようになるかである．NPOの社会学の理論的な課題のひとつは，これまで社会運動などとして展開されてきた集合行動のうちのいくつかが，事業性と運動性とをもった広義のNPO組織へと「転換」してきていることの解明ではないだろうか．しかもこの「転換」が偶然に発生するものではなく，社会システムの構造転換と関連していることの解明ではないだろうか．本書が「福祉NPO」を論じるの

は，福祉国家や福祉社会という現代の社会システムが，NPOの役割や機能を必要としていることの理論的な解明をめざしているからである．それは「社会運動からNPOへ」という転換ではない．むしろ現代の福祉国家システムが福祉NPOというサービス提供事業体のなかから生まれてくる機能要件を必要としているのである．NPOが必要とされてくる理論的な根拠や現実的な理由を，NPOの側からだけでなく，社会システムの側からも，政府や行政システムの側からも，企業や市場システムの側からも，そして市民や市民社会の側からも，多元的に解明していく必要がある．とりわけ市民から自発的に起こる集合行動の現われとして，なぜNPOが現代社会では機能的なのかの解明が，NPOの社会学にとっての重要な課題となるだろう．

ヴェーバーによれば，近代的組織の始まりには強い倫理，強いミッション意識，強い非営利観念，強い理念や価値観があり，それらが長年にわたる宗教教育などとあいまってエートスを形成し，それが近代の扉をひらく一撃になった．その後の近代的組織は，合理化の過程とともに生成・展開・官僚制・組織硬直化・組織の消長，という組織のライフコースを経由していく．組織の硬直化とそれへの対抗，再生と甦り，などはNPOだけでなく組織社会学のテーマでもある．したがって組織のライフコースのなかにはNPO的な段階が含まれていると仮説することは生産的である．とりわけ現代の医療・福祉・教育などのヒューマンサービス分野における組織のライフコースのなかには，NPO的な段階が含まれているのではないか．それをはっきりと取り出して，組織のライフサイクルのひとつとして位置づけなおすことは，組織の硬直化やそこからの再生などの過程の解明への貢献を生み出しうるのではないだろうか．

またNPOは，ヴェーバー理論の枠組みでいえば「価値合理性」をめざす組織であると言えよう．通常の組織が，目的合理化の過程で官僚制組織を発達させ，やがて形式合理性を強めていく傾向があるとすれば，NPOはあくまでも価値合理性を貫こうとする組織原理をもつ．むしろ価値合理性を貫くための組織モデルがNPOという現実態をとると言ってよいだろう．それがときには組織の効率をそこない，組織の存続のためには逆機能となることもあるのだが，NPO独特の特性であると言えよう．このようなNPOの組織特性が，なぜ，どのようにして形成されるのか，それは次章以下でケーススタディを含め

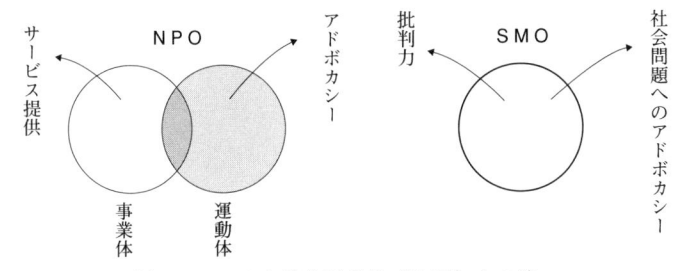

図1-7 NPOと社会運動体(SMO)との違い

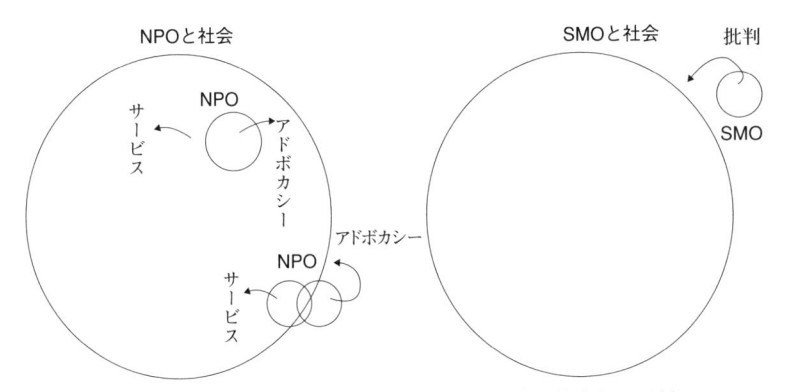

図1-8 NPOと社会運動体(SMO)との違い：社会との関係

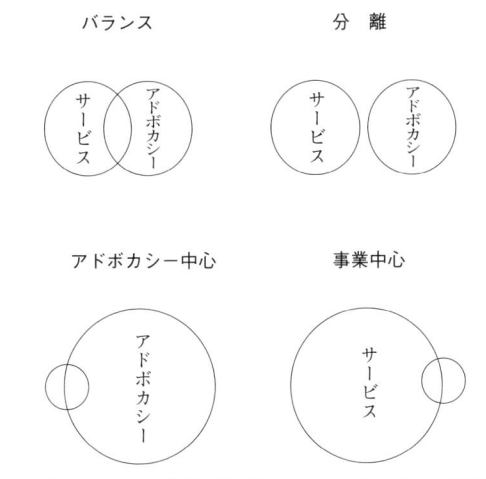

図1-9 NPOにおけるサービス提供(事業)とアドボカシー(運動)とのバランス

第1章 NPOの理論・NPOの社会学　49

て検討していきたい．組織や価値が理念から離れ，収益や事業の効率などの形式合理化への圧力が高まるときなど，価値合理性を求める対抗的な力も現れることになるだろう．通常は，抑制されるこうした価値を求める動きに形を与えるのが NPO という組織のひとつの特性であると考えることができる．組織に対する反組織ではなく，組織の形式的な合理化の高まりの必然的な帰結として，価値を守ったり，新しい価値を形成するための動きも現れる．こう考えると，NPO は現代社会における周辺的で偶発的な現象ではない．それは現代社会の必然的な随伴現象なのではないだろうか．NPO の社会的機能のひとつとして，さまざまな価値を守ったり，創造したりすることがあげられるのは，NPO のもつ本質的な機能のひとつなのである．NPO を必要とするのはむしろ過度に形式合理化する組織である．理念や価値を追求する組織リーダーを欠いて，組織官僚制が過度に進行するような組織こそ，NPO 的な組織原理を必要としているはずなのだ．しかし通常はそうした事態を組織内部から認識することは困難であるだろう．制度にたいするアドボカシーだけでなく，組織のあり方にたいする異化効果や，批判的認識を例示することも NPO の社会的機能や効果といってよいだろう．

非営利組織の理論と社会学

　非営利組織の理論は，その理論的なエッセンスをみると「政府の失敗」理論，「市場の失敗」理論，そして「ボランティアの失敗」理論に大きく3分類された．それにたいして非営利組織（NPO）の社会学理論というものはあるだろうか．社会学は，社会的事実（NPO が存在し，活動していること）を前にして，それがどのような活動や組織行動を行い，社会システムにたいしてどのような役割や社会的機能を果たし，その結果，どのような社会的影響力を発揮するのか，どのような社会変化や変動をうみだすのかという社会的事実や社会的効果の側面にも大きな理論的な関心をもつ．つまり非営利組織の存在論だけではなく，その組織論や集合行動や社会運動といった社会的主体形成の側面，そして非営利組織を社会変動との関係において理解することにも大きな理論的な関心をもつのである．

　そう考えると NPO の社会学は，まだ明確には確立していないと言えるだろ

うが，関連する社会学理論は数多い．NPO を新しい中間集団のひとつとしてとらえ，集合行動，社会運動の現代的な現れとみる見方も可能であろう．集合行動論や社会運動論は，その存在理由を，社会構造変動や構造的原因（緊張など）に求めることが多い．これは，「政府の失敗理論」「市場の失敗理論」に近い社会学的認識である．また集合行動論や社会運動論は，その集合的な運動主体形成のプロセスを論じてきたのであり「起業家精神の理論」や「利害関係者の理論」とも近しい．広い意味での「社会運動の理論」や「社会運動家の理論」（副田義也）と関連するところも大きいのである．

　NPO の理論と社会学はオーバーラップするところが多い．しかし大きな相違も存在する．それは「ボランティアの失敗理論」「相互依存の理論」や「社会的起源の理論」などと社会学理論とを比較した場合に顕著になると思われる．NPO の諸理論は，それが非営利セクターを形成し，社会制度の内に根拠をもち（たとえば法人格や税制），政府と対抗したり協働したりしながらも，社会システムの不可欠の一部分となって社会運営を担うことを基本的な前提と認めている．営利企業や政府とは異なった組織原理をもち，市場メカニズムや政府サービスとは異なった質のヒューマンサービスを提供しようとする組織であるが，けっして現代の資本主義社会システムの外部にあるわけではなく，また外部に出ていこうとするものでもない．当該の社会制度のもとで，社会をよりよく「改良・改善」していくための社会組織（の一種）として NPO を前提しているのだと言えよう．

　しかしそれは見方をかえれば「体制内編入」やシステムの併呑作用でもありうる．社会学の考えてきた集合行動や社会運動は，当該の社会システムそのものの存在根拠を問い，批判する運動であることがほとんどであった．個々の社会問題を部分的に取り繕う「改良や改善」は，むしろ社会システムの構造的で本質的な問題を隠蔽する場合があると論じられることすらある[16]．これは狭義の社会運動論に限らず，コミューン論やオルタナティブ社会構想論などの社会学にも共通の認識であったと思われる．集合行動や社会運動を，現在の社会システムを批判的にのりこえ，オルタナティブ社会をめざす新しい共同体形成の運動ととらえる見方も社会学のものである．

　社会学にとって，NPO の概念は，アソシエーションや中間集団とつながる

だけでなく，集合行動論や社会運動論とも角度を異にしながら接合している．だとすれば，NPOは社会運動の社会学にとっては，ひとつの「転換」のあり方を示しているのではないだろうか．それは，小さいながらも社会的な事業を運営していく運動でもある．社会を批判して社会の外部へとのりこえの可能性を求める時代から，サービスをつくり提供しながら，社会の中にもうひとつの社会のあり方を運営しながら示していくという運動でもある．それは社会のあり方に関する領域の拡大でもあるはずである．

このようにNPOは社会学理論にたいしてその領域と論理の転換を要請している．それは社会学の見ようとする社会的現実の変容そのものでもあるのかもしれない．次章以降で論じるように，福祉国家やその内側で活動する福祉NPOのあり方を，批判的に見るだけでなく，その社会的企業や事業からの社会変革という観点からもみる複眼的な思考は，福祉NPOの社会学のものであるだろう．NPOがつくりだす内実こそ「市民社会」であるとする見方も現れてきた（Salamon 1999など）．市民社会の形成にはたすNPOの役割は，社会批判としての社会運動とは異なる内実をもつパースペクティブである．NPOを福祉社会の形成との関連で見ていく見方は，とりわけ福祉NPOの果たす福祉への市民参加などにおいて重要な観点になっていくものと思われる．

1) 主要なものとして，Powell, ed. (1987), Salamon (1999), Boris and Steuerle, eds. (1999), Salamon, ed. (2002), Anheier (2005), Powell and Steinberg, eds. (2006) などがあげられよう．
2) 7つとする場合もある（Salamon 1999：10；Salamon and Anheier, eds. 1997）．
3) quasi-nongovernmental organizations の略号．
4) 安立（2003a；2003b；2005a；2005b；2005c）など．
5) たとえば団体への参加が強制されたもの（医師会，弁護士会など）や，組合や互助会などは非営利組織の定義からは除外される．近年，国連も *Handbook on Nonprofit Institutions in the System of National Accounts* においてこのアプローチと同様の定義を採用した．それによれば非営利組織とは「自己統治している組織であり，営利のためでない，あるいは収益を分配しない，政府からは独立した，非強制的な組織」であるとされている（United Nations Statistics Division 2002）．
6) サラモンとアンハイヤの定義は，世界的にもっとも広く受け入れられているものである．その理由について若干，論じておこう．第1に「非営利・非分配」（Non

Profit) や「非政府」(Non Government) という消極的な要因だけで行う定義（～を行わない，～を禁じられた，～ではない，という否定辞による定義）ではなく，積極的な要因「組織化されていること」「自己統治していること」「ボランティアの自発的参加があること」が組み合わされていること．第2に，こうした諸要素の組み合わせによって，非営利組織が外部環境と社会関係を形成し，社会・経済・政治的にも大きな意味をもつ非営利セクターを形成することを示したこと．第3に，この定義を用いると，さまざまな非営利組織が形成する非営利セクターが実証的に把握でき，それを用いて非営利セクターの国際比較や分析ができることを示したこと．これらの要因によるものと考えられる．

7) 政府や行政の主要なポストが政権交代によって「政治任命」されるという欧米の政治環境が背景にあることに留意されたい．

8) これに対してハンスマンは，この理論は「純粋公共財」に関してはうまく当てはまるが「準公共財」に関しては，なぜ営利会社に抗して非営利組織が現れるのかをうまく説明できないとする．ベン・ナーやバン・フーミッセン (Van Hoomissen) も同様に，社会の多様性だけでは非営利組織の存在を説明できないとし，非営利組織を起こす人たちの「利害関係者」を重視する．ベン・ナーたちは，政府や企業の提供するサービスでは不十分だとする人たちこそが，非営利組織をつくり運営するようになると論じる（利害関係者の理論）．

9) この理論に関して，サラモンは，情報の非対称性と政府との関係を適切に論じていないとし，なぜ人びとが市場によるのではない解決を求めるのかについて，多様性の理論や公共財の理論と，信頼性の理論とは，対立ではなく補完関係にあるとする (Salamon 1999)．

10) しかし，エステル・ジェイムズは，非分配原則は，さほど強く拘束するものではなく，さまざまな抜け道があること，違反に対するペナルティも大きくないことなどをあげ，「非分配原則」は信頼性を保証する代理的なシグナルにすぎないとし，この理論の弱点を指摘している．

11) シュンペーターは，企業の活動は「適応活動」（改良，改善，模倣など）と「創造活動」（新製品，新生産方式，新市場，新資源，新組織の開発など）に分かれる．彼は，後者の活動こそ革新であり，それは少数の指導者に与えられた特殊な資質であり，そうした資質の持ち主こそ「起業家（アントレプレナー）」であるとした (Anheier 2005：126-128)．

12) この社会起業家の理論は，組織理論における「リーダーシップ理論」とも関連するだろう．とりわけ改革型リーダーシップの理論や，シンボリック・マネージャー論とも関連づけて理解する必要があるだろう．

13) Stakeholder は，経営学では「企業活動に直接・間接に影響を行使しうる人びともしくは組織」と定義される．経営学ではコーポレート・ガバナンスと関連して重要

な概念である.
14) サラモンの理論を理解するためには，日本と異なるアメリカの中央・地方政府のあり方を知っておく必要があろう．クレーマー（Kramer 1981）が詳しく紹介しているが，アメリカでは「財政（financing）と行政（administration）とを切り離す傾向がある．このことが NPO のサービスを購入することによって NPO を大いに活用することにつながっている」．また，「政府が財源を提供するが，直接サービスを提供しない」傾向が顕著である．
15) アンハイヤらの論文（DiMaggio and Anheier 1990）は *Annual Review of Sociology* に発表された．
16) ハーバーマスやオッフェらの批判理論がその立場にたつ典型的な見方である．

第 2 章

福祉 NPO の理論・福祉 NPO の社会学

1 福祉 NPO の理論と福祉 NPO の社会学

福祉 NPO 研究

第1章では,NPO がなぜ存在するのかという「NPO の理論」と「NPO の社会学」の課題を検討してきた.

本章では,「福祉 NPO の理論」と「福祉 NPO の社会学」を考えていく.福祉 NPO は,NPO の部分集合であるが,いくつかの特徴的な性格をもつ.「福祉 NPO」は福祉国家という 20 世紀に誕生し,現在の先進諸国に普遍的な社会システムのなかに存在する.そして人口構造の急激な変化によって東アジア諸国などでも急速にその展開が始まっている.福祉国家と福祉 NPO との関係は,社会学的な研究課題である.

分析と実証研究に応用していく場合には,なぜ NPO が存在するのかという「NPO の一般理論」だけでは不足である.福祉分野における NPO の実証研究を行っていく場合には,「NPO が,福祉にとってどのような機能を果たしているか」という「NPO の社会的機能論」の理論的枠組みが必要である.「福祉 NPO の理論」は,その意味で一般理論としては「NPO の理論」とほぼ同一であるが,機能や効果を分析するために「福祉 NPO」というサブカテゴリーを導入し,「福祉 NPO の社会的機能」を分析するための枠組みが必要となる.

米国における福祉 NPO の概念定義

ところで,福祉 NPO に関しては定まった定義がない.そこで米国におけ

る福祉 NPO 研究の代表的な論者であるラルフ・M. クレーマー（Ralph M. Kramer）（Kramer 1981；1987；Kramer *et al.* 1994）やハッセンフェルド（Yeheskel Hasenfeld）（Hasenfeld 1983；1992）の研究を検討しておこう．クレーマーもハッセンフェルドも「福祉 NPO（Welfare Nonprofit Organization あるいは Social Service Nonprofit Organization）」という用語は用いていない．クレーマーは Voluntary Organizations や Voluntary Agencies，ハッセンフェルドは Human Service Organizations という用語を用いている．これは米国では NPO という用語が，税制で規定された非営利組織一般を指し，福祉領域で活動する組織にとっていわば当然の前提だからである．そこでクレーマーは Voluntary（自発的なかかわり）を組織特性として重視し，ハッセンフェルドは Human Service（対人社会サービス）を提供する組織という側面を重視している．クレーマーやハッセンフェルドら米国の NPO 研究者は，分析にあたっては，活動分野ごとの違いを重視している．日本より格段に NPO 制度が成熟している米国でも，活動分野ごとの違いは大きく，調査や研究の観点からは，分野ごとの違いを十分に考慮していることがわかる．

日本における福祉 NPO 研究

現在の NPO への関心の高まりは，多くの論者が指摘するように，1995 年の阪神・淡路大震災を契機とするものであることは間違いない．しかしそれ以前にも，さまざまなかたちで NPO 的な方向への模索は始まっていた．企業のフィランソロピーを模索するなかから生まれた動きに関しては林雄二郎・今田忠編（1999）が詳しい．福祉の分野での NPO とのつながりは「住民参加型・市民互助型在宅福祉活動」の流れのなかから現れてきた．1980 年代後半から現れはじめた住民参加型・市民互助型在宅福祉活動団体は，それまでにもボランティア切符や参加型福祉社会形成，時間貯蓄・点数預託制度との関連などで，ひろく注目されてきたが，NPO への展開が論じられるようになったのは比較的最近のことである[1]．

地域福祉との関連で，NPO はどのように論じられ，どのような展開が起こってきているのだろうか．いくつかの先行研究を手がかりとして考えておこう[2]．

牧里毎治編（1996）は，社会福祉学研究者として早い時期に NPO を紹介しており，米国の事例なども紹介している．また牧里は，住民参加型在宅福祉サービス活動が日本における福祉 NPO のはしりであるとして，NPO は福祉サービスの企画から実施までの全体を，市民や住民の手に取り戻そうとする潮流であると位置づける．そして NPO が現れることによって「社会貢献マーケット」が生まれ，行政や市民との多様な参加・支援・協働関係が生まれる可能性があるとしている．杉岡直人（1998）は，住民参加型在宅福祉サービス活動を具体例として，ボランティア活動とは異なった非営利組織による在宅福祉サービスが必要となってきた経緯を紹介し，福祉 NPO の課題と展望を的確にまとめている．それによれば NPO は，市民の意識改革をうながし，寄付文化を育て，新たな社会ニーズを発見し，専門家との協働による組織のマネジメントや情報開示を取り入れた新しい団体を創出し，日本社会のリストラクチャリングに寄与するという．こうした先行研究では，福祉 NPO の具体例として「住民参加型在宅福祉サービス活動」を例示しながら福祉 NPO の課題や展望を考察していることが特徴である．

山岡義典（1997；1998；1999）は広範囲に日本における福祉 NPO の展開と実態を紹介している．和田敏明（1998）は，社会保障・社会福祉・ボランティア活動の歴史や現在の制度改革の流れと関連させながら，福祉 NPO として住民参加型在宅福祉サービス活動をかなり詳しく紹介している．しかし，日本における福祉 NPO の典型であるはずなのは社会福祉法人や社会福祉協議会であるが，それが NPO であるのかどうかについては，和田を含めどの論者も明示的には言及していない．どの論者も社会福祉法人や社会福祉協議会とは別に，NPO という新しいカテゴリーの組織集団が出現し，そのことが全体として福祉をとりまく状況をより活性化させ発展させうる，ととらえているように見える．社会福祉法人や社会福祉協議会がそもそも NPO であるのかないのか，という根本的な問いは上記の諸論文においては先送りされていると言える．

それにたいして，田中尚輝（1994；1996）も住民参加型在宅福祉サービス活動を NPO の出現と位置づけながら，社会福祉協議会等を NPO とは異なるものとして，真正面から対照させる．田中は「住民」という語は行政側による市民のとらえ方だとして，住民参加型という呼称に反対し，市民互助型在宅福祉

活動団体と呼ぶことを提唱している．田中は，社会福祉協議会はその歴史的経緯から行政の外郭団体として組織化されていったものであり，市民ボランティアから生まれ育って組織化されていく NPO ではないと論じる．また NPO のほうが，行政や社会福祉協議会よりもはるかに効率的に市民のニーズに応えるサービスを提供することができると論じる．福祉 NPO の出現は，行政主導の福祉を根本から変えてゆく社会改革にほかならない．田中による整理は，行政対市民の図式による NPO の捉え方で，社会福祉や地域福祉と NPO との関係，既存の行政サービスや社会福祉法人，社会福祉協議会と NPO との関係については課題とされているのである．

　日本における最初の本格的な福祉 NPO ともいうべき「大阪ボランティア協会」の運営に長年携わってきた岡本栄一も，行政主導のボランティア活動振興には批判的なまなざしを注いできたが，岡本も社会福祉協議会を NPO とはとらえていない（岡本 1987）．岡本のあとをついで大阪ボランティア協会の中心となっている早瀬昇も，ボランティアと NPO に関して多くの発言を行っている．小笠原・早瀬編（1986）は，日本のボランティアに関する論文を網羅的に精査したうえで主要論文を収録したものであり，ボランティア研究の基礎文献とも言えるものである．

　そもそも全国社会福祉協議会の発案と整理による「住民参加型在宅福祉団体」という概念は，市民の自発的な結社による市民互助型団体と，社会福祉協議会運営型や行政が基金や資金，組織を提供し，そこに住民が参加するという福祉公社など，次元や内容の異なる活動や団体を，あえて一括してまとめた過渡期的なものだとする批判があり，大阪ボランティア協会やさわやか福祉財団，長寿社会文化協会など，市民互助型団体と関わりの深い団体は「住民参加型」という用語法を用いていない．市民互助型団体と行政による事業体とを総合したことが，概念整理の上で障害となっている．「住民参加型在宅福祉団体」という概念は，在宅福祉ニーズが全国的に大きくなっていくなかで，個人や少人数のボランティア活動が，ボランティア団体となって全国的に普及していく過程や，行政が社会福祉協議会へ対応を事業委託したり，財団法人として福祉公社を設立して新たな在宅福祉ニーズへ対応したりしていく過程を，官民の両面から総合的にとらえる概念としては有効であった．本書では「住民参加型在宅

福祉活動」を，在宅福祉の展開過程をとらえる過渡期的な概念として位置づけ，参加型在宅福祉の段階から，市民事業体や福祉 NPO への展開過程をとらえるためにあえて採用しておきたい[3]．

社会保障研究所編『社会福祉への市民参加』(1996) は，市民参加という文脈を投じることによって，現在の社会福祉団体の課題を浮き彫りにしている．そこでは，GHQ による公私分離とそれにもとづいた社会福祉事業法の措置制度のもとでは，民間非営利組織と社会福祉法制とが協働することは困難であったという点が確認されている．

右田紀久恵 (1993；1995) も「自治型地域福祉の展開」との関連で，行政主導による福祉サービスを転換し，地域自治を形成する基盤としての NPO を構想している．右田は行政との関係で受け身のまま福祉サービスを受ける「住民」ではなく，近代的な「市民」となっていく媒介として NPO を想定している．その意味で，岡村重夫が地域福祉論を立論したときの，地域福祉組織化や福祉コミュニティ形成にあたっての社会福祉専門家の役割を発展的に受け継いで NPO 論へと展開していると言えよう．

安立清史も住民参加型・市民互助型在宅福祉の展開を NPO の展開の萌芽とみながら，福祉改革との関連をより重視して NPO を論じている（安立1998a；1998b）．安立によれば，社会福祉は社会保障の法的・制度的な基底部分を担うものであるのにたいし，地域福祉は家族構造や地域構造の変化・変動によって新たに生み出されたニーズへの対応として生まれるソーシャルサービスである．この地域福祉ニーズは，少子・高齢化などの時代や社会の変化変動で急速に拡大し，やがて社会福祉や地域福祉の枠を越えて展開するであろう．社会福祉への対応には従来どおり，社会福祉法人や社会福祉協議会があたるのにたいし，地域福祉のニーズへの対応として NPO が必要となる．社会福祉事業法の枠組みのなかでの福祉サービスの提供ではなく，多様性のあるニーズを利用者志向の流れのなかで供給していく仕組みとして NPO システムがある．NPO は，社会福祉の枠を越えて，利用者志向の角度から応えていこうとする新しいソーシャルサービス提供システムであると論じている．

このように，どの論者も住民参加型・市民互助型在宅福祉活動団体を福祉NPO の萌芽として論じている点で共通している．そして既存の行政主導の社

会福祉システムがニーズに十分応えられなくなっているのではないか,という問題意識も共有している.ただし,NPOのとらえ方は論者によって異なる.既存の公益法人(社会福祉協議会や社会福祉法人,財団法人,社団法人)とNPOとの関係は,まだ論じられ始めたばかりなのである.

福祉 NPO の社会学

日本にも非営利の福祉組織は,社会福祉法人や社会福祉協議会などがすでに数多く存在している.欧米の場合とは異なり,日本の社会福祉組織はGHQの占領期に「社会福祉の三原則」(無差別主義,国家責任による生活保障,公私分離)がとられ,とくに「公私分離の原則」があったために,国家責任としての社会福祉を民間の非営利組織が行うことは困難になった[4].この公私分離の原則は,戦前の日本の社会事業においては,大政翼賛体制のもとで,国家が社会保障に関する責任を果たさずに民間を利用し,それが社会福祉を歪めたというGHQの日本社会分析を反映したものであり,当時としては妥当なものであったと思われる[5].しかしながら,この三原則を貫くことは困難であり,やがて「公私分離の原則」のもとで民間の組織が社会福祉を行うこととなった.この矛盾ゆえに民間であるが「公的な支配に服する組織」としての社会福祉法人という日本的な組織が形成された.サラモン(Lester M. Salamon)らの定義に当てはめると,社会福祉法人は「擬似政府組織」(quasi-non governmental organizations)ということになるだろう.それは,社会福祉法人や社会福祉協議会が,戦前の日本の社会事業の矛盾と戦後の占領期にたてられた「社会福祉の三原則」から形成された福祉組織だからである.こう考えれば「社会福祉の三原則」も社会福祉法人などの福祉組織も,日本の戦後における過渡期的な形態と言えるだろう[6].

日本の福祉 NPO 研究はサラモンらに大きく触発されたが,それはNPOという概念を導入すると,これまでの社会福祉法人や社会福祉協議会,ボランティア団体や公益法人などとは異なった福祉組織のあり方や機能が分析できるからであった[7].サラモンらの議論が知られる以前から,日本でも住民参加型在宅福祉サービス団体など萌芽的な福祉NPOは現象的には現れていた.しかし,それらを他のボランティア団体や社会福祉法人,社会福祉協議会と区別する分

析の枠組みは知られていなかった．NPO という概念は，これらの区別を明確化する分析的な効果を発揮した．それは政府や行政からの独立性であり，福祉政策や制度の批判だけでなく自らサービスを創出・提供するサービス提供組織という特性や，福祉政策や制度の枠を超えた問題提起や可能性の実践的な提示であり，要するに福祉分野において従来は困難であった社会実験を行える組織なのである．

　NPO 研究は，組織がなぜ利益（profit）という現実的な誘因（incentive）なしに存立しうるのかという問題を中心に進んできたが，福祉 NPO 研究は，社会福祉・地域福祉における先駆的な動きの可能性，福祉分野における変革とその担い手を NPO の中に発見していこうとするものである．このように，福祉 NPO という概念にインパクトがあるのは，日本の社会福祉の歴史的文脈も一因である．

　日本においては，社会学における NPO・NPO セクター研究の歴史はまだ浅い．しかし，たとえば「交通遺児育英会」や「あしなが運動」には，社会運動体としての側面と，市民事業体（民間非営利組織）としての側面とが共存していた．それは公益法人という法人格と基金をもち，専従の有給スタッフをかかえて持続的に育英資金の貸し付けや運営を行い，教育施設を運営し，多くのイベントや教育プログラムを運営して，遺児だけでなく広く社会に働きかけて人びとと社会を変えようとする運動組織であった．それはまさしく日本の NPO としても先駆的なものでもあったと考えられる．組織としてはまさしく NPO であるが，副田義也はそのなかに「社会運動」の要素を分析していた（副田 2003）．

　このように，社会運動的な色彩をもつ NPO に関する社会学的研究は存在する．より端的に社会運動研究と言われる「資源動員論」も NPO・NPO セクター研究に近しい．当時の社会学には NPO・NPO セクター研究という分野がなかったので「社会運動論」に分類されていたとも言えよう．

　ところで，これまで NPO・NPO セクターを研究対象と明示した社会運動論は日本にはほとんどなかった．なぜだろうか．

　資源動員論を「経営バージョン」と「政治バージョン」に分類している矢澤修次郎によれば，「経営バージョンは，経済理論と組織論を混ぜ合わせて集合

行動を説明しようとしている」という．そして「集合行動が現代社会の恒常的な制度化された一部になって」おり，「社会運動組織は，資源やフォロワーを獲得するように争う中小企業のように行動する」「生き残るには資源を獲得する以外にないのだから，企業や政府，財団などの外部資源の役割が重視される」「中間層を基盤とした改良を志向する運動を説明するのに最適である」（矢澤 2003：13）と分析される．これはまさしく今日のNPO・NPOセクター研究の内容（の一部）を的確に要約している．ただし全体のトーンは経営バージョンの社会運動組織に極めて批判的である．ここにも，今日のNPO・NPOセクター研究と社会運動研究とを比較対照する意味があると考える．

　社会運動論は，制度化された組織よりも「制度の外側」にある集合行動に注力してきた．また，資源（資金や物財，有給スタッフ）ではなく集合行動の意味や意味世界に関心を注いできた．組織の管理や経営マネジメントではなく，管理や経営に対抗するような理念を重視してきた．そして企業や政府行政，財団といった資源を供給する可能性のある他セクターや他組織と交渉して相互作用・協働する側面ではなく，対立・対抗・紛争する場面を重視してきた．

　したがってNPO・NPOセクター研究で重視されている重要な諸ファクターが，社会運動研究からは抜け落ちることが多かった．社会運動論がNPO・NPOセクター研究の対象にたいして批判的に見えることとなったのはそのためであったろう．

　このように資源動員論（とくにその経営バージョン）は日本では批判的に評価されることが多かった．その原因を考えると，1つには，資源動員論が社会運動（SMs）を社会運動組織（SMO）としてだけでなく「社会運動産業（SMI）」や「社会運動セクター（SMS）」としてとらえることが必要だと主張し，一種の経済モデルから社会運動現象を説明しようとしたことにあったろう[8]．「資源」の獲得をめぐって企業や政府へアプローチし，財団など助成団体の役割が重視されるのは，米国のNPO・NPOセクターでは当然のことなのだが，社会的文脈が異なれば，それはまるで社会運動を「中小企業」としてみて分析する方法と見えるのだ[9]．日本でNPO法が成立したのは1998年であった．米国でもNPO・NPOセクター研究が本格的に始まったのは，NPOの定義がサラモンらによって確立された1980年代からである．それ以前に

は「NPO・NPO セクター」という姿が必ずしも見えていたわけではなかった．実態はあったかもしれないが，それを「セクター」として見ることができるような分析枠組み，あるいは概念装置がなかったと言ってよい．サラモンは，「それは IRS（内国歳入庁）のデータファイルの中に個別のデータとしてあって，セクターとして見えてくるようなものではなかった」と語っている．

　前述したサラモンらの NPO・NPO セクターの定義の定式化と国際標準化の流れにより，世界規模での NPO・NPO セクターの組織データ（雇用や財政規模，活動分野など）が入手できるようになってはじめて，そこに実証的な社会科学の研究の可能性が開かれていったのである．こうして資源動員論は，今日の NPO・NPO セクター研究に継承されることが可能になったといえるのではないか．しかし，社会運動論の重要な問題提起，とりわけ運動の生み出す意味世界や意味創造の世界の研究の多くは継承されていないのではないかとも思われる．

日本における福祉 NPO の社会学

　ここで社会学研究の流れの中に NPO 研究を位置づける試みをしておこう．

　社会学にとっての NPO は，まず第 1 にボランティアやボランタリー・アソシエーション論であった．日本では阪神・淡路大震災の後の「ボランティア」の湧出が驚異とともに注目され，それがやがて「NPO」制度の必要性へとつながっていったように，社会学でも NPO は「ボランティアが形成する社会組織」として注目された．これについては阪神・淡路大震災以前から，日本では多くの研究蓄積がある．代表例として大阪ボランティア協会による『ボランティア活動の理論』がある（小笠原・早瀬編 1986）．これを見ると，社会学以外からのボランティアへの基本的な問題関心は，「なぜ人びとは社会に関わるのか」というところにある．具体的なインセンティブがなくても，人びとが社会に自発的に関わるのはなぜなのか．利益でなければ，宗教的価値観を広めるためなのだろうか，宗教でもないとすればそれは何なのか．こうした問題が初期のボランティア理論では考察されてきた．

　これは社会学の学説史に準じていえば「集合行動論」や「社会運動論」として，あるいは「中間集団論」として展開されてきた課題だと言えよう．集合行

動や社会運動，市民運動や住民運動は，そこに「社会問題」があるから起こると社会学的には考える．社会問題への「やむにやまれぬ」反応（鳥越皓之）として，ボランティアや集合行動，そして市民・住民運動や社会運動がとらえられる．社会学の伝統的なフレームの中から言えば，ボランティアは社会問題への反応として，あるいは対抗として起こってくるし，ボランティアが形成する団体であるNPOは，社会問題への集合的対応あるいは対抗団体として形成されると理解されやすいのである．

以下，いくつかの福祉NPOの社会学の先行研究をレビューしておこう．

こうした社会運動論的なボランティアやボランティア団体のとらえ方にたいして，佐藤慶幸らは『女性たちの生活ネットワーク』（佐藤編著 1988）のなかで，生活クラブ生協の活動の中から生まれた女性たちのワーカーズ・コレクティブをとりあげ，それを環境意識に媒介された仕事づくり運動であり，新しい社会変革組織でもあると位置づけた．『アソシエーションの社会学』（佐藤 1994）の中では，そうした団体を「ボランタリー・アソシエーション」と位置づけ，官僚制組織に対抗する運動と位置づけている．こうした研究を見ると，日本には阪神・淡路大震災以前にも，さまざまに「NPOの萌芽的形態」があったことが分かる．ワーカーズ・コレクティブの流れと共通するところもあるが地域福祉の分野における「住民参加型在宅福祉サービス団体」も，日本における福祉NPOの萌芽であった．ただし，ワーカーズ・コレクティブも住民参加型在宅福祉サービス団体も，その制度的・法的な基盤をもたず，したがって米国におけるNPOのような運営・経営基盤が脆弱であった．ワーカーズ・コレクティブの社会学理論には，「ボランティアの形成するボランティア団体が，事業を運営しながら社会的な経営体となる」「ノンプロフィットであるがエコノミー主体（非営利の経営体）」となることについての逡巡が濃厚である．ボランティアが形成する一種の非営利事業体であるワーカーズ・コレクティブからは，やがて特定非営利活動法人や，その後に社会福祉法人へと組織転換していく団体もあった．しかしなかには，「ボランティア」であることと「経営体」であることの矛盾を，理論的にも価値観的にも解決しえなかった団体も少なくない．佐藤慶幸の『アソシエーションの社会学』にもこのあたりの逡巡がみてとれる．佐藤は，シルズ（David L. Sills）の『ヴォランティアズ』（Sills 1980）

を詳細に紹介しながら，ここでとりあげられている団体を，ボランタリー・アソシエーションとして考察している．しかしNPO論の立場からシルズの原典を読めば，そこでとりあげられているポリオ団体などは，明らかに米国のNPO法にもとづくNPO法人なのである．佐藤慶幸も後の著作（佐藤 2002）ではNPOを視野にいれることになるが，『アソシエーションの社会学』では，まだ対象としている団体が「NPO」であるという意識はなかったものと思われる．

　副田義也（2003）も「NPOの社会学」の先駆的研究と言うことができる．
　この研究は，玉井義臣という「あしなが運動」を形成した人物への注目と参与観察と聞き取りを中心としたもので，交通遺児育英会を立ち上げ，やがて挫折の後「あしなが育英会」へと転じた玉井義臣らを「社会運動家」と位置づけて「新たな社会運動」論をめざして分析している．玉井は，自らの母親の交通事故死から，高度経済成長時代の交通のあり方を社会問題として意識化し，交通遺児を支援する社会運動として交通遺児育英会を立ち上げて運営した．この過程は社会運動であり，この運動は多くの教育的な効果を生み出した．組織としては政府との攻防のすえ，運動家たちは追放され，あしなが運動へと変化したこと，これらの総体を社会運動家という存在に着目して論じていく必要があることを説くものである．この研究には多くの特徴があるが，「社会運動」研究と「NPO」研究を架橋する部分をもつ点に注目してみたい．

　副田は，あしなが運動を社会運動論として論じているが，社会運動だけではなく，それをNPO論として見ることもできるのではないか．交通遺児育英会やあしなが運動には，社会運動体としての側面と，市民事業体としての側面が共存していた．それは基金をもち，専従の有給スタッフを抱えて，持続的に育英資金の貸し付けや運営を行い，人びとと社会を変えようとする運動であった．それはミッション（使命や理念）に支えられた市民事業であろうとするものであった．したがってまさしく社会運動と市民事業との両面をもち，日本の福祉NPOとしても先駆的なものであったと考えられる．交通遺児育英会からあしなが運動への展開は，社会運動論だけでなく，NPO論としても検討にあたいする課題であろう．そこには社会運動が市民事業体に転換していくうえで経験する運動戦略や組織論の転換，政府や行政との関係，組織運営やマネジメント上のさまざまな問題や課題など，多くの研究課題が含まれているからだ．

日本における福祉 NPO の先駆的形態としては，地域福祉における住民参加型在宅福祉サービス団体とともに，障害者福祉における自立生活運動が代表的なものである．カリフォルニア大学バークレイ校に通学していた学生による「自立生活運動」から始まったこの流れは世界に波及し，日本でも中西正司たちの運動など，さまざまな展開が起こった．

　中西・上野（2003）は，他者に代行や代理を委任していたこれまでの障害者の運動を反省しながら，「自立生活運動」が，いかに困難であろうと，他者に代行や代理を委ねることなく，徹底的に自分たちの運動にしてきた歴史と展開，そしてその成果を論じながら，これからの福祉 NPO のあり方を検討している．そして介護保険の時代の高齢者が，「当事者主権」の観点からすると課題が多いことにふれている．これは介護保険制度下の介護 NPO について言えるのみならず，日本の福祉 NPO 一般についてもあてはまる指摘であろう．福祉 NPO は，当事者による当事者のための団体になりうる．同時に，周囲の人びとによる代理や代行につながりやすい傾向もある．「当事者」という視点は，福祉 NPO のもつ問題点を考えるうえで重要な論点である．

　そのほか，NPO に関して，現時点でもっとも多くの調査や研究が行われているのは，第 1 に福祉分野，第 2 に環境，第 3 に「まちづくり」であろう．特定非営利活動促進法と介護保険制度は，疑いなく日本に NPO という存在をたしかに刻み込む画期的なメルクマールとなった[10]．宮垣元は，NPO がなぜ介護保険制度のもとで発展しているのかを「信頼の理論」を用いて解き明かそうとしている（宮垣 2003）．田中らは「介護 NPO」という概念を用いて住民参加型・市民互助団体の実態と展開を調査しており，ボランティア団体から NPO への展開過程で，多様なタイプや展開が現れていることを報告している（田中・浅川・安立 2003）．そのほかにも数多くの実証研究が現れはじめているが，いずれも NPO という新しい組織が，介護保険を行いつつ，組織拡大や事業展開を行っている側面に重点を置いて論じている．批判的な関心や発足数年での評価には躊躇しがちな論者もみられるが，概して NPO という新しい組織の出現に注目しつつ，その社会的な影響力を測りかねている，というのが現在までのところであろう．

　以下，「福祉 NPO の理論」と「福祉 NPO の社会学」を考えていくにあたっ

ての道筋を示しておきたい.

福祉 NPO 研究のプラン

　第1に，福祉 NPO の理論は，NPO の存在論（NPO 理論）をふまえたうえで，福祉国家や社会福祉制度およびその周辺で活動する NPO に関する理論である．NPO の存在論レベルでは，NPO 理論と同一だが，福祉 NPO の独自性は，福祉制度のもとで福祉サービスを持続的・継続的に提供するサービス提供事業体として存在していることである．この福祉 NPO を理論的に分析するにあたって有効なのが「NPO の機能論」である．福祉 NPO の存在は，そのサービスを必要とするクライアントと，社会福祉システムを管理運営する福祉国家とから支えられている．本書の理論的なプランは，福祉 NPO のクライアントにたいする役割や効果，福祉国家や社会福祉制度にたいする役割や効果の分析枠組みをつくることである．

　そこで，福祉 NPO の役割と機能を，対クライアントレベルおよび対コミュニティレベル，そして対社会システムレベルにおいて分析していくことにする．このクライアントやシステムにたいする役割と機能を分析する枠組みのことを，本書では「福祉 NPO の理論」と名付ける．これは福祉 NPO の存在論ではなく，むしろ福祉 NPO の社会的機能分析である．

　第2に，現実の福祉国家や福祉社会のもとでの福祉 NPO や介護 NPO の構造や機能，活動や変化・変動を分析していくことを「福祉 NPO の社会学」として論じていく．NPO 理論一般では，現実のさまざまな問題や課題の分析には大きすぎる場合が多い．福祉 NPO の社会学は，社会変化・変動に大きく関わる．NPO 理論だけでなく，福祉 NPO 理論も必要となる．NPO の活動する「政府も市場も失敗する領域」は，福祉国家システムが変容しはじめている21世紀の現在こそ，もっとも変化・変動が可視化して流動的となっている領域である．こうした現代社会の問題を視野に収めるためにも，福祉 NPO の社会学が必要となる．

2 NPO・福祉 NPO の社会的機能論

　福祉 NPO の機能論は，福祉 NPO の社会学の中心的な論点である．福祉 NPO と福祉国家や福祉社会との相互作用，社会システムへの影響とその変化・変動分析こそ，「福祉 NPO の社会学」の課題である．

　NPO の社会的機能論と福祉 NPO の社会的機能論の原型として，サラモンの理論とクレーマーの理論をレビューする．そしてクレーマーとサラモンの理論の総合の上に「福祉 NPO の社会的機能論」の枠組みを構築する．

NPO の社会的機能論

　サラモンらは，新しい NPO の定義を立てて，NPO セクターの規模の大きさや範囲の広がりを可視化させた．同時に「NPO の社会的機能（Social Function）」を論じて，NPO セクターと政府との連携や協働の必要性を論証しようと試みた．

　サラモン（Salamon 1999：15）は NPO の果たす社会的機能を次の4つに整理している．

(1) Service Provision　サービスの提供
(2) Value Guardian　価値の擁護
(3) Advocacy/Problem Identification　問題の発見と提言
(4) Social Capital/Community-building　ソーシャル・キャピタル／コミュニティ形成

　この社会機能の定式化の試みは，トックヴィル（Alexis de Tocqueville）以来の米国のボランタリー・アソシエーション論をふまえている．それは米国社会の価値観の中枢にある信仰の自由や少数意見の尊重，表現の自由の擁護などを基盤にしている．つまり米国の建国以来の歴史と価値の中核部分を守ることに NPO が機能的な役割を果たしていることを示そうとしたのだ．また社会学ではデュルケム（Emile Durkheim）以来の重要な概念である社会連帯

（solidarity）や社会的ネットワーク，ネットワーキング論などの要素も含み込んでいる．さらに近年のさまざまな研究の動向，たとえばロバート・パットナム（Robert D. Putnam）の「ソーシャル・キャピタル」論の重要な論点をふまえている（Putnam 1993）．

　しかしこの社会的機能の定式化でもっとも重要な要素が「サービスの提供」であろう．この機能こそがNPOと社会運動や集合行動とを分かつメルクマールとなる．価値の擁護，アドボカシー，ソーシャル・キャピタルの形成なら，アドホックな集まり，ボランタリー・グループや短期的な集合行動や社会運動でもなしうることである．しかし「サービスの提供」は，その持続的・継続的な提供にあたって「組織」と「制度的な基盤」が必要となる．しかもそれは多くの場合，市場メカニズムによっては提供されないサービスである．しかし「政府の失敗理論」や「市場の失敗理論」が証明しているように，そうした領域には社会にとって必要不可欠なサービスが数多く存在するのだ．

　NPOの社会的機能論は，NPOの存在の位置を示す．それは制度と非制度との中間領域であって，組織と非組織との中間地帯にある．

　米国に典型的なように，第1にNPOは「社会制度内の存在」である．制度的な基盤のもとに非営利法人が存在できる．第2にそれは制度の周辺部にあって，制度を批判したり，制度の改革をめざしたり，ときには制度を守ろうとするなど多様な関わりをもつ．第3にそれは「組織」であるが，自発的に形成され，共同性よりも成員の多様な自発性をより重視する組織である．いわば組織性と反組織性，自発性と反自発性との中間の存在なのである．

　「組織」であることや「制度」にもとづく存在であることなどの要因が，NPOを集合行動や社会運動から区別することになる．そしてなぜNPOが，同じ集合的な行為でありながら，社会運動や集合行動と違うのかを示すポイントでもある．サービスを提供する組織であることから，制度にもとづいた組織であるという性格が導かれる．ではこの「サービスの提供」とは，いったいどのようなものなのか．

　サラモンらは，この「サービス提供」機能の議論を，ラルフ・クレーマーから引き継いでいる．それは，ベンジャミン・ギドロン（Benjamin Gidron），ラルフ・クレーマー，レスター・サラモンの3人が編集した *Government and the Third Sector*（Gidron, Kramer and Salamon, eds. 1992）を見ても明らかだ．サラモンの初期の著作のひとつ（Salamon 1977）にはすでにクレーマーやクレーマーの共同研究者たち（ニール・ギルバート（Neil Gilbert），ハリー・スペクト（Harry Specht）ら）の調査や研究からの影響が見られる．カリフォルニア大学バークレイ校の社会福祉学部で同僚のクレーマー，ギルバート，スペクトらは，米国的な福祉国家における NPO の役割をさまざまな角度から研究していたのだ．クレーマーらの「福祉 NPO 研究」がサラモンらの「NPOの社会的機能論」に影響を与え，それが現在の NPO 研究にまで継承されている．クレーマーらの福祉 NPO 研究は，現在の NPO 研究の理論的な土台の一部なのである．そこで，サービスの提供という観点を中心に，クレーマーらの福祉 NPO 研究を見ることにする．

　NPO の存在の理由の考察は，NPO の果たす社会的機能と不可分である．NPO がなぜ存在するのかは，NPO でなくては果たしえない役割や機能と密接に関係している．NPO の社会的機能論は，NPO の社会理論の一部である．

　NPO をその社会的機能から分析しようとした先駆者が，米国の福祉 NPO 研究の第一人者であったラルフ・クレーマーである．

　クレーマーは，その主著 *Voluntary Agencies in the Welfare State*（Kramer 1981）で，いちはやく福祉国家にとって NPO の果たす重要な役割について論じている[11]．

　もともと社会福祉論や福祉国家論にとって，福祉サービスを供給するのが「国家」や「政府」であるべきなのか，それとも民間の事業者であるべきなのか，政府と民間との関係（公私関係あるいは公民関係論）は，重要なテーマであった．

　イギリスの社会福祉の基本原則として昔から言及される「繰り出し梯子の理論」（Extension Ladder Theory）は，まさに社会福祉における公私関係論そのものである．イギリスの社会福祉論の中では，行政による最低生活基準の確立の上に，民間活動が梯子を繰り出すように展開されることになる，というものである．

　20 世紀の福祉国家論の中で論じられてきたこの「政府と社会福祉」との関係論は現在の NPO 論における「NPO と政府」論に重なるのである（Boris

and Steuerle, eds. 1999).

 Government and the Third Sector の中で,クレーマーらは政府と NPO との連携や協働を論じ,それはサラモンらの「第三者政府論」にひきつがれた.アーバン・インスティテュートのエリザベス・ボリス(Elizabeth T. Borris)らによる『NPO と政府』(Boris and Steuerle, eds. 1999)は,こうした論旨をさらに幅広く展開した近年の代表的な NPO 論である.

 このように,米国の NPO 論の中では,保健・医療・福祉・文化・教育サービスなどにおける NPO と政府との連携や協働の志向が鮮明になっている.NPO の制度的な土台が明確であり,NPO の果たすべき社会的な役割が明確なのも,米国の NPO 論の特色のひとつである.

クレーマーの社会的機能論

 クレーマーの NPO 論は,NPO に関する一般理論から,福祉 NPO の理論や福祉 NPO の社会的機能を「演繹」する方法論ではない.障害者福祉サービスを提供する団体への実証的な調査研究の結果を国際比較しながら,それぞれの国々における NPO 団体の機能を「帰納法」によって導きだす「一種の仮説形成作業」であった[12].

 クレーマー(Kramer 1981)は米国,イギリス,オランダ,イスラエルの4カ国の障害者福祉団体の実態調査を行い,福祉国家における政府と NPO との役割や機能を検討し,その結果福祉 NPO の社会的機能を,次の4つとした.

(1) サービス提供役割(The Service Provider Role)
(2) 改革役割(Improver Role)とアドボカシー(Advocacy)機能
(3) 先駆的役割(Vanguard Role)やサービスにおける開拓者(Service Pioneer)機能
(4) 価値の守護役割(Value Guardian)と「ボランティアの振興機能」(Promoters of Volunteerism)

 これは,4カ国における福祉 NPO の活動実態に基づくモデル化の作業であり「作業仮説」でもあった.この作業仮説をもとにクレーマーは理論的な一般

化を行おうとしている．これは，福祉 NPO の社会的機能に関する初めての理論化作業であった．

3　クレーマーの福祉 NPO の理論

　NPO 一般ではなく，福祉サービスを提供する NPO（以下，福祉 NPO と略する）を研究するクレーマーは，以下の論点を強調する．

　第 1 に，福祉 NPO が他の NPO と大きく異なるのは，それが福祉サービスを提供するサービス提供組織であることであり，福祉ニーズをもつ人たちにたいして日常的・持続的・恒常的にサービスを提供しつづけることである．ただし後に論じるように，たんなる事業型の組織ではなく，NPO という組織に固有の特質をあわせもつ．

　第 2 に，福祉 NPO の起源は，たとえば教会や宗教団体の施療院のようなかたちをそれに含めるとすれば，古く遡ることも可能である．しかし論じることに意味があるのは，福祉国家体制のもとでのサービス提供組織としての役割を担うようになった 20 世紀以降のことである．福祉 NPO は，福祉国家と手を携えて展開・発展してきた．したがって福祉国家論（およびその後の展開としての福祉社会論）と無関係に福祉 NPO を論じることはできない．福祉国家の中での福祉 NPO の役割を論じる理論枠組みが必要なのである．クレーマーはそれを求めようとした．

　第 3 に，福祉国家における NPO の改革機能を重視する．障害者福祉サービス提供団体の実証研究から理論展開するクレーマーは，政府にも企業にも提供できない改革的なサービスが，どのようにして創造されるのか，その創造母胎としての福祉 NPO の役割に着目する．なぜ障害者福祉サービスが生まれ，改良・改革され，どのように展開するのか．そのなかでの福祉 NPO の役割は何か．ここにクレーマーの福祉 NPO 理論の中心がある．クレーマーは福祉 NPO の 4 機能のひとつとして「改革役割」を掲げている．実証研究をするなかで，必ずしも福祉 NPO が福祉サービスを改革していく，という単純なものでもないことも判明してくる．しかし福祉 NPO の社会的機能から「開拓機能」や「改革機能」をはずそうとはしない．理論と現実との間には落差やねじれもあ

る．現実にあわせる理論だけが本当の理論ではないからだ．

　第4に，福祉 NPO の弱点や問題点を指摘する理論の枠組みの必要性も強調する．福祉 NPO は，抽象的・理論的な存在ではなく，現実にサービスを提供している存在である．現実のさまざまな制度や政策，予算や人員の制限のもとで活動している存在であるから，そこには問題や課題，弱点や矛盾も生じる．それを理論的に整理できるかどうかが問われる．クレーマーの理論は，NPO の社会的機能を分析するための枠組みであるが，本書がめざすのは NPO が社会的機能を果たせなくなった場合の帰結も分析できることである．

クレーマー理論の射程

　クレーマーの理論は 1970 年代に形成された．その後，病に倒れたクレーマーの理論は，最新の NPO 研究や福祉国家論と比較すると，やや時代おくれの部分も少なくない．たとえば福祉国家論はエスピン-アンデルセン（Gøsta Esping-Andersen）の理論を筆頭に，近年めざましく発展した．クレーマーの理論には福祉国家論の最新の展開は反映されていない．国際比較の手法や，計量的な手法に関しても，古さがあるだろう．国際比較としては米国，イギリス，オランダとイスラエルという4カ国の比較だけであり，北欧を含まず，日本やアジア諸国への言及もない．ジョンズ・ホプキンス大学による近年の大規模な NPO の国際比較研究などの展開に比べると古さを感じる．また実証調査の対象も，障害者福祉サービスに限定されており，現代社会の中心課題のひとつである高齢化と長期介護（Long Term Care）などは扱われていない．

　しかし，それはクレーマーの理論枠組みが，無意味になったということではない．彼の枠組みは，それを適切に改訂していけば，依然として理論的な有効性をもつと考える．

　その理由は，第1に福祉 NPO の「社会的機能」に焦点をしぼった理論だという点である．クレーマー理論は，NPO の組織論や，サービスの内容論ではなく，福祉 NPO の特質や独自性，組織とその活動のユニークさをとらえようとする枠組みである．クレーマー理論は，こうしたテーマに照準を合わせた，初めての試みだったのである．福祉 NPO の活動が，どのような社会的な効果や機能，そして社会的なインパクトをもたらすのかについての先駆的な理論枠

組みであると評価できる．だからこそ，福祉という分野のみにとどまらず，レスター・M. サラモンらも，クレーマーの理論モデルを継承してNPOの社会的機能論に一般化した．彼らの国際比較の枠組みにも影響を与えたのだ．

　第2に，福祉NPOの機能を，福祉国家との関係においてとらえようとしたことである．抽象的な福祉NPO一般についての理論ではなく，福祉国家との関係から福祉NPOの役割と機能を分析する理論枠組みである．これは，現在のNPO論の中で大きな研究分野を形成している「行政とNPOとの協働」についての先駆だと言ってよい．福祉NPOの機能は，福祉国家との関係においてとらえるべきで，その相互関係こそNPOの機能や役割を決定していくものであるとするクレーマーの理論は，その有効性を失っていない．

　第3に，福祉NPOの役割や機能を，固定的にとらえるのではなく，変化・変動する現代社会との関係においてとらえようとしたことだ．ここがNPO論と社会学とを架橋する重要な視点である．福祉国家はいままさに変化・変動している．こうした社会変動との関連でNPOをとらえるという視点は，社会学そのものであろう．さらに，NPOを社会変動のアクターとしてとらえ，同時に社会変動から影響される存在でもあるととらえる社会学的な視点なのだ．

　第4に，クレーマーの理論が社会学でいうところの「中範囲理論」だということである．サラモンやアンハイヤがNPOの一般理論をつくろうとしているのにたいし，クレーマーの理論は「福祉NPOの中範囲理論」である．それは，上述した限界をもつとはいえ，具体的な実証研究においては一般理論よりもむしろ豊かな成果をもたらしうる．欧米の福祉国家とは異質な日本や東アジアにおける福祉NPOを調査・研究していくうえで，クレーマー理論は，NPOの一般理論以上に有益な示唆と導きを与えてくれる可能性が高い．

　クレーマーの理論を受けて，サラモンとアンハイヤは，次のようなNPO・NPOセクターの社会的機能論を展開している．サラモンらは，38カ国の非営利セクターを調査[13]した結果にもとづき非営利組織の機能を「サービス提供機能」「改革機能」「アドボカシー機能」「連携機能」に再分類した[14]．クレーマーではボランティアを媒介する機能に限定されていた「価値の擁護・ボランティア促進」は，サラモンでは「コミュニティ形成」（Salamon 1999）と一般化されたり，「ソーシャル・キャピタル」（Salamon, ed. 2002）と言い換えられ

たりしてきた．これをアンハイヤは，さらに「連携機能」として組織間関係も含むものへと拡大発展させた．アンハイヤによれば，とりわけ「連携機能」が重要で，サービスとアドボカシー，改革とアドボカシーなどの複数の機能を「連結」し「連携」させる機能が重要であるという[15]．

このようにクレーマーやサラモンとアンハイヤたちの研究では，福祉国家・福祉社会と非営利組織・非営利セクターとの密接不可分な関係に焦点が当てられ，理論的な存在根拠や社会的機能が考察されている．NPO や NPO 研究の活況と，現代の福祉国家および福祉社会の転換や変動とは密接に関連している．

サラモンとアンハイヤは非営利組織の発展と現状を説明する「社会的起源の理論」を唱えている．彼らによれば，非営利セクターは国によってその歴史的な「根拠」が異なり，それが異なる社会・経済的な「現状」へとつながる．そこでエスピン－アンデルセンの「福祉国家モデル」に依拠しながら，その方法を福祉国家における NPO のあり方に関しても応用しようとする．まず，非営利セクターの発展に関して4つの「非営利体制」タイプを構成する（Salamon and Anheier, eds. 1997）．これは「政府の社会福祉支出」の高低と「非営利セクターの規模」の大小という2つの軸から4つのタイプを抽出するもので，「自由主義体制」「コーポラティズム体制」「社会民主主義体制」「国家主義体制」の4つが導かれる[16]．

非営利組織や非営利セクターは，福祉国家のもとで発展してきた．その福祉国家もエスピン－アンデルセンが描き出したように多様である．したがって非営利組織や非営利セクターのあり方もそれに応じて多様である．そして非営利セクターの大きさは「市民社会」の大きさの近似値として考察可能だとされる．彼らの「グローバル・シビル・ソサエティ」研究は，非営利セクターの規模や広がりと，市民社会の成熟度とを相関するものととらえる見方を提示した（Salamon, Anheier and Sokolowski, eds.（1999），Salamon and Sokolowski, eds.（2003），Salamon（2004））．この見方には異論も多いが，非営利組織や非営利セクターの研究が，市民社会そのものの実証的な比較研究にまで発展する可能性を示した[17]．

クレーマーによる福祉 NPO の社会的機能論

ラルフ・クレーマーはその主著 *Voluntary Agencies in the Welfare State* (Kramer 1981) において，NPO の社会的機能に関する理論的考察を行っている．クレーマーは，「ボランタリー・エージェンシーならではの強みと弱み，そして可能性を発見することを目的として」米国，イギリス，イスラエル，オランダの4カ国において障害者にたいする福祉サービスを提供する NPO がどのような機能を果たしているのかの実証調査を行った．それをふまえて，福祉 NPO がどのような特徴をもち，どのような長所と弱点をもつ組織であるかを比較研究した．

この研究の画期的な意義としては以下の4点が挙げられる．

(1) NPO 一般ではなく「福祉国家における福祉 NPO」の構造と機能をとらえようとしたこと
(2) NPO の機能を政府との関係においてとらえようとしたこと
(3) NPO の構造と機能をとらえるのに，演繹的な理論的手法ではなく，4つの福祉国家における実証的な調査からの帰納法的な手法をとったこと
(4) NPO の4機能という仮説を提示し，その後の実証研究や比較研究に応用可能な枠組みを提示したこと

反対にこの研究の問題や課題として以下の4点が指摘できる．これはこの研究の長所とうらはらの関係にある．

(1) 「福祉国家における福祉 NPO」の構造と機能の研究なので，NPO 一般に応用できる枠組みとしては限界がある．この研究が「障害者関係のボランタリー・エージェンシー」の調査に依拠しているので，福祉 NPO 一般への応用・拡大に関しても課題が残されている．
(2) 米国，イギリス，イスラエル，オランダという4カ国における「政府と NPO」との関係から理論枠組みを抽出しているが，この4カ国は，今日の福祉国家論の枠組み（たとえばエスピン－アンデルセンの福祉国家論）では，必ずしも典型的な福祉国家や先進的な福祉国家ではない．過渡期的

な福祉国家の形態やあり方とも考えられる事例に依拠しているともいえる．また，日本の社会福祉法人や社会福祉協議会のような政府組織とNPOとの中間的形態が存在する場合におけるNPOの役割や機能について応用可能なのか課題が残る．
(3) 障害者関係のNPOの実証データからの帰納法的な理論構築なので，ほかの福祉分野（たとえば高齢者福祉）に応用できるかどうかの理論的な検討も課題である．
(4) 1970年代の実証研究からの理論枠組みなので，NPOを「ボランタリー・エージェンシー」ととらえている点や，NPOの組織実体について，現在の実態とはややずれが生じている点などの限界もある．

　しかしこの研究は，NPOの特徴をその社会的機能から考える先駆的な研究であり，福祉NPOとは何か，福祉NPOの福祉国家の中で果たす役割とは何かについて，理念的なアプローチではなく実証的なデータにもとづいたアプローチであること，そして今後の研究に向けた仮説を提示していることなど，多くの示唆に富む論点を提示している．したがって，この研究は福祉NPOの特徴や機能を研究するうえでは，必ず言及される重要な先行研究になっている．
　本書でも日本の福祉NPOの分析枠組みを形成するにあたり，クレーマーの研究およびそれを引き継いだサラモンとアンハイヤの研究を参考にしながら，日本の福祉NPOの分析枠組みを構築していきたい．まずは，クレーマーの研究をさらに検討していこう．

Voluntary Agencies in the Welfare State の要約と検討

　クレーマーはこの研究について，「ボランタリー・エージェンシーの長所と短所，および可能性を発見することを目的」としたと述べている．ボランタリー・エージェンシーとは，まだNPO概念が十分整備されていなかった1970年代の用語であるが，ほぼ現在のNPOに等しいと考えてよいだろう．
　オランダは「NPOが福祉サービス提供の中心となっている国」，イギリスは「NPOが国家による福祉サービスの補充をしている国」，米国は「福祉ミックス体制の国」，イスラエルは「NPOと政府とが密接に協力している国」として

特徴づけられている．調査された福祉サービスは「身体障害者および精神障害者へのサービス」である．

まず4つの福祉国家における「政治・社会的文脈」が検討される．各国の福祉における政府の関わり方のパターン，政府と民間との役割分担のパターン，福祉に関わる政治のあり方，市民文化，ボランティアの背景や役割，そして政治・経済と福祉の関係などが俯瞰される．

ついで「内的要因」として，「組織要因」「統治構造」「財政」「政府資金の活用」という4つの観点から，それぞれの国で「ボランタリー・エージェンシーがどのように構成され，どのように維持運営されているか」が検討される．まず「組織要因」として，ボランタリー・エージェンシーの規模，制度化の程度，専門化の程度が検討される．ついで「統治構造」として「理事会の構成」「理事の役割」「意思決定と組織内のデモクラシー」「中央－地方関係」が検討される．「財政」については「不確実性と財源の多様性」「遺贈や遺産」「資金集め」「連合した資金集め（共同募金による資金集め）」「財政パターン」「寄付税制」などが検討される．「政府資金の活用」では「4カ国の財政政策とその帰結」「政府資金を使う場合の3つの問題点（商業主義，補助金依存，政府への依存）」が検討される．

こうした予備的考察をふまえて，「ボランタリー・エージェンシーはどのようにその役割を担っているのか」と「組織行動のパターン」が研究される．ここからが，とくに重要なので，詳しく検討していこう．

クレーマーの4機能論

ついでクレーマーは，ベヴァレッジ（William H. Beveridge）以来の社会福祉学の伝統のなかで，ボランティア団体や非営利組織が担うと「仮定」されてきた4つの役割や機能を，実証データにもとづきながら批判的に検討していく．

第1は，NPOによる「先駆的役割」あるいは「サービスにおける開拓者機能」の検討である．はたしてNPOの役割は「福祉サービス提供のパイオニアとなること」だろうか．それは「政府によって引き継がれていく」のだろうか．

そこでクレーマーはNPOによる「先駆的役割」（Vanguard Role）や「サービスにおける開拓者」（Service Pioneer）という機能を仮定してそれを検証す

表 2-1　政府と NPO との基本的な違い

	政　府	NPO
哲　学	正　義	慈　善
誰を代表するか	多　数	マイノリティ
サービスの法的基盤	権　利	奨　励
財　源	税　金	寄付・料金・補助金
機能の決定	法の規定	統治者による決定
政策決定の主体	立法府	理事会による決定
アカウンタビリティ	選　挙	クライアント関係者
対象者の範囲	広範囲	限定的
管理構造	大規模官僚制	小規模官僚制
サービスの管理パターン	単　一	多　様
組織と事業の規模	大規模	小規模

出典：Kramer（1987）．

表 2-2　米国の NPO 団体のタイプ

決定過程への利用者の参加度	政府資金への依存度	
	高　い	低　い
高　い	擬似政府組織（QUANGOS）	代替組織（Alternative agency）
低　い	半公的サービス・プロバイダ	民間のサービス機関

出典：Kramer（1981：115）．

表 2-3　政府と NPO との組織特性の違い

政府機関の特徴	ボランタリー組織（NPO）の特徴
堅固で変化に乏しい	フレキシブルで適応力に富んでいる
一般に受け入れられるサービスのみを供給	実験的で開拓的なサービス
市民の参加はほとんどない	自発的な市民の参加がある
大量の普遍的なサービス	個人的で選別されたサービス
薄い関係性	集中的な関係
対症療法的なプログラム	予防的なプログラム
中立的	社会変化や改革志向
非党派的	宗教や党派性がある

出典：Kramer（1981：100）．

表2-4 NPOによる公的資金の活用の長所と短所

NPOにとっての長所	政府にとっての長所	NPOにとっての短所	政府にとっての短所
サービスの範囲を拡大できる　コミュニティの資源を活用できる	より経済的なサービス	サービス対価が不十分，支払いが遅れたり，収入が不安定	コスト管理ができない　サービス供給に不公平さが生じる
収入が保証される	比較的安価にサービスが拡大できる	煩瑣な事務手続き，しばしば変わる基準に合わせなければならない	標準やアカウンタビリティの維持が困難
目的を制限される他の資金への依存から解放される	フレキシビリティと対応の早さ．処遇困難なグループへの対応，開始や停止が容易		
コミュニティにおける地位や名声の獲得	官僚制や政治家からの介入を回避できる	方針や運営に対し，望ましくない制限が加えられる	断片的で一貫性がなく，権限や統治が弱まり，調整が困難
政府の決定権限への接近	望ましくない仕事をNPOに回せる	組織の自立性，アドボカシー，ボランティア参加の減少	政府責任の低下
	政府への支援の獲得，NPO団体のサービス基準への影響力をもてる	官僚制の増大と企業性の侵入，目的が歪められる	

出典：Kramer（1981：165）．

表2-5 政府とNPOによるサービスのパターンと財政関係

	サービスのパターン	財政関係
アメリカ	サービス提供者として，ときにパートナーとしてNPOに控えめな優先が与えられる．政府は多様なサービス提供者を用いており，NPOとの間に補完関係がある．	分権化された補助金による運営．契約ないし第三者による支払いで，NPOによるサービスの3分の1以上が政府財源．
イギリス	NPOはパートナー．すき間をうめ，代理として補完関係にあるが，資源不足の状態．	法に基づく財源があり，サービス提供機関としての優先的地位がある．政府助成は限定的．地方自治体からの補償がある．
オランダ	NPOは主たるサービス提供主体．補完性原理．政府は財政提供者だが，サービス提供に関しては残余的．	政府補助金がNPOの職員と事業費のほぼすべて．
イスラエル	中央政府の影響力が強い．NPOは政府の補完だが，必ずしも優先的な提供機関ではない．	政府補助金は限定的．NPOの財政は赤字状態．

出典：Kramer（1981）より作成された．武智秀之（1997）からの再引用．

表 2-6 福祉サービス提供における NPO と政府の関係の 3 類型

	補充関係(Supplementary) 上乗せ	補完関係(Comple-mentary) 横出し	NPO が主要サービス提供者（Primary）
基本特性	政府サービスの拡張	政府サービスとは異なる	類似する政府サービスは存在しない
権力関係	不均衡（政府が基礎的ないし独占的なため不平等な権力関係）	均衡的（NPO と政府との均衡的な権力関係）	不均衡（ボランタリー組織が独占）
サービスの継続	時間制限（政府が提供しはじめるまで）	政府サービスと異なるため長期間	不確実（政府が提供しない間は存続）

出典：Kramer（1981：237）．

る．

　イギリスでは，19 世紀後半から 1920 年代までは，NPO の開発したサービスが地方政府によって引き継がれる事例がみられた．この流れは 1950 年代までは知的障害のある児童のサービス分野などで見られた．また 1960 年代後半にも「全国知的障害児協会」や「脳性麻痺協会」は，みずからの開発したサービスや施設，学校，デイケアセンターなどを地方政府に移管することになった．結核による障害児支援協会や，肢体不自由児協会などでもこのパターンが見られた．しかし，イギリスにおいても，視覚障害と聴覚障害に関しては，NPO が開拓したサービスで政府によって引き継がれたものはほとんどなかった．米国では，イギリスとかなり事情は異なり，さらに米国のなかでも西部と東部とでは異なる．米国西部では，イギリスのように NPO によるサービスは政府には移管されていない．近年では，米国の政府は，ボランタリー・エージェンシーが開発したことを引き継ぐことはほとんどなかった．このように「先駆」や「開拓」という仮説は，実証によって批判されることになる．民間の NPO にはじまり，政府によって引き継がれるパターンは，じつは稀であることが発見されたのだ．

　ついで NPO はボランティアに「積極的な表現の機会を提供することを通じて，ボランティア活動を守り，発展」させてきたのだろうか．そして NPO はマイノリティの宗教，文化，社会といった個別の利益を守ることにも正当性を与えてきたのだろうか．ボランティアとして NPO に参加することは，個人のみならず社会にとっても機能的なのだろうか．こうした問いにたいして，クレ

ーマーはNPOスタッフとボランティアとの関係を検証していく.

専門職とボランティアとの関係においては「ボランティアがスタッフの代替にされる」というボランティア反対論が，イギリスでは労働組合から起こった．英国の労働党や労働組合は，慈善ボランティアに長らく反対しつづけてきた[18]．イギリスでは国民保健サービス（NHS）の病院における，「低賃金スタッフ」とボランティアとの間で裁判があった．そのため「ボランティアと雇用された非専門職職員との関係に関するガイドライン」が設けられた．米国では，ボランティアがスタッフに置き換わることはほとんどなかったが，1978年にはカリフォルニア州で公務員が削減され，図書館，レクリエーションや学校の職員がボランティアに置き換わる場合もあった．しかし米国では労働組合（AFL-CIO）は公式にボランティア活動やNPOへの募金活動を支援しているし，労働組合員がコミュニティ・サービスに参加することを奨励している．むしろ米国ではフェミニズム団体が「ボランティアによる搾取」として女性によるボランティア労働に強く反対してきた．女性のボランティアの多くは，職員の代替に使われ，女性の地位の低下をもたらし，そのことが社会サービスの予算の低下にも関連しているとする．また専門職とボランティアとの関係は，問題含みの領域であるとされる．歴史的にみて，ソーシャルワーカーは，ボランティアに置き換わる形で発展してきた．そして組織が官僚化し専門化してくると，ボランティアは「非効率で信頼性に欠け，クリニカルな仕事には不十分」と見られるようになったという．

NPOの重要な役割のひとつは，アドボカシーにより社会政策にたいして働きかけ，それをクライアントのニーズに近いものにすることであるだろうか．「NPOの役割は，政府の替わりになることではなくて，政府を正直にさせておくこと，責任を自覚させておくことにある」「NPOの役割として大きなものは，政府をモニタリング監視し，影響力を与えることである」（ファイラー委員会レポート）という機能は，はたして実証的に証明されるのだろうか．

クレーマーによれば，NPOの果たす「改革役割」には次の4つが含まれる．

(1) 立法や規制への影響力行使
(2) 政府のサービスの改革

⑶　NPO への補助金の獲得
⑷　免税特典の維持

　NPO によるアドボカシーの対象は，じつは国によって大きく異なっている．米国ではそれぞれの自治体が独立した立法府をもち，また立法によって社会変革が起こるため，ローカル・コミュニティ・レベル（シティやタウン），州レベル，連邦政府レベルの3つのいずれにおいても NPO は積極的な関わりをもつ．米国の NPO は立法府[19]への働きかけに注力する．他の国の NPO は，主として中央政府の官僚にたいしてアドボカシーを行う．また米国では財政と運営とを切り離す傾向がある．このため NPO のサービスを購入することによって，政府と NPO との協働につながっているが，反面では，毎年のように契約を更新したり，承認したりするための政治的なかけひきが繰り広げられる．米国では NPO がこの過程に巻きこまれることになる．イギリスと米国では，中央政府や連邦政府の包括補助金（block grant）があり，地方政府は，この資金を使って NPO のサービスを購入する．
　アドボカシーの戦略は，単一組織で行うか，連合・連携（coalition）したうえでアドボカシーを行うか，という2つに大きく分かれる．米国では連携戦略が有効であるが，イギリスでは少なく，イスラエルやオランダではほとんど見られないという違いがある．イギリスでは，NPO が議会に直接働きかけることはほとんどない．4カ国とも障害者団体相互の連携は必ずしもうまくいってはいない．利用者参加にもアドボカシーにも問題がある．利用者間に意見の不一致や党派制が生まれるからだという．
　「免税特典」を失う恐怖が，イギリスや米国でロビー活動することの抑制要因になっている．しかし，クレーマーの調査によれば，「立法や規制への影響力行使」に関して米国では NPO が立法過程に関わり政策変更を導いたという事例が多い．米国においてのみ，NPO は連邦政府レベルおよび州政府レベルにたいして一貫してアクティブであった．「政府のサービスの改革」役割に関しては，自閉症児の教育施設の建設において NPO は大きな役割を果たした．イギリスでは，全国レベルでも，コミュニティレベルでも，「政府のサービスの改革」役割はほとんどみいだせなかった．4カ国とも「障害者の親の会」は，

表 2-7 アドボカシーの対象・戦略・方法

	米 国	英国, オランダ, イスラエル
対象	地方, 州および連邦レベルの議会	中央政府の官僚
戦略	NPO 間の連携による働きかけ	単一組織による働きかけ
方法	ロビー活動やメディアの活用	インフォーマルおよびフォーマルなコミュニケーション手段

出典：Kramer（1981：272）.

　自助グループという社会運動から，政府資金によってサポートされたコミュニティ・サービス・プロバイダへと転換していることも確認されている．このように NPO は「敵対からアドボカシーへ」と組織戦略を転換してきたと分析されている．

　4 カ国比較によれば，イギリスでは政府補助金をえようとすることはアドボカシー活動とはみなされない．イスラエルでは基金を確保することは中央政府との交渉の中心テーマである．オランダでも補助金と規制の問題は NPO 連合体と政府とのメインな交渉テーマであるとする．

　国による違いはあるにせよ，アドボカシーが NPO の中核的な役割や機能である．

　サービス提供役割や機能は，政府と NPO との役割分担関係にほかならない．前述したように 4 カ国では政府と NPO との関係が異なる．このなかからクレーマーは，政府と NPO とのサービス提供に関する関係性をモデル化していく．

(1) NPO こそが，唯一もしくは第 1 のサービス提供者である場合（政府にほとんどその機能がない場合）
(2) NPO が，政府のサービスを「補完」する場合（たとえば質的に違うサービスを提供する場合）
(3) NPO が，政府のサービスを「補充・補足」したり拡大したりする場合（政府サービスの量的な補充やサービスの選択肢の拡大となる場合）

　クレーマーは，まず政府と NPO との関係を，互いにとっての長所と短所という観点から整理する．ついで NPO によって始められたサービスの行方に関

する理論的なモデルを形成する．NPO がニーズを発見し，そのニーズに応えるサービスをデモンストレーションする．その過程が政府や社会への刺激となる．NPO によって実験的に始められたサービスはその後，他機関（政府や企業，その他の NPO 等）へと継承されたり，政府へと委譲されたり，NPO 自身によって継続されたり，サービスが停止されたりする．

こうしたさまざまな可能性をモデル化して，クレーマーは NPO‐政府間関係を「主要関係，補完関係，補足関係，補充関係，代替関係」などに整理している．このモデルは，福祉国家にとってどのような場合に福祉 NPO が不可欠の存在になるのか，どのような関係性のオルタナティブがありうるのかを理論的に考察するうえでたいへん役立つモデルだと言えるだろう．

クレーマーは 4 カ国のデータから 4 つの仮説を検討する．

第 1 の「先駆的役割」あるいは「サービスにおける開拓者」機能についてはどうか．調査によれば NPO の果たす「先駆的役割」あるいは「サービスにおける開拓者」機能に関する調査結果は，その存在について懐疑的である．クレーマーは，「ひとつの問題，ひとつの方法に特化していることに先駆性がある」とする．特化は断片化にもなりうるが，特化することによって先進性への可能性をもつのだと論じている．

第 2 のアドボカシー機能についてはどうか．政府の代替や複製でないサービスが典型的に見られたのは，相互扶助や仲間同士の助け合いに支えられたアドボカシーであった．それこそ福祉 NPO による独自の役割と機能だとしている．

第 3 の価値の守護役割およびボランティア活動の機能はどうか．調査の結果は，「多くの NPO は，必ずしも利用者参加に重きをおいていない」という発見であった．NPO への参加は，主として資金集めなどであった．

第 4 のサービス提供機能についてはどうか．サービス提供こそが福祉 NPO の基本だが，そこにはさまざまなパターンがあった．「主要なサービス提供者（primary）となること，補足的・補充的なサービス提供者（supplementary）となること，補完的なサービス提供者（complementary）となること」である．

4 カ国比較を振り返ってクレーマーは，NPO のもつ弱点にも触れている．

それによれば NPO には 4 つの弱点がありうるという．第 1 が制度化の過程で「フォーマル化しすぎること」で，それは組織の官僚制化につながる．組織

表 2-8 福祉国家と福祉 NPO との関係

(1) 主要（プライマリ）役割：
　　NPO が第 1 のサービス提供者である場合．政府にはほとんどその機能がない場合．
(2) 補完（コンプリメンタリー）役割：
　　政府のサービスを「補完」する．質的に違うサービスを提供する．
(3) 補充・補足（サプリメント）役割：
　　政府のサービスの量的な補足やサービスの選択肢の拡大となる．

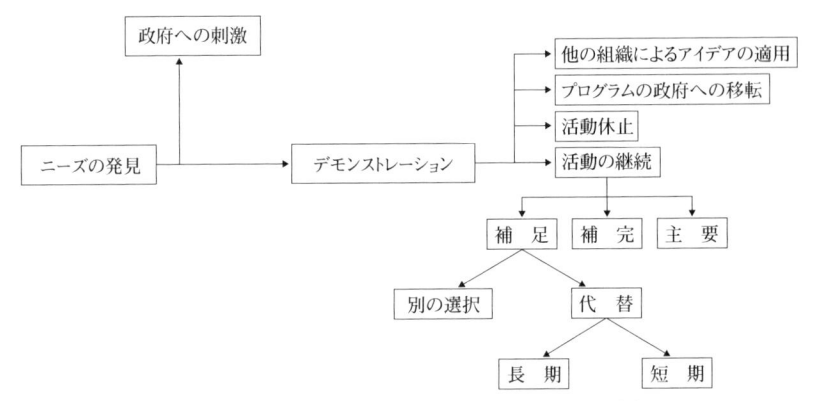

図 2-1　NPO によるサービス提供役割のタイプ分類
出典：Kramer（1981：234）．

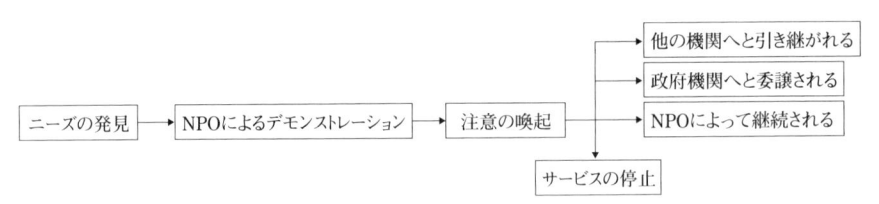

図 2-2　NPO によって開始されたプログラムの将来
出典：Kramer（1981：188）．

のフォーマル化は，効率性や信頼性，アカウンタビリティなどを高める．しかし，こうした要請は変化に対する抵抗や保守性としても現れがちだという．フォーマル化は規模や資源の拡大をもたらすが，「フレキシビリティ，即応性，リスクを引き受ける」といった NPO の特質を失わせがちだと論じている．第 2 が 目標を見失ったり，手段が目的にすり替わってしまうこと（goal deflection）である．組織の存続それ自体が目的となってしまう場合や「寄付

NPOの役割	再民営化	エンパワーメント	現実的な パートナーシップ	政府直営	国営化
	もう一つの道	代替	補足 補完	障害	周辺的

P＝営利企業　G＝政府　V＝ボランタリー機関(NPO)

図2-3　福祉サービス提供に関するセクター間関係の可能性
出典：Kramer (1981：273).

者に依存してしまう」現象，あるいは潜在的な寄付者を喜ばせようとして，より具体的で見栄えのするプロジェクトを行ってしまうことなどがそれにあたる．第3が少数者の支配が起こりがちな点である．リーダーのアカウンタビリティが欠如すると寡頭政治や少数支配が起こりやすい．リーダーが交代しないと，NPOは内部のデモクラシーが不十分になりがちで，組織の非応答性，関心の狭まり，非フレキシビリティ，そして変化への抵抗，などの深刻な問題が起こりやすいとされる．第4が，組織マネジメントの非効率性，閉鎖性，低アカウンタビリティなど，アドミニストレーションに問題が多いことである．4カ国比較では，こうした弱点が克服されないとNPOは大きくは発展できないと結論づけられている．

クレーマー理論のまとめ

以上，クレーマーによる「福祉NPOの社会的機能」論をやや詳しく紹介してきた．

もういちど，まとめてみよう．福祉NPOの社会学にとって，クレーマー理論が示唆するものは何か．

第1に，福祉NPOの果たす社会的機能への着目である．これまで社会学は，住民運動や市民運動，社会運動という，社会システムの外部に出現する市民からの異議申し立てや対抗運動には，大きく注目してきた．近年でいうと，たとえば環境運動の調査研究において，社会学が果たした役割はめざましい．反面，福祉NPOには，社会福祉学と社会学との境界領域で，さまざまな実証調査は

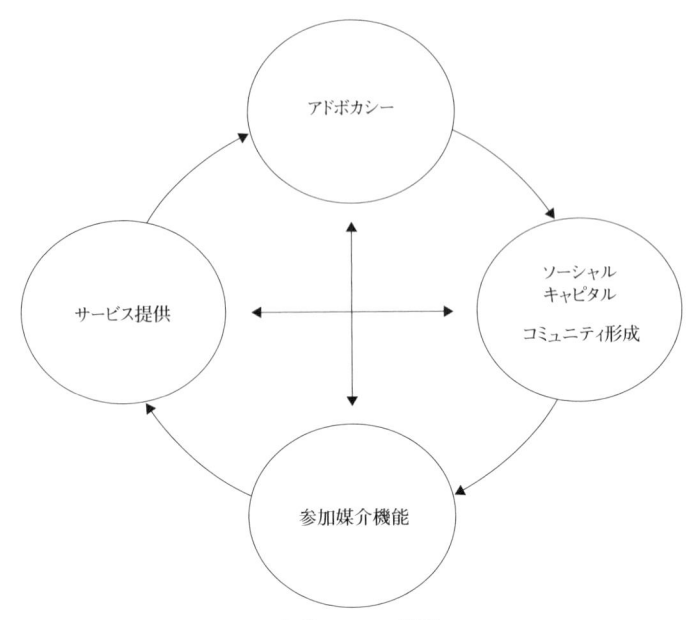

```
         ┌─────────┐
         │アドボカシー│
         └─────────┘
        ↗           ↘
┌─────────┐      ┌─────────┐
│サービス提供│ ←→  │ソーシャル │
│         │      │キャピタル │
│         │      │コミュニティ形成│
└─────────┘      └─────────┘
        ↖           ↙
         ┌─────────┐
         │参加媒介機能│
         └─────────┘
```

図 2-4　福祉 NPO の展開モデル

表 2-9　クレーマーによる NPO 独自の機能的特徴

(1)　開拓機能
(2)　アドボカシー
(3)　消費者主権
(4)　サービス提供機能

表 2-10　NPO の 4 つの弱点

(1)　制度化
(2)　目標がそれてしまうこと
(3)　少数者が支配すること
(4)　非効率性

進んでいるものの，理論的な成果は，まだこれからの課題である．クレーマー理論は，福祉 NPO の調査研究が，社会学理論や社会変動論に媒介されていくひとつの理論的な拠点を示唆しているのではないだろうか．

　第 2 に，福祉 NPO のサービス分析への展開である．社会福祉学では，サービスの内容や効果の分析が実証的に行われている．しかし，福祉サービスがどのように改良され，どのように福祉制度や福祉国家の枠組みの改良や改革へとつながるのか，いわば「福祉サービスを通じた社会変革作用」への理論的な展開は，これまでの福祉サービス分析からは導かれてこなかった．ここにも，福祉社会学や福祉 NPO の社会学への示唆がありうる．

　第 3 に，福祉 NPO のソーシャル・アクション分析への示唆である．福祉サービスの提供者全体に占める福祉 NPO の比率は日本では必ずしも大きくはない．しかしソーシャル・アクションを担うソーシャル・アクターとしては，すでに重要な役割を果たしはじめている[20]．

　なぜ福祉サービスを提供する他の組織形態ではできないことが，福祉 NPO にはできるのか．この「なぜ」に含まれている問いは，社会学的な問いである．社会学は，住民運動や市民運動，社会運動や集合行動論で，たえまなくこの問いを発しつづけてきた．福祉 NPO 研究に社会学が貢献できるとすれば，まず，この問いを引き受けるべきであろう．

4　福祉 NPO の機能分析枠組み

クレーマー理論から

　クレーマーの理論モデルは，時代的にみると，同時代のタルコット・パーソンズ（Talcott Parsons）の構造 - 機能分析のモデル，AGIL 図式なども参考にしながら，4 カ国の福祉 NPO のデータを帰納的に集約して形成されたものであると推定される．

　クレーマーの枠組みの特徴は，第 1 に，福祉 NPO を「福祉国家」との相互関係の中でとらえようとしたモデルであること．第 2 に，福祉 NPO が福祉サービスを提供する過程で社会システム側と関係を取り結ぶ，その相互関係をモデル化したこと．つまり，福祉 NPO が福祉サービスを提供する過程で，社会

表 2-11 福祉 NPO の機能分析枠組み

役割（role）レベル	機能（function）レベル	社会的効果（social influence, impacct, outcome）レベル
ニーズの把握や発掘 先駆・開拓 実証実験・デモンストレーション	サービス提供（Service Provide）	主要なサービス提供 補完的なサービス提供 補充的なサービス提供
代弁・擁護 批判 提案・提言	アドボカシー（Advocacy）	制度や政策への批判 対案や代替案 社会制度の改良・改革・変革
当事者やマイノリティ，ステークホルダーの参加回路の形成 ボランティアや市民，ソーシャルアントレプレナーなど多様な関係者の媒介や参加，参画	参加促進（Volunteerism）	当事者やマイノリティの組織化 利用者や利害関係者の代表・代弁 政策形成や策定過程への参加・参画・関与
ボランティアや当事者などの組織化 多様なネットワーキング 社会的信頼の醸成	コミュニティ形成（Community Building）	個人やグループの社会への媒介 組織相互のネットワーキング 社会的連帯，ソーシャルキャピタル形成，福祉コミュニティ形成

システム（福祉国家）や，利用者（クライアントやその家族など），そして地域コミュニティとの間に，さまざまな相互関係を形成する，その全体を，役割や機能という概念で，モデル化していったこと．第3に，福祉 NPO を福祉サービスの供給組織としてとらえるだけでなく，その福祉サービスを提供することを通じた社会への働きかけと，社会からの反作用の全体を，社会的機能としてモデル化したこと，などがあげられよう．

こうした特徴は，NPO をたんなる組織のひとつとしてではなく，ユニークな社会的機能としてとらえようとする理論的態度であり，同時代の社会システム論やその機能分析の方法に影響されたと推測できる．

クレーマーのモデルは，福祉 NPO の機能分析に関して先駆的なものである．クレーマー・モデルの長所を受け継ぎ，弱点をカバーしていけるようなモデル構築をめざすべきであろう．

クレーマー・モデルの特徴は，先述したように，福祉 NPO の活動実態に即してモデル化されていることである．

こうした特徴から導きだされるクレーマー・モデルの「長所」とは何だろうか.
　第1に,福祉NPOの実証的な調査研究に,機能概念を導入したことである.このことによって福祉NPOと社会システムとの動的な関係を分析する中範囲理論モデルとなった.第2に,時間軸を導入した発展モデル,発展段階モデルへと展開可能なことである.第3に,福祉NPOと社会変動との相互作用を視野に入れている点である.
　次に「弱点」についてはどうだろうか.
　第1に,機能要件相互の関連性が十分には考慮されていないことである.第2に,福祉国家への影響力や作用は考慮されているが,外界からの影響や作用は必ずしも明確にモデルの中に取り入れられていないことである.つまり,NPOの外界にたいする機能は分析できるが,外界からのNPOへの影響は必ずしもモデルでカバーできていない.第3に,他の領域のNPOの機能分析へも一般化できるかどうか,理論的な課題が残されている点である.こうした問題点があるため,サラモンはクレーマー・モデルを改変したと考えられる.
　こうした「弱点」を意識しながら「長所」を生かすモデル化が必要になるだろう.
　パーソンズらの構造‐機能主義モデルは,一般理論志向が強く,個別的・具体的な事例に応用しづらいと言われてきた.また具体的な組織や団体の発展段階や歴史的な運動への応用もしにくかった.
　福祉NPOの生成と展開,社会への関わりや社会変動との関連,そして福祉組織の生成と終焉,その蘇りや再生などを理論的な課題とする「福祉NPOの社会学」にとっては,パーソンズの一般理論では不十分なのである.とりわけ日本や東アジアなど,これから少子・高齢化が進み,福祉や医療の分野でのNPOの役割が大きな社会的課題となる時代にあっては,一般理論よりも具体的実証的な調査研究に資する中範囲理論こそが求められるであろう.
　クレーマーの4機能モデルは,理論的に不完全な部分を残している.
　社会システムと福祉NPOとの相互影響関係の把握が十分にモデルの中に取り入れられていないのだ.
　その理由は,第1に「役割」と「機能」とが,十分に理論的に区別されてい

ない点である．クレーマーの研究は，4カ国データからの帰納法をとっているので社会システム論のように構造と機能との関係，機能と役割との関係が必ずしも明確に整理されていない[21]．

第2にクレーマーの4機能論には「機能的要件」(functional requisite) という概念がない．したがって，「福祉NPOにそのような機能がある」と実証データから言いえても，「福祉NPOがそのような機能を果たせない場合どうなるか」については分析しにくい．社会システム論にとって機能分析は，その機能的要件が果たせなくなった場合のシステム変動まで視野に収めている．クレーマー・モデルの機能論にはその部分が不十分である．

第3に福祉NPOの福祉国家への適応・変容過程はクレーマー・モデルの中には十分とらえられていない．これも役割や機能という概念がシステム論のものとは異なっているからだろう[22]．

福祉NPO分析とNPO分析の2つのモデル

クレーマーのモデルを受け継いだサラモンらは，クレーマーのモデルにおける福祉NPOの実態に依存しすぎた部分を改変し，より一般的なモデルに整形した．たとえばクレーマー・モデルの中の「改良」(improver role) や「先駆」(vanguard role) といった，福祉NPOの世界の固有の概念を修正したのである．

結果としてサラモンのモデルは，「サービス提供，アドボカシー，価値の擁護，ソーシャル・キャピタル（あるいはコミュニティ形成）」として定式化された (Salamon 1999)．これらにより，クレーマー・モデルと比較すると，福祉以外の領域にも，幅広く応用できる理論的な構えとなっている．

ただしこのサラモン・モデルにおいても，4つの機能が，なぜ4つなのか，あるいは4つの機能の相互関係や相互作用については，ほとんど説明されていない．また機能論でありながら，NPOがこうした機能を果たしえなくなった場合のことについては論じられていない．NPOの定義についで機能が紹介されるだけで，機能や逆機能，機能的要件や機能不充足の場合の変動については語られていない．サラモンは，おそらくクレーマーからモデルを受け継いだので，機能主義社会学におけるパーソンズのモデル等にたいする社会学的な関心

表 2-12　パーソンズ，サラモン，クレーマーモデルの比較

パーソンズ	サラモン	クレーマー
Adaptation　適応	サービス提供機能	サービス提供役割
Goal attainment　目標達成	アドボカシー機能	改良役割とアドボカシー機能
Integration　統合	ソーシャル・キャピタルあるいはコミュニティ形成機能	先駆役割とサービス開拓者機能
Latent Pattern Maintenance　文化的価値	価値の守護機能	価値の守護役割とボランティアの振興機能

は薄かったものと思われる．したがってサラモン・モデルにおいても，4つの機能の間には相互関連性やダイナミックな相互作用は想定されていない．サラモン・モデルは，クレーマー・モデルを継承して発展させたものだが，先述したような弱点を内包しているうえ，NPO 一般についての理論枠組みであるため，福祉 NPO の分析に関しては，必ずしも応用力があるわけではないのだ．

　クレーマー・モデルとサラモン・モデルとの弱点を補いながら，福祉 NPO 分析に役立つ理論枠組みを形成する必要がある．

　クレーマー・モデルは，福祉 NPO 分析の中範囲理論として活用できるが，NPO 一般には応用しにくい．サラモン・モデルは，NPO セクターの分析には役立つが，個々の NPO や福祉 NPO の実証的な分析には適用しにくい．

　福祉 NPO に関する分析枠組みを，クレーマーとサラモンらのモデルをベースにしながら再構築するにあたって，次のような方針を立てよう．

　第1に，福祉 NPO の活動のミクロおよびメゾ・レベル（クライアントへのサービス提供，および地域コミュニティにおける福祉 NPO の役割など）の分析枠組みとしては，中範囲理論としてのクレーマーのモデルをベースに改良した枠組みを用いる．これはすでにフィールドワークや実証研究での生産性が確かめられているからである．

　第2に，福祉 NPO が形成する NPO セクターなど，非営利セクターレベルの機能分析には，サラモンのモデルを改良したものを用いる．もともとサラモンのモデルは，個々の NPO のミクロレベルでの機能を述べたものではなく，非営利セクターというマクロレベルでの機能を論じたものなので，マクロレベルでの NPO セクターの機能分析にはより適合的だからだ．

モデルの再構築

次に，クレーマーとサラモンのモデルの再構築にあたってのポイントについて述べる．

第1に，クレーマー・モデルでは未分化であった「役割」概念と「機能」概念を分離して，福祉NPOの「役割」と「機能」に関する理論モデルに整形しなおす．

第2に，その「役割」と「機能」を，福祉NPOの分析に応用するため，「対社会システムレベル」，「対クライアントレベル」そして「対組織内在的レベル」の3水準に分類しなおす．

第3に，福祉NPOの社会学に接合させるため，中範囲理論としての枠組みを形成する．具体的には，機能要件を果たしえなくなった場合の，NPOおよびNPOセクターの変化・変動過程を分析できるようにする．

社会学における役割概念の中には役割取得や役割形成のように社会システムの中における能動的で獲得的なプロセスが含まれている．

福祉NPOにこの役割概念を応用すれば，福祉サービスの提供を通じたクライアントやステークホルダーの相互作用関係をダイナミックにとらえることができるであろう．福祉NPOにも「役割」が生得的に備わっているわけではない．福祉NPOは，クライアントやステークホルダーとの相互作用のなかで，実験しながら，役割を獲得していくのである．その「役割」は，企業や政府とは異なる独自の役割へと生成していく．

社会学における機能概念にはシステムの内部におけるサブシステム間の相互作用と相互依存そして機能充足と機能的要件というとらえかたが含まれている．サブシステム間の相互作用による機能充足がなされなくなった場合にはシステムそのものが変動する．福祉NPOにこの機能概念を応用すれば福祉NPOが社会システムに対して機能充足を行う場合だけでなく，機能的要件を果たせなくなった場合の福祉NPOと社会システムの変動をともに分析の視野に収めることができる．

このように定義することのメリットは，福祉NPOの活動を，福祉サービス供給を通じたミクロレベルでの役割と，マクロレベルでの機能とに分節化できることである．福祉NPOは，福祉サービス供給をベースとしてクライアント

個人に関わりながら福祉社会にも関わるのだが,理論的なレベルとしては,ミクロレベルとマクロレベルとを区別することが必要である.

「役割」は,福祉 NPO という組織のサービス供給を通じた個人との相互作用である.「機能」は,福祉 NPO という組織の福祉国家システムのなかで活動することによる,社会システムとの相互作用である.

クレーマーはサービス提供を「役割」に限定してモデル化している.ここでは,サービス提供に関して「役割」と「機能」を分節化しよう.サービスは,クライアントにたいして供給される(役割)が,それは社会システムにたいして相互作用することを意味している(機能)からだ.

サラモン・モデルには改良役割はなくクレーマーに特有のものである.福祉 NPO はサービスを提供しながら,クライアントの要望や意見,苦情や要請に直面する.それを可能な範囲では「改良」してサービス提供に生かしていく役割を取得するというものである.しかしサービス改良にミクロ化する必然性はない.改良よりも一般的な概念として,アドボカシーと対照的な「擁護」あるいは「支援」役割とすることができるだろう.

福祉国家の制度的な枠組みのなかに福祉 NPO をおくとどうだろうか.個々のレベルでの「改良」によっては応えられないレベルの問題に直面したときには,制度や政策に対する「批判」や「提言」そして「対案や提案」へとつながる役割が発揮される.それが制度の改変につながる機能レベルである.

こうして社会システムと相互作用することを通じて,福祉 NPO の「役割」と「機能」としての「アドボカシー」を,「擁護あるいは支援役割」と「アドボカシー機能」とに理論的に分けることができる.

社会福祉学の歴史,社会福祉の歴史を振り返ると,そこには福祉 NPO の役割についての多様な理論がある[23].なかでも福祉 NPO が,既存の社会福祉制度や福祉サービスのメニューにないサービスを先駆的に開拓してきた点は,どの理論からも評価されている点である.近年では,米国の自立生活センター(Center for Independent Living)や,日本では「住民参加型在宅福祉サービス団体」による「家事援助・ホームヘルプサービス」などが例示できよう[24].

先駆役割やサービス開拓者機能は,サラモン・モデルでは異なる.より一般的にソーシャル・キャピタルあるいはコミュニティ形成と言い換えられている.

表 2-13 「福祉 NPO の役割と機能」モデル

役　割	機　能
サービス提供役割	サービス提供機能
マイノリティ支援役割	アドボカシー機能
ネットワーキング役割	ソーシャル・キャピタル，コミュニティ形成機能
当事者組織としての役割	社会参加機能

　サラモンにならって，ここではより一般化して「ソーシャル・キャピタル」と「コミュニティ形成機能」とに整理しておきたい．

　クレーマーのモデルは，障害者団体や福祉 NPO の分析から帰納的に導かれてきた．障害者の NPO は，その存在根拠や存在の価値を守るだけでなく，新たに形成しつづけている．当事者団体やピアカウンセリング組織，家族会などが果たしているのは，マイノリティの代弁役割だけではない．むしろ社会にたいして新しい価値の形成を行っているのである．

　クライアントにたいするこうした役割や効果にくらべて，社会システムにたいする効果や機能はどうだろうか．

　当事者団体やピアカウンセリング組織，家族会などは，クレーマーによって「当事者参加の媒介機能」として概念化された[25]．これはマイノリティの側からみれば，福祉 NPO を介して社会システムへと参加していく過程，社会参加機能である．

　ここでは「当事者役割」と「社会参加機能」として概念化しておきたい．

　最後にこうした福祉 NPO の機能分析の枠組みの応用と展開についてふれておこう．

　クレーマーとサラモンの機能分析モデルを改訂した「福祉 NPO の役割と機能分析モデル」は，次のように実証研究に応用展開することができる．

　第 1 に，さまざまな NPO や福祉 NPO の役割と機能の分類に応用できる．さまざまな NPO や福祉 NPO を，その果たしている役割や機能に着目することを通じて，分類しモデル構築を行うことができる．たとえば単機能型や多機能型，総合発展型などといった機能や役割の種類やその特性に応じた分類が可能となる．役割に注目すると，クライアントのニーズの点から NPO の役割を

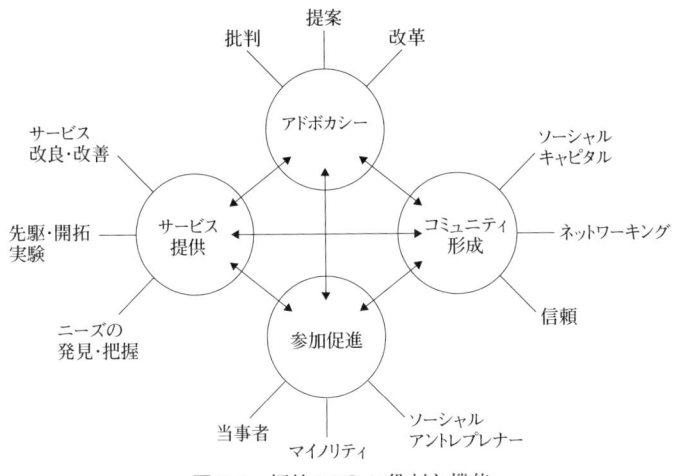

図 2-5 福祉 NPO の役割と機能

再分類したり，モデル化したりすることが可能となる．

　第2に，NPO や福祉 NPO の「生成・展開モデル」形成に応用できる．NPO や福祉 NPO の組織としての生成・展開や構造変化の過程を組織のライフコースとして分析する視点を導入することになる．それは生成段階，発展段階，役割や機能の多様化段階や単機能への特化過程，組織の官僚制化，事業の再編成や再構成にともなう役割や機能のリストラクチュアリングなど，さまざまなフェイズからの段階の分類とその段階相互の関連性の分析へと導かれる理論的な生産性がうまれる．NPO 組織のライフコースを分析する場合に，どの役割や機能に重点があるかによって，組織の発展段階を分類し，その段階の比較や分析から，NPO や福祉 NPO 組織の発展段階モデルを導き出すこともできる．ただし，この「発展段階」は「単線的」なそれを意味するものではない．NPO 組織には多様なライフコースがありうる．小さな単機能組織としての NPO が，単機能のまま拡大発展するモデルもありうるし，さまざまなサービスや事業展開を通じて，アドボカシーなどさまざまな機能を総合的にそなえていくモデルもありうる．NPO のライフコースを，役割と機能に着目しながら分類することを通じて，NPO におけるさまざまな発展と展開のモデルを構築することができるのである．

第3に，NPOや福祉NPOの「機能分析」に応用できる．

役割や機能は，社会システムとの相互作用において明確化できる．福祉NPOの役割は，クライアントとの関係においてあらわれてくる．同様に，福祉NPOの機能は，福祉国家や福祉社会という社会システムとの相互作用における機能である．社会システムとの相互作用の点から福祉NPOの組織分類が可能となる．それは福祉NPOの役割や機能を福祉国家という社会システムの機能要件からの分析の道をひらくことになる．NPOや福祉NPOの機能分析は，NPOや福祉NPOだけでなく，NPOや福祉NPOと相互作用する社会システムそのものの機能分析へも展開可能となるだろう．福祉NPOの機能分析は福祉国家の機能分析にも貢献しうるのである．

第4に，NPOや福祉NPOと社会システムとの相互作用を通じた「社会変動」分析に応用できる．

サラモンやアンハイヤ，米国のさまざまな研究機関が着手しはじめている「NPOの影響力分析」(Impact Analysis)や「NPOの評価測定」などは，「NPOによる社会変動分析」の一種であると言える．NPOは，社会システムに不足しているサービスを補充したり補完したりするだけではない．「社会システムの存続にとって必要な要件」であるだけでなく，社会システム理論によれば，「社会システムの変動をもたらす」要件にも転化する．役割や機能の分析は，その要件の充足や不充足を通じて，システムの問題を明らかにしたり，システムへの影響を測定する道をひらく．NPO分析を通じて，そのNPOを含む社会システムの問題や課題，システムの変化・変動を分析する道筋へと応用することができるのである．

1) 日本では，NPOへの注目は，まずフィランソロピー関係者から始まった．ついで市民運動団体からも米国のNPOシステムへの注目があった．そしてNPO概念の研究は，主として公共経済学や政治学・行政学から行われて，社会福祉学からのNPOへの注目はやや遅れた．住民参加型在宅福祉団体をNPOとして考えようとする論考が現れるのは，ようやく1995年ころからである．
2) 福祉研究分野では，伝統的にイギリスや北欧の社会福祉研究が主流である．NPOへの注目と研究が遅れた理由のひとつはここにあるのではないか．
3) ただしこれを「住民参加型・市民互助型在宅福祉活動団体」と呼ぶことにする．

この整理は，過渡的なものであり不十分なものである．しかしながら現状では，全国的なデータは「住民参加型在宅福祉団体」として調査されている全国社会福祉協議会のものしかないこと，住民参加型在宅福祉や住民参加型・市民互助型在宅福祉活動という概念のほうが，論文その他で一般的に用いられているので，当面，この概念を整理しながら本文でも利用することにした．
4）石田雄（1983a；1984），安立清史（1999）など．
5）ただし，同じ戦後処理においてもドイツではまったく異なる対応がとられ，基本的に民間の非営利団体が社会福祉サービスを提供してきた．
6）詳しくは石田雄（1983a；1984），安立清史（1999）などを参照．このように社会福祉組織における日本固有の歪みが，福祉 NPO という概念の導入でよりはっきりと見えてくる．日本においては「福祉 NPO」という概念に意味がある所以である．
7）宮垣（2003）等を参照．
8）この点は，今日の NPO・NPO セクター研究にも通底している．
9）社会運動から「意味世界」を除き，実証できるデータだけで分析しようとすれば，それは組織論研究となり中小企業の行動と類似して見えてしまうのは仕方ないことであった．
10）安立（2001；2003a）は，特定非営利活動促進法や介護保険制度が与えたボランティア団体への影響や，介護保険制度の与えた NPO への肯定的な影響を論じているが，現時点で見れば，やや楽観的な影響論であったかもしれない．
11）クレーマーの理論的言語のなかでは Voluntary Agencies であるが，のちの分析のなかではこれは NPO に変化していく．Kramer et al.（1994）参照．
12）Kramer（1981）では米国，イギリス，オランダ，イスラエルの 4 カ国が国際比較調査された．Kramer et al.（1994）では米国，イギリス，イタリア，スウェーデンになっている．
13）Salamon, Anheier and Sokolowski, eds.（1999），Salamon and Sokolowski, eds.（2003），Salamon et al.（2004）を参照．
14）サラモンらは，クレーマーの理論をもとにしていると考えられる．ただし用語法が何度か変化している．さらにサラモンの共同研究者であるアンハイヤによって「連携機能」（Anheier 2005）と言い換えられている．
15）「企業や政府が提供しているサービスと同じものを提供しているときですら，非営利組織は『プラスアルファ』の何かを付け加えてサービスを提供する傾向がある」（Anheier 2005）．
16）「自由主義（Liberal）体制」は，米国やイギリスがその典型で，政府の社会福祉支出は低いが，非営利セクターの経済規模は大きいタイプである．伝統的な土地支配層にたいして中産階級のほうが優位に立ち，労働者階級の運動も強い場合におこりやすいとされる．

「社会民主主義体制」は，スウェーデンなどを典型とするものである．社会福祉に関しては，財源もサービスも国家が提供するので，非営利セクターの規模は小さく限定されている．このタイプは労働者階級を中心とした政治勢力によって国家運営がなされてきた場合におこりやすく，非営利セクターは福祉サービス提供とは異なる機能を果たすことになる．それはアドボカシーや自己表出機能であり，スウェーデンでは数多くのアドボカシー，リクリエーション，趣味の団体などが活動している．
　「コーポラティズム体制」は，フランスやドイツを典型とするもので，社会的エリートが社会問題に直面したとき非営利セクターを活用して問題対応にあたった場合に形成されるタイプである．たとえば，19世紀後半のドイツでは，過激な下からの要求に直面し，国家が財源を提供する社会福祉体制を形成した結果，それが非営利セクターの規模の大きさを生み出した．
　「国家主義体制」において，福祉国家は社会民主主義のように労働者によって形成されたものではなく，政治権力のメカニズムによって動いたり，企業や経済的エリートによって動かされる．そしてその体制が文化や宗教的な伝統などによって支えられている．このタイプは，日本および他の発展途上国などに見られるタイプだとされ，政府による社会福祉支出が小さいにもかかわらず，それが非営利セクターの規模の大きさにつながらないところが特徴だとされる（Anheier 2005）．

17) このような論旨は，エスピン－アンデルセンの「福祉国家モデル」に触発されたことは間違いないだろう．エスピン－アンデルセンの「福祉国家になぜ多様なタイプがあるのか，それらはなぜそのように発展したのか」という問題設定を，そのまま「非営利セクターにはなぜ多様なタイプがあるのか，それらはなぜそのように発展したのか」と置き換えて，その発展要因を仮説したものであろう．

18) 「1930年代には，われわれはみな，善行をするボランティアが大嫌いだった．われわれが夢見ていたのは，社会主義的な福祉国家になって，彼らがみなプロフェッショナルな訓練を受けた行政官に置き換わることだった．フィランソロピー（慈善）はわれわれにとって独裁政治や教会ブルジョワ的な態度のひとつとして，嫌悪すべきものだった．……われわれにとって許容しうるボランティアは，ただひとつ，古い独裁政治と戦うボランティアだけだった」（Kramer 1981：207）．

19) 市議会（city council），理事会（board of supervisor），州議会（state legislature），連邦議会（congress）．

20) 田中・浅川・安立（2003）その他を参照．本書では第3，4章でこの問題を考察する．

21) クレーマーの研究は，4カ国データからの帰納法により，結果的にいくつかの役割（機能）が発見されたという記述と考察からなっている．そのため4つの役割（機能）の相互関係が，社会システム論のようになっていない．

22) とりわけ第1と第2の欠点があるため，クレーマー・モデルは，福祉NPOを「実

態的に」とらえるモデルとしては分かりやすいのだが，それを「NPOの社会学」へと理論的に媒介していこうとすると問題が生じる．とりわけ「先駆的役割」や「サービス・パイオニア機能」などは，「実体としての福祉NPO」を念頭におくと分かりやすいモデルである．しかし「何をもって先駆・パイオニアとするか」という別の理論的な問題が生じる．

23) Johnson（1999），武川（2001）など．とりわけ英国の社会福祉の歴史をさかのぼると，民間の社会福祉団体と福祉国家との相互作用，とりわけ公私分担論，公民共働論など，様々なモデルがある．

24) この事例は第3章で詳しく検討する．

25) "volunteerism" は，ボランティアになること，というよりは「ボランティアとして参加していくこと」を意味する．

第3章

日本における福祉NPOの生成と展開
地域福祉・介護保険とNPO

　本章では，福祉NPOの機能分析の枠組みを用いて，日本の福祉NPOの現状分析を行う．

　本章では3つの視点から，生成・展開しつつある福祉NPOを分析していく．

　第1に，歴史的な展開過程をたどりながら，福祉NPOが日本の福祉のなかに生まれつつあることの内在的な論理を分析し，日本の社会福祉にとって福祉NPOが必要とされていることを考察する．

　第2に，日本の人口構造の急激な少子高齢化が，地域社会の人びとの意識や行動様式を転換し，地域福祉への住民参加，市民参加を生み出し，それが住民参加型在宅福祉サービス団体や介護保険制度のもとでの介護NPOに転換していった過程，つまり福祉への市民参加・住民参加の過程の分析を行う．

　第3に，介護保険制度のもとで，さまざまな福祉NPOが現れ，サービス展開，事業展開をはかるなかで起こってきた先進事例，問題事例などを検討し，日本の社会福祉に福祉NPOが根付いていくかどうかを検討する．福祉NPOの問題と課題の検討である．

　本書の理論的な枠組みからみると，日本の福祉NPOは生成途上であり，介護保険制度のもとでのホームヘルプサービスや介護サービスの提供に偏ってきた．介護保険制度は発足後，制度改定や見直しが続けられている．介護保険制度のもとでのサービス提供役割や機能に特化していくと，福祉NPOはサービスプロバイダーの一種として，営利企業や医療法人，農協，生協，社会福祉法人などと何ら変わりのないことになってしまう．福祉NPOに関する機能分析を応用しながら，サービス提供以外の役割や機能を果たすことが必要になっていることを論じる．介護保険制度へのアドボカシー役割を果たすことが必要に

なっているのである．

1 地域福祉における NPO の展開

「社会福祉」という切り口をとおして日本社会の問題や課題を社会学的に分析してみよう．かつては貧困や疾病や戦禍に起因する福祉ニーズへの対応が社会福祉の主たる課題であったが，現在では，人口構造の変化（少子高齢社会），家族構造変動（小家族化，核家族化），地域社会関係の変化（サポートネットワークの衰微）等に起因する新たな福祉ニーズへの対応が急務となっている．こうした福祉ニーズの変化に社会はどう応えてきたか．福祉国家の危機が喧伝されるなか，これからの福祉社会の行方はどうなるのか．社会福祉に関連する社会科学がみなこうした課題に取り組んでいる．社会福祉と福祉社会の行方は，社会学にとっても大きな研究と課題である．日本社会が社会福祉をどう受け止め，どう変容させ，そして現在どんな課題に直面しているか．「社会福祉」は，どのようにして日本社会に入ってきたのか．社会福祉という概念は，日本社会にどのように根付いてきたのであろうか．今後，社会福祉が，より日本社会の変化に対応していくための条件とは何であろうか．それらに答えることは社会福祉の社会学の課題である．

社会福祉の導入

石田雄らの研究によれば，戦前の日本に「社会福祉」という概念はなかった（石田 1983a；1983b；1984）．それは第2次大戦後の米国による占領期に，GHQ が日本政府に指令して導入させたものであった．米国は，日本になぜファシズムが勃興したのかを社会科学者を動員して分析した．そして原因の1つが日本社会に貧困や社会問題へ有効に対処する社会保障や社会福祉が欠如していたことであり，日本に社会福祉を導入することは，日本社会の平和と民主化に貢献し，再びファシズムが勃興しないための重要な条件であると考えたのである．こうして米国の大学のソーシャルワーク教育の枠組みが日本に導入された．教科書やシラバスまで米国から持参したというから驚くべき先見性を持っていたわけである．政治や社会システムが，社会変動や社会問題に適切に対応

できなくなると，強引に社会を変えようとする暴力的な動きが起こることは世界的に見られる現象である．今日の視点からみても米国の分析は正しかったと言えるだろう．社会福祉は，日本社会の民主化にとって欠くべからざるものと考えられていた．

社会事業から社会福祉へ

それまで日本政府が社会事業や社会政策として実施してきたものは，明治期にあっては国家や天皇制を民衆に知らしめるための慈恵的・恩恵的な慈善事業であった．大正期においては治安対策としての社会事業，つまり国家が近代資本主義国家となるにともなって生じてくる貧困や労働争議などの社会問題への対応を主眼とした社会政策であった．昭和に入ると戦時動員体制の一環として厚生省が国民の健康の問題へと介入し，良質な兵力と戦時労働力の育成を主眼とした父権主義的な政策を行った．それらを時系列的に示せば以下のようになる．

(1) 明治天皇制のもとでの感化・救済・慈善事業
(2) 大正期の治安維持対策としての社会事業
(3) 昭和初期の戦争へむけての動員体制・戦時労働力政策としての厚生事業
(4) GHQ の指令による社会福祉の導入

GHQ は，国家と民間団体とが渾然一体となった大政翼賛体制のような全体主義を復活させないため，社会福祉の三原則（無差別主義，国家責任による生活保障，公私分離の原則）を示し日本政府にその履行を迫った．GHQ の社会福祉施策は，ニューディールの流れをくむ社会科学的な革新性をもっていた．この先進的な政策が，もしそのまま実現されていたら日本社会はいちはやく福祉国家になっていたかもしれない．しかし GHQ の指令は，日本政府の抵抗にあった．それは思想的な抵抗であるとともに財源不足，理解不足，人材不足などの複合したものであった．米国の政策は，次第に換骨奪胎され「日本化」していったのである．

社会福祉の日本化過程

 日本政府は，国民の社会福祉の権利性，とくに請求権を認めることに抵抗した．政府にとって社会福祉の拡大は，福祉へ依存する「無為なる惰民」を生産するものと見えたのである．国民生活の向上よりも国家の発展を優先し，国民生活の保障については父権主義的国家が子どもの面倒をみるかのように教化的な姿勢で社会政策を行ってきた日本政府にとって，国民主権にもとづく社会福祉という概念はなかなか理解できなかった．国民の生活権の保障のための社会福祉の発展という方向ではなく，父権主義的国家のもとで日本の福祉政策は発展してきたと言えるだろう．これが社会福祉の日本化の基本的なメカニズムである．

 福祉国家を建設していった先進諸国のほとんどが，労働党や社民党の政権下に労働者の生活保障や社会保障の充実を主眼として福祉国家の建設を進めたのにたいして，日本ではGHQの外圧のもとに半ば強制されて社会福祉関連の諸立法がすすめられた．社会保障・社会福祉諸施策が，保守的で父権主義的な国家によって主導されてきたという点は，他の福祉国家には見られない特徴である．ブース（Charles Booth）やロウントリー（Benjamin S. Rowntree）らの社会学者によるロンドンの貧困家庭の調査から始まる伝統をもち，労働党政権のもとで福祉国家づくりが進められたイギリスはもちろん，北欧のスウェーデンのように社民党政権のもとで労働者と資本家との政策的妥協を行いながら発展してきたモデルとも，また米国のように市場原理のもとで展開してきたモデルとも大きく異なるのである．

 医療・福祉・年金政策等が長期的な展望のもとに国家主導で立案され実施される日本的な姿は，ゴールド・プランや公的介護保険の導入などでひとつのピークを迎えた．この2つの重要な社会福祉政策の策定過程に，国民や全国の地方自治体はほとんど関与していない．しかし日本の社会保障・医療・福祉政策においては，父権主義的な国家観と倫理観とに支えられた厚生官僚の主導する長期的な視野と総合性が，これまでは成功を収めてきたと評価されてよい．

 この結果，社会保障・社会福祉領域での国への依存体質が，国民だけでなく地方自治体にも濃密に形成されてしまったことは大きな問題であった．社会保障・社会福祉が，国家や経済の大きな波動に左右されやすくなったのである．

国主導で進められた高齢化社会対策や医療・福祉政策は，いつまた国主導で方向転換されたり縮小されたりしないとも限らない．1970年代後半の経済不況と行革の時代に保守政党や財界主導でさかんに論じられた自助努力と家族の役割を強調する「日本型福祉社会論」は，一時大きな関心を集めた．日本型福祉社会論にたいしては，日本の家族構造や地域社会構造が急激に変化している現実を踏まえず，伝統的な家族イメージにもとづいて「日本的なるもの」が論じられたとして，研究者から多くの批判と反論が寄せられた．現在では，社会保障や社会福祉領域で日本型福祉社会論を肯定的に評価する研究者はほとんどいない．しかし，経済不況の時代には，いつまた同様に短絡的な反福祉国家の論調が流行しないとも限らないのである．

社会福祉組織の日本化

　日本の社会福祉はGHQがその基礎を築いた．では，その社会福祉を実施する体制はどうなっているであろうか．ここにも興味深い日本化の過程が現れる．
　GHQは社会福祉の実施方法として，国家責任の明確化と全国的単一政府機関の樹立を求めた．しかしそれは財源的にも人材的にも困難であった．米国で1910年代から共同募金運動の発展とともに社会福祉協議会（Social Welfare Council）が発展していたのをモデルとして日本でも民間の社会事業団体の再編成が行われ，それが日本の社会福祉協議会（社協）となった．米国の社会福祉協議会は，共同募金を基盤として，コミュニティの人びとが創設し運営している福祉機関や施設の連合組織である．草の根の地域福祉施設や機関のネットワークの場が社会福祉協議会なのである．しかし日本の場合には違った．米国ではコミュニティから自発的に形成される福祉活動が社会福祉協議会という組織の実体をなすのにたいし，日本の場合には地域社会のなかに上からの指令で地方組織が再編成された．たとえば全社協の前身である中央社会福祉協議会は軍人援護会や同胞援護会，日本社会事業協会などが統合され発足したものであった．地方の市町村社会福祉協議会も行政主導で急速に組織化されていったが，公私の境界は不分明であった．「郡市社協となると会長の半分は市長や地方事務所長の顔が見いだされる．さらに町村となると会長は大部分が町村長であり，その他は町村議会議長である．かくして町村社協は事実上いわゆる御用団体化

している実態である」と石田雄は批判した（石田 1984）．日本の社会福祉協議会の問題や限界は，地域で福祉活動を行っている施設や機関の「ネットワーク組織」ではなく，民生委員や地域組織の代表などの地域名望家層による「人の組織」であった点に起因しているとされる．代表が集まって協議するだけで，実質的な福祉サービスの供給へとなかなかつながらなかったのである．こうしてコミュニティに社会福祉の実体がないまま，上から社会福祉協議会という官製の福祉組織が形成されたのが当時の状況であった．

　社会福祉法人にも同様な日本化の過程が見られる．前述した「公私分離の原則」により，政府は私設の社会事業団体に補助金を交付してはならないとされた．憲法89条では「公金その他の公の財産は，（中略）公の支配に属しない慈善，教育若しくは博愛の事業に対し，これを支出し，又はその利用に供してはならない」と規定している．よって社会福祉法人は，民間団体であるが「公の支配」のもとにあって，行政の指導に忠実に従いながら措置委託費によって社会福祉事業を行うという複雑な立場におかれることになった．独自財源をほとんど持たず，サービス内容についても自主性を発揮する余地が少ないので，行政が直接に福祉サービスを提供する場合とほとんど変わらず，民間団体としての独自性や特色を発揮している法人は多くない．急激な高齢化や家族構造の大幅な変化にともなって生じる新しい福祉ニーズに，迅速かつフレキシブルに応えることができる地域での民間福祉施設や機関が求められているにもかかわらず，社会福祉法人がそれに応えているとは言えない部分があった．社会福祉法人に関しては，社会福祉基礎構造改革の論議のなかで，新しいあり方が模索されている．

ボランティアの日本化

　福祉ボランティアは，日本ではどのように展開されてきたであろうか．ここにも興味深い日本化の過程が見られる．

　無償で社会事業や社会福祉に携わる人のことを福祉ボランティアというとすれば，日本では大正時代の済世顧問や方面委員にその起源を見ることができる．済世顧問や方面委員は敗戦後に民生委員へと名称変更されたが基本的に地方の名望家への「行政委嘱ボランティア」であり，福祉活動の日本化過程に貢献だ

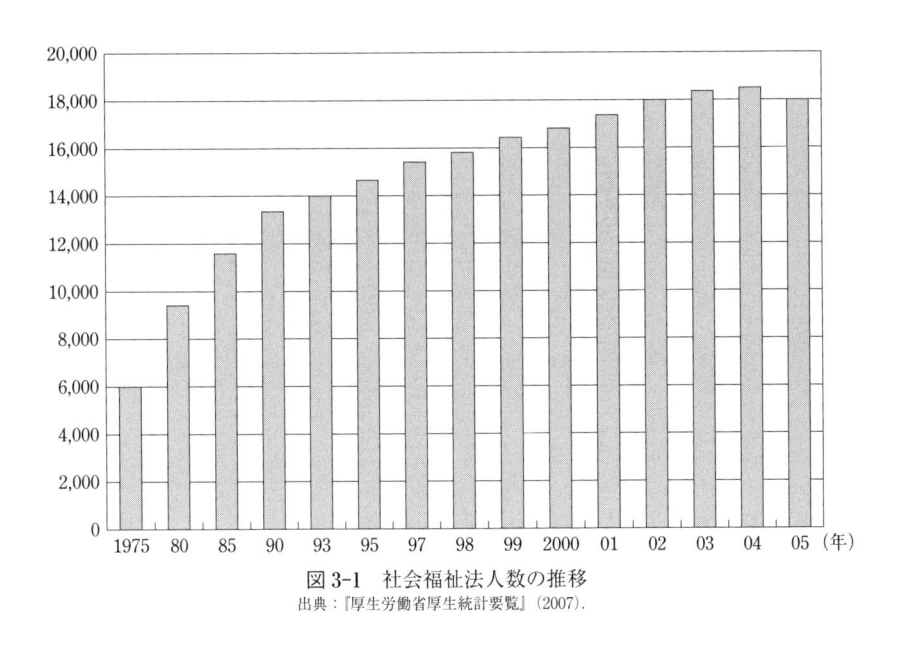

図3-1　社会福祉法人数の推移
出典：『厚生労働省厚生統計要覧』(2007).

けでなく問題も投げかけた．済世顧問や方面委員は，大正期の米騒動を契機として生まれたものである．「米騒動なる騒擾が各地に蔓延し，社会階級の軋轢の端緒が現れた」，そこで「貧富の差，職業上の地位等に依る社会階級の調和」をはかり，増大する都市貧困層に対処すべく地域名望家層を動員してそれぞれの地域で対応させようとしたのが方面委員の始まりであった．これは江戸時代以来の五人組の伝統を都市化社会の中で再編成しながら導入した日本独自のもので，家族主義と隣保扶助の観念のもとに地域住民を教化していく色彩を強くもっていた．1946年，生活保護法の制定に際し，政府は方面委員を市町村長の補助機関としようとしたが，方面委員は名誉職とされ人件費が不要なため急速に各地に普及した．方面委員が名称変更されただけでその実質を引き継いだ民生委員が公的扶助事務に関わることにGHQは批判的であった．しかし有資格の専任職員が当時の日本に十分いるはずもなく，結局，民生委員は生活保護事務の補助機関（のちに批判を受けたので協力機関）になった．あるGHQ高官は，「民生委員が，公的扶助を行う場合，それを自分等の個人的な感情問題と考えたり，あたかも個人的な贈り物のごとく扱ったりしている．『私

は彼らが気の毒になったので彼らに援助を与えた』という言葉が当たり前のこととなっている．これは温情主義であり，封建思想に貫かれたものである」と批判したという（石田 1983a）．石田雄は「公私両領域の連続体制で地域を動員する民生委員や地域社会福祉協議会のやり方は，同時に地方ボスの牛耳るところとなり，共同体的規制の働く場となる」と述べている（石田 1984）．しかし戦後の社会福祉の生成期にはこうした地域名望家層の無償行為を活用しなければ，社会福祉は成り立たなかったのである．

　その後の社会福祉の展開に，福祉ボランティアが深く関わることはなかった．状況が大きく変わるのは 1980 年代になってからである．

　1980 年代後半に入ると全国で行政による福祉，とりわけひとり暮らし高齢者や寝たきり高齢者を抱える家族等への在宅福祉が不十分であるとして市民が小さな互助団体を形成し，ホームヘルパーを謝礼金程度で派遣する「住民参加型在宅福祉サービス活動」が生まれた．これは会員制を基本とする有償・有料型の住民互助型の運動である．1980 年代末にはまだ全国で 120 程度の団体数でしかなかったが，1990 年代に急激に増大する．これは福祉政策や計画策定過程への市民参加ではないが，社会へ市民の在宅福祉の需要を知らせ，自分たちで解決していきながら社会へと訴えかける作用を起こしたものだ．行政も従来型の措置型福祉では不十分なことを認識し，社会福祉協議会にホームヘルプサービスの事業委託を行ったり，大都市部を中心に第 3 セクター方式の「福祉公社」を設立してこうした草の根市民の在宅福祉への期待や要望と参加意欲に応えようとした．

　筆者が全国社会福祉協議会（全社協）と共同で行った調査によれば，こうした在宅福祉活動に参加した人びとの 9 割以上が主婦で，年齢的には 40 代後半から 60 代が中心であった（安立 1993）．一番大きな参加動機は「社会福祉に関心があったから」であったが，これは，子育てが一段落したあと，時間的ゆとりができた主婦層が，周囲や自分の家族を見わたしたとき，将来の深刻な問題として老後の介護不安を感じ，高齢化社会の問題を自分たち自身の老後の問題としてとらえたということであろう．少子化・核家族化が進むなかでの高齢化は，同居や家族による助け合いに支えられてきた日本型の老後保障や介護を困難にする．高齢化しつつある専業主婦層にとってそれは深刻で不安をかき立

てるわが身の問題であった．自分たちの家族の将来の問題と社会福祉とが重なり合ったのである．こうして目覚めた主婦層が全国的にボランティア活動を展開しはじめたのが，住民参加型・市民互助型活動と呼ばれるものである．これは日本社会の福祉の行方を考えるうえできわめて示唆的である．

　会員制・有償制をとるこうした活動を純粋なボランティア活動とは峻別する考え方もある．しかし調査から浮かび上がった担い手の意識はかなりボランティアに近いものであった．住民参加型・市民互助型活動は，福祉ボランティアの日本的な形態のひとつと考えることもできるだろう．

　こうした住民参加型・市民互助型の活動は，その後どのように福祉NPOに展開していったのだろうか．

　社会福祉の領域では，全国に約3,400の法人化された社会福祉協議会があり，約1万5,600の社会福祉法人と約3万もの民間社会福祉施設が存在する．社会福祉領域では，社会福祉協議会と社会福祉法人という公益法人があり，日本の社会福祉・地域福祉の主要な部分を担っている．見方によっては，すでに福祉NPOは日本の社会福祉を中心となって支えているともいえる．また社団法人や財団法人として社会福祉活動をしている団体も数多い．日本の福祉サービスの多くが，すでにNPOによって供給されているという見方も可能なのである．そのほかに，本章で論じる住民参加型・市民互助型の在宅福祉団体や市民団体，ボランティア団体なども数多く存在する．

　社会福祉におけるNPOをテーマとするとき，既存の社会福祉法人等も含めて広義のNPOとして論じると，すでに福祉NPOはたくさんあるということになり問題の所在が曖昧になる．それでは社会福祉法人や社会福祉協議会をNPOと言い換えたにすぎず，何も論じたことにならないであろう．本章では，社会福祉法人や社会福祉協議会などの公益法人がすでに多数あって社会福祉の主要部分を担っているにもかかわらず，なぜ，現在，社会福祉分野でもNPOが現われ，どのように福祉改革に関連するのかという点に着目して論を進めたい．したがって本節では，福祉NPOを狭義に定義して用いよう．それは，市民活動や市民運動から生まれたボランティア団体や住民参加型・市民互助型在宅福祉活動団体で，社会福祉・地域福祉・在宅福祉等でNPO法人格（特定非営利活動促進法による法人格）を取得して活動する団体である．すなわち本章

では，公益法人（社会福祉協議会，社会福祉法人等），福祉 NPO，ボランティア団体（法人格を持たない任意団体）を区別して論じていく．

福祉 NPO を論じるということは，以下のようなテーマを考察していくことにほかならない．すなわち，NPO とボランティア団体や任意団体との違いは何か，既存の行政サービスや公益法人にできないことが NPO にできるのか，既存の福祉団体や行政と連携することによって，これまでにない相乗的な効果や役割が期待できるのか，つまり福祉全体の活性化や新しい展開をもたらしうるのか．

こうした角度から社会福祉における NPO の役割をみていきたいと思う．

2　住民参加型・市民互助型在宅福祉活動団体

本章では，地域福祉における NPO の必要性，そしてボランティア活動や団体から NPO へとつながる実践的・理論的必要性と必然性を考察してみよう．

住民参加型・市民互助型在宅福祉活動団体とは，地域のひとり暮らし高齢者などの家事援助や介護サービスを，会員に有償・有料で提供しようとする活動で，市民のボランティア団体等から次第に発展してきたものである．こうした団体は，全国社会福祉協議会によれば，1980 年代前半には数十団体にすぎなかったが，1980 年代後半から急速に全国的に展開・拡大しはじめ，2005 年には 2,200 団体を超えるまでになっている（全国社会福祉協議会 2006）．その運営形態は，市民互助型，社会福祉協議会運営型，福祉公社型，生協・農協型，ワーカーズコレクティブ型，福祉施設運営型，ファミリーサービスクラブ，など多様な形態がある[1]．

こうした団体は，その多くが中高年の主婦等によるボランティア活動から始まった．彼ら・彼女らの多くはひとり暮らし高齢者への援助の必要性や介護問題の深刻さへの関心と理解は深いが，活動のコーディネートや団体の組織化と運営，活動資金や社会的資源の獲得，行政との連携，といった団体運営の分野は未経験であった．1992 年に全社協地域福祉部とわれわれが行った「住民参加型在宅福祉活動の担い手の意識」調査によれば，こうした団体への参加者は，40-60 歳台の子育てがおわったあとから老親の介護が始まるまでの期間の主婦

層が大多数であり，社会福祉に関心があり，福祉や介護の問題を地域社会でともに学びながら担っていこうとする社会参加意欲があった（安立 1993）．その後，行政や社協側からも「参加型福祉」の一環としてこうした活動が促進・組織化され，社協運営型や福祉公社などが現れた．また民間においても，長寿社会文化協会（WAC）やさわやか福祉財団など，こうした団体をネットワーキングしようとする団体が現れて活動している．

　1992年の担い手意識調査によれば，活動上の問題点として，教育・研修システム，社会的評価や他の保健・医療・福祉機関との連携の問題などがあげられていた．また運営に関しても，ボランティアのコーディネートや団体のマネジメントの困難さ，運営財源の問題等がどの団体でも共通する課題としてあげられていた．しかし社協運営型や福祉公社など一部ををのぞいて一般的には行政との協働は困難であった．だがNPO法により，任意団体であった住民参加型・市民互助型在宅福祉活動団体も法人格を持つことが可能となり，行政からの事業委託などの協働可能性が現れた．公的介護保険が導入され，市民の福祉ニーズをつかみ，ケアコーディネートをしてゆく主体にもなれるようになった．NPO法と公的介護保険とが，地域福祉の分野で，ボランティア団体や任意団体としての住民参加型・市民互助型在宅福祉活動団体に活動の制度的・財政的な基盤を提供できるようになった．反面，ボランティア活動から始まった団体には，介護保険に参入すると，公的介護保険の枠組みに規制されて自主性や自発性が制限されるのではないか，との危惧も強かった[2]．ボランティア活動性とNPOとしての事業性とのバランスの取り方は難しい課題である．

住民参加型・市民互助型団体の提起した問題

　施設や病院での従来型の福祉ボランティアではなく，ひとり暮らし高齢者などの居宅へ出向いて家事援助や介護的なサービスを行うという住民参加型・市民互助型在宅福祉活動は，住民団体が法人格を取得することが困難であった時代に任意団体としてはじまり，理論的にも実践的にも多くの問題を提起してきた．ことに団体の運営とボランティア性との矛盾，在宅福祉サービス事業と福祉ボランティアとの矛盾が重要な論点であった．

　住民参加型・市民互助型在宅福祉活動団体が現れはじめた1980年代後半に

は，まだNPOという制度もシステムも知られていなかった．あるのは，法人格なき社団・任意団体としてのボランティア団体と，社会福祉協議会や社会福祉法人などの公益法人だけであった．その中間のNPOという存在は知られていなかったのである．住民参加型・市民互助型在宅福祉活動は，ボランティア活動段階をへて展開していくうちに，ボランティア活動としての限界に直面し，在宅福祉活動「事業」へと展開していくことになった．しかしそこで多くの論議が巻きおこった．ことに問題視されたのは，多くの団体が有償・有料の会員制をとり，在宅福祉サービスに金銭の授受が介在する，ということについてであった．営利目的ではないにせよ，金銭の介在する活動がボランティア活動と言えるかどうかについては「ボランティア」についての原理的な問題と関わるため大きな議論をよんだ[3]．また有償でない場合でも，時間貯蓄や点数預託制度をとる場合が多く，こうした見返りのある活動は，本来のボランティア活動ではない，とする否定的議論も強かった．これは日本人のボランティア概念のなかに，「ボランティア（無償行為）」と「営利行為」という2区分しかなかったことに由来する混乱であった．無償行為と営利活動のあいだに「非営利活動」という第3の概念を導入すれば，こうした不毛な対立は解消されるはずなのだ．そのなかで，「自発」性がコアで「無償」という含意は歴史的派生的に現れたものであるとする議論（早瀬1997）や，市場価格よりも低廉な部分はボランティア的活動とみなすべきだとする論議も現れた．たしかに住民参加型・市民互助型在宅福祉活動団体には，古典的なボランティア概念をはみ出す部分があった．それは，ひとり暮らし高齢者の在宅での生活を持続的・継続的にサポートしなければならないという使命や目的と関連している．

　ボランティア活動の本質的部分が個人の自発性と結びついた社会的行為にあるとすれば，内側の意識が命じない行為はボランティアとはいえない．ところが意識は変わりゆくものでもあり，ボランティア的な意識だけでは，ひとり暮らし高齢者などの生活を持続的・継続的にサポートすることはできない．福祉公社など住民参加型により市民の在宅福祉ニーズに応えようとした行政関与型の団体が頭を悩ませた問題がここにある．一方で自発的参加を掲げ，他方では利用会員の生活サポートを継続的に行うには，ボランタリーな個人を組織化し事業を運営するという2つの異なったメカニズムを果たさねばならないからだ．

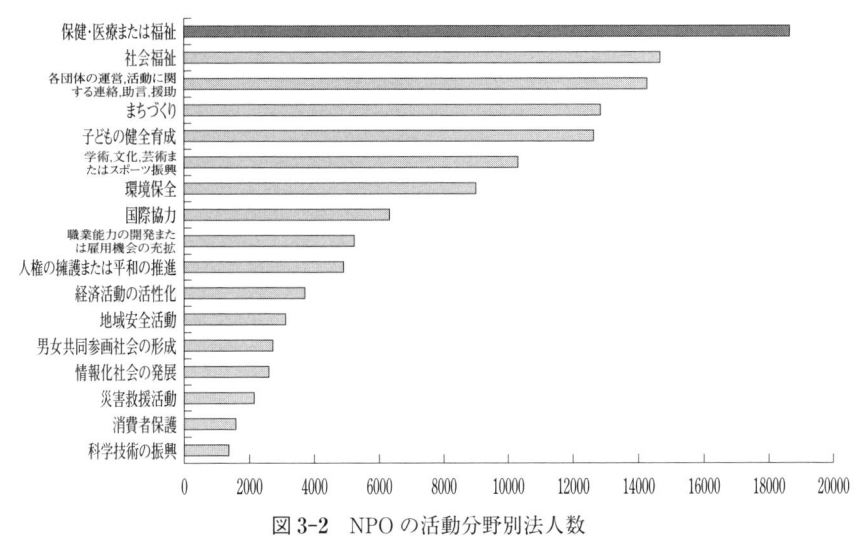

図3-2 NPOの活動分野別法人数
注：2007年6月30日までに認証を受けた3万1,855法人の定款から集計．複数回答．

ほとんどの団体がボランティアのコーディネートやマネジメントの困難に直面していたのは，このためである．多くの団体では，ボランティア自身がボランティアのコーディネートを行っていた．当然，活動は小規模に限定せざるをえず，行政や外部からの財政的な補助や援助がないと，有償・有料の会員制組織にせざるをえなかったのである．ボランティア的にホームヘルプサービスや介護サービスを提供することの限界につきあたっていたのだ．

当時は，非営利で事業を行うというNPOのシステムそのものが知られていなかった．NPOという概念も実体も，ボランティアをめぐる議論のなかに見えていなかった．NPOの実体が日本にはほとんどなかったためである．そこでボランティア（無償の社会奉仕活動）か，非ボランティア（金銭の介在する活動）かという不毛な対立となるほかなかった．ボランティア-非ボランティアの区分の外側には，NPOの行う「非営利事業」があったのだ．ボランティア論はその意味でごく狭い範囲内で議論されていたのだ．米国のNPOシステムが知られるようになってきた現在では，このようなボランティア-非ボランティアという分類に起因する対立は，全体から見ればごく一部の問題であるということが分かるだろう．

住民参加型・市民互助型団体が現れたこの時期には，ボランティア活動が地域福祉を変えるという過剰な期待もあった．今日の観点からすると，地域福祉や在宅福祉を，ボランティア活動と公的サービスとに二分してとらえることじたいに理論的な限界と問題があったといえる．その中間に，NPO による市民事業としての介護サービスや在宅福祉サービスがあるのだ．NPO という新しい概念を導入すると，ボランティア活動が市民事業となって展開していくという過程の流れが見えてくる．同時に NPO とは異なる途を選ぶボランティア活動やボランティア団体の意味もはっきりと位置づけられるであろう．
　つまり，ボランティア活動から，ボランティア団体へ，さらに NPO へという流れを必然的な過程として位置づけることはできないだろう．さまざまな団体を訪問しインタビューしてみると，ボランティア志向のベクトルと，NPO 志向のベクトルとは，明らかに質的に異なる部分がある[4]．
　住民参加型・市民互助型団体には，そもそも小規模の仲間集団でのボランティア活動志向と，増大する介護ニーズに応えられる組織へと拡大・展開していきたいという NPO 志向との，ふたつの異なるベクトルが含まれているとみるほうが適切である．これからもすべてのボランティア団体が NPO をめざすとは想定できないし，してはならないだろう．

住民参加型・市民互助型団体の NPO への展開
　1990 年代初頭に，さわやか福祉財団を中心として全国の住民参加型・市民互助型団体のネットワークを形成しようとする動きが起こった．全国数百の団体がネットワークを形成すれば，他の団体での活動実績も，時間貯蓄・点数預託という制度で全国共通化することができる．そうすれば転勤や転居でも活動を継続しやすく，別居している老親へ，自分の活動実績に応じたボランティアサービスを，その地域の団体から提供してもらえることになる，という期待があったのである．
　全国社会福祉協議会に設置された「時間貯蓄・点数預託制度調査研究委員会」による報告では，全国をネットワークにした時間貯蓄・点数預託制度は，ボランティア活動時間を個人の資産とするものであり，法律的に困難な点があると結論づけた．また，団体の活動がボランタリーなため今後の予測が不可能

で，担い手も将来にわたって確保可能かどうかも予測できず，増大するニーズに対して担保することが難しい，なども理由になった．それにたいして，さわやか福祉財団などは，むしろボランティア活動は高齢化社会にとって必要不可欠だとして活動を活発化させた．これらはボランティア活動やボランティア団体だけでは，高齢化社会における在宅生活のサポートや介護には有効に対処できないという市民の危機意識の現れであった．国や行政主導で高齢化対策がすすめられたが，市民からの具体的な声やニーズがじゅうぶん反映されないまま進められたことに対する市民側からの反応でもあったともいえる．

3　地域福祉への市民参加

福祉NPOの社会参加促進機能

社会学にとっても，政治学にとっても，社会福祉学にとっても，「参加」は古くて新しいテーマである．

「参加」は，政治や行政の運営・実施者の側からすれば正当性の調達方法の一種であり，市民や住民からすれば政策や事業へ自分たちの要求を反映させる途のひとつであろう．また市民運動や住民運動からすれば，社会変革や政治変革への第一段階であり，研究者からすれば社会システムの発展段階を識別する指標のひとつであろう．参加の問題は，本質的には，社会システムと市民のニーズとの間の呼応関係である．社会サービスの計画・立案・実施過程に，社会的ニーズの評価と実施をめぐって，どのようなコミュニケーション過程が成立するか，という問題だと考えられる．そこにはさまざまな「参加」の階梯や段階がありうることが議論されてきた[5]．

先行研究をサーベイすると，参加について否定的に論及する論者はまず見あたらない．参加は，政治や行政の民主的な運営に必須だ，というのが社会科学の常識である．ところが，現実には参加は社会システムの運営上の常識たりえていない[6]．すくなくとも日本では，参加の形骸化が論じられることはあっても，それが社会システムの運営に実質的に組み込まれて重要な部分を担っているとみなす論者は少ない．なぜこのようなことになるのだろうか．問題は地域福祉にかぎらず，社会の運営一般において参加が必要だと認められていながら，

なぜ参加の実質が実現しないのか，その原理的・理論的な問題はどこにあるのか，と問い直されるべきであろう．すくなくとも福祉社会学の課題のひとつはそこにあるだろう．

核家族化・小家族化するなかで高齢社会化が進み，社会福祉改革も急ピッチで進行している[7]．地域福祉は，市民・利用者と政府・行政や専門機関との関係がもっとも具体的で見えやすい領域であるにもかかわらず，従来は措置制度のもとで，供給サイド主導で実施され，利用者の意向が反映されにくい構造をもっていた[8]．しかし，福祉改革の進行とともに，社会福祉や地域福祉への市民参加の可能性が開かれた．本章の後半では，この問題について考察する．

ふりかえると，1960年代後半から1970年代にかけての革新自治体の叢生とともに，地方自治体の行政業務への市民や住民の参加が大きく注目され論議された．当時の文献を見る限り，自治体の政策決定段階への参加の必要性が議論されたが，社会福祉への市民参加を具体的に論じたものは意外なほど少ない．松下圭一は市民福祉と参加を論じたが，その内実は具体性に乏しかった[9]．理念は論じられたが，当時の法的な枠組みのなかでは，地方自治体においては社会福祉への参加を具体化できる場が少なかったのである[10]．後に紹介する西尾勝や大森彌によって紹介された米国の「参加」論が具体的で説得的なのは，米国では，参加が法的に義務づけられ，対象地域の住民（それはしばしば貧困な黒人階層であったが）の参加なしには都市改造が進まないという現実があったからであった．日本の地域福祉の現場では，そういうことはなかった．

日本の革新自治体では，参加について理論的・理念的に論じられ，多くの試行もなされたが，社会福祉が国の地方自治体に対する機関委任事務である現実はくつがえせなかった．やがて革新自治体の退潮とともに福祉への市民参加もあまり論じられなくなった．ところが1990年代に入り，ゴールド・プランや新ゴールド・プランの策定とともに全国の市町村に地方老人保健福祉計画の策定が義務づけられ，さらに福祉関係八法改正にともなう福祉サービスの地方分権化，介護保険やNPO法（特定非営利活動促進法）などが矢継ぎ早に具体化し，国主導で参加型福祉が唱えられるなど，「地域福祉への市民参加」は現実的に法的な根拠と基盤をもつことになった．しかし，社会福祉への市民参加は，かつての市民参加論で論議された政策決定段階への参加ではなく，むしろ地域

福祉論では批判的に言及されてきたサービス供給過程へのボランティア的参加というかたちで進行している．福祉社会論やボランティア論はさかんだが，市民参加論が提起した問題の継承はそこには見られない．

本章では参加をめぐって，地域福祉に隣接する政治学や社会学で何が論じられてきたか，さらに社会福祉学や地域福祉論では，参加がどう論じられてきたかを見ていく．最後に，こうした先行業績のサーベイをふまえて，ニーズとディマンドとの問題，利用者主権の問題，参加型福祉社会をめぐる問題，などを考察する．

政治学における参加論

市民参加の問題を，もっとも早くから，理論的・実証的に取り上げて研究対象にすえてきたのは政治学や行政学の研究者たちである[11]．西尾勝も大森彌も言及しているとおり，政治学や行政学における参加の研究は，主として米国の「貧困との戦争」（War on Poverty）とりわけ「モデル都市事業」や「コミュニティ活動事業」において政策的に提起され，社会的に論議され，政治学や行政学で理論的に発展してきた[12]．

その基本的なスタンスは，多元的民主制やポリアーキーを政治学的な規範や目標モデルとし，権力と市民の政治的権利とのバランスをとりながら，多元的民主制へといたるみちを生み出すのが参加であるとするものであった．その実証的な研究のテーマは，とりわけ基礎自治体における市民参加や住民参加の意味や機能を考察することにある．

西尾勝は『権力と参加』（西尾 1975b）のなかで，米国において参加が政治的な課題となっていった歴史的な様相を詳細に論じている．それによれば，米国においても参加が具体的な様相を帯びるのは1964年に成立した「経済機会法」（The Economic Opportunity Act）のなかにおいてである．このなかに「コミュニティ活動事業」（Community Action Program）が設定されており，その条文のなかに「コミュニティ計画の立案・決定・実施に際しては，対象地区住民の最大限可能な参加を求める」という条件がついていた．ここに淵源をみる点で，どの政治学者もほぼ意見の一致をみている．それは理念的・理論的な「参加」ではなく，現実の政策遂行に不可欠な要素として市民参加や住民参

加が出現した，ということである．

　西尾勝は，「都市改造事業」や「モデル都市事業」という連邦政府補助事業の展開のなかで，この対象地区住民の参加がどのように展開されていったかを詳しく分析している．要約すれば，モデル都市事業は，一種のスラム除去による都市改造であり，それには対象地区住民の合意のとりつけが不可欠であった．また当初は，市民参加と住民参加とが明確に異なるものと位置づけられ，市民参加は中間層以上の良識ある市民や市民団体による参加であるが，住民参加は対象地区が荒廃地区や貧困地域であり，住民の多くが貧困層やマイノリティであったことから「貧困層の参加」「黒人参加」にひとしいものとみなされていた．住民参加は，政策的な意図としては，対象地区住民の合意のとりつけとともに，失業者への雇用機会の提供も意図されていた．むしろ，それが立案者の意図の中心にあった．ところが，この「最大限可能な参加」(maximum feasible participation) という，条文にすべりこまされた一節が，当初の意図をはるかに越え出て当時の時代状況と共振作用を起こすことになる．おりしも1960年代の公民権運動やその後のブラックパワー・ムーブメントの時代であった．住民参加条項は，この時代状況と融合して大きな社会的影響を及ぼすことになった．

　西尾勝は，米国における住民参加が高揚し，やがて退潮していく過程を分析し，そのなかで「専門家による参加」(advocate planning) が，住民参加の欠点を補いつつ，参加政治をより前進させる可能性について論じている．それは，「専門家が特定集団の利益を擁護するという明確な目的意識をもって計画の策定に関わり，その利益や主張を援護しながら，それを洗練したものに変えていく計画活動」とされる．それは住民に欠けている専門的知識や代案の提起能力を，住民に共感しながら関わる専門家集団が補うことによって，住民参加の質を高めようとする試みであった．

　大森彌は，「貧困との戦争」のなかの「コミュニティ活動事業」の立法過程を詳細に分析しながら，それがやがて予算局スタッフの意図を超えて時代や社会の大きな変動やうねりと出会うさまを詳しく活写している．大森も当初はコミュニティ活動事業が貧困地域の住民が自力で貧困の悪循環を断ち切るための機会提供事業であり，参加とは貧困地域住民が事業実施に雇用されることを想

定していたと論じている.ところがこの「眠れる条項」は,やがて黒人運動の燃えさかるさなかで,コミュニティ活動事業のなかに人種差別撤廃を進めていくための基盤を築くために活用されることになる.

　西尾勝も大森彌も,政治における参加一般を論じたのではなく,具体的な施策のなかで,従来とは異なる地域社会集団が政治的な実体となっていく過程として参加を位置づけていることに注意すべきである.それは米国においても自然と発展したものではなかった.いわば,条文の中に書き込まれた「眠れる条項」が,当初の意図とは異なって,時代や社会のうねりのなかで,その現実的な力を発現したのである.

　篠原一や松下圭一の提起した市民参加論は,こうした米国における政治参加の実証的展開の議論とは,やや異なる.篠原の『市民参加』(篠原 1977)や松下の『シビル・ミニマムの思想』(松下 1971)などに現れる参加論は,1960年代後半の日本における革新自治体の叢生を時代的な背景としていた.それは篠原にとっては日本政治の民主化とポリアーキーの実現のための決定的な回路であり,松下にとっては分権と基礎自治体の民主的な成熟への不可欠の途であった.ただし革新自治体は多数現れたが地方分権の制度的な裏付けを欠いていた当時,議論は,理念的・規範的な論調をおびるものであった.米国の参加論とは異なり,現実の市民参加の機会や経験が薄いままに,いわば規範的に市民社会や市民参加が論じられたのがこの時期の市民参加論の特徴であろう.

　水口憲人は,松下圭一が,その論文等において「市民参加」を用い,けっして「住民参加」という語は用いなかったという興味深い指摘を行っている(水口 1995).水口によれば,それは住民が地方自治政治への参加により,しだいに市民になっていく,その政治的成熟過程こそ松下圭一が重視した当のものであるからだという.これは,大森彌が,住民の生の要求を「ディマンド」とし,政策的必要を「ニーズ」として切り分け,自治体が応えてゆくべき政策課題は住民のニーズであるとした議論と近しい[13].政治学・行政学においては,住民や市民の参加は,自治体行政の質的向上のためにも必要なものであり,その観点からしてバランスよく住民参加と市民参加とを切り分け,望ましい参加のあり方を「市民参加」として抽出しているといえるだろう.

　政治学は,より民主的な政治体制がいかにして可能かを問うていく.政治学

の枠組みからすれば,第1に「選挙」が重要な政治参加の回路である.しかし選挙は一般的・全般的な政治参加であり,個別の政策や特定住民を巻き込む個別の課題に関しては,選挙だけでは民意を十分に政治に反映しがたい.とりわけ福祉や社会政策の課題は,特定住民のみを巻き込む場合があり,そうした場合には一般的な投票行動だけでは不十分であり,そこに福祉や社会政策における市民参加の必要性が生じる.しかし,政策対象住民の生の声をそのまま政策へ反映させることは難しい.住民の要求を政策的な必要性へと昇華させることが必要であり,その回路を篠原一や松下圭一は,市民の政治的成熟や,それをサポートする自治体行政のあり方に求めた.大森彌も,市民参加が,国政や県政レベルではかなり困難であり,基礎自治体レベルでその力と有効性をもっとも発揮することを指摘している[14].政治学における市民参加の問題提起は,基礎自治体における行政と住民・市民との協働関係がいかにして可能かという問題であるとともに,そのプロセスのなかで住民がいかにして市民になりうるか,という問題なのである.その意味で,政治学における市民参加の問題は,基礎自治体行政の民主化や,地方分権の問題とも不可分であり,やや啓蒙的な市民社会論的な色彩をもつ.

政治学における市民参加は,長年,論じられつづけてきたが,地域福祉に関しては,これまでは理念的な論議にとどまっていた.それは,社会福祉事業法において,福祉関連業務が,基礎自治体の機関委任事務とされてきたからであり,現実の自治体行政のなかで,福祉への市民参加や住民参加が困難であったからである.しかしながら福祉八法改正にともない,在宅福祉業務は機関委任事務から団体事務となり,さらに公的介護保険が導入され,保険者は市町村となった.こうして地域福祉における市民参加が,基礎自治体レベルにおいて法的な根拠をもつことになった[15].地域福祉における市民参加論も,理論的にも実証的にもその研究の厚みをましていくことになるだろう.

社会学における参加論

社会学においても市民参加や住民参加は1960-70年代にかけて大きなテーマであった.社会学における参加論は,主として住民運動論や社会運動論(なかでも「新しい社会運動論」[16])と関連して問題提起されてきた.その基本的な

スタンスは，既存の枠組みではとらえきれない社会問題の発見過程（公害問題，環境問題，都市再開発問題など）や生活環境の破壊に対する住民の抵抗や闘争運動の形成過程（問題の共有過程，運動組織化過程，政治的対峙）を重視するものであり，コンフリクトを通じての社会変革の担い手として住民運動や社会運動をとらえる見方である．政治学における参加研究が，現実の政治過程のなかで，「参加」という新しい政治回路が投入されることを通じて，市民と政治権力とのバランスが更新される過程に注目し，とくに基礎自治体行政における住民・市民の参加が政治的な成果を生み出していく過程を具体的にとらえていこうとする社会学における参加研究は，具体的な政策への参加過程よりはむしろ紛争や対抗運動の形成過程に焦点をあてて，参加主体や運動主体の形成を重視してきたといえるだろう．

似田貝香門らの住民運動論は，1960-70年代の公害問題や生活環境破壊が生み出した住民運動の発生と紛争過程を分析することを通して確立された（松原・似田貝編著 1976）．住民運動を社会構造変動と関連づけながら，都市論，コミュニティ論，地域社会論などを総合し，地域社会変動が住民の生活環境全体を否応なく巻き込みつつ，住民の生活破壊へとつながる過程に注目する．当時の住民運動の主体の多くは「作為阻止型」（開発の阻止等）の住民であった．それは，それまでの社会学が注目してきた労働運動や社会運動とは組織原理も担い手もまったく異なるものであった．その特徴は，既存の組織（労働組合や政治団体など）に属さない生活現場からの運動の生成と展開であった．似田貝は，住民運動が全国的に生成・展開していった状況を調査し，詳しく分析している[17]．

しかし，政治的経験もないままに否応なく開発による生活環境の破壊などに直面した住民がやむにやまれず運動を起こしたものがほとんどのため，対案を用意するいとまもなく，住民の生の要求を噴出する運動形態を示すことが多く，そのかぎりにおいて「住民エゴ」と見なされがちでもあった．副田義也は，老人福祉施設の建設計画が住民からの反対運動を受けた過程を，福祉社会学の立場から批判的に分析している[18]．また，古川孝順らは，特別養護老人ホームや教護院をはじめ多くの福祉施設が1970-80年代に「迷惑施設」として住民から忌避され，それが次第に住民の理解をうけてゆく過程についても分析している

（古川ほか編 1993）．公害問題への対応と福祉施設への対応とが，1970年代までは同じであった．それが次第に変化したのであり，ここに住民運動の成熟過程が現れていると考えられる．似田貝らの住民運動論は，性急な住民エゴ批判に対しては反批判を加えながらも，作為阻止型の運動の限界も指摘し，住民運動がもつ可能性と限界についても考察している．こうした経験が，やがて伝統的な町内会・自治会を変化させ，1980年代以降には住民運動団体が，新しいネットワーキングを模索する方向へと展開する過程や，専門家集団との連携の必要性についても分析している[19]．奥田道大の都市コミュニティ研究も住民運動調査をベースにしており，問題を抱えた地域住民が，問題や課題を共有することがコミュニティ形成につながり，価値意識や問題解決行動が近代市民的な方向へと成熟していく可能性についても展望している[20]．

　フランスのアラン・トゥレーヌ（Alain Tourane），ドイツのユルゲン・ハーバーマス（Jürgen Habermas）やクラウス・オッフェ（Claus Offe），イタリアのアルベルト・メルッチ（Alberto Melucci）らを主唱者とする「新しい社会運動」論もまた，現代社会における社会福祉の問題に関心を寄せる社会学研究の流れである[21]．「新しい社会運動」論を整理すれば，それは現代社会を「後期資本主義社会」（ハーバーマスやオッフェら）や「プログラム社会」（トゥレーヌ）として分析し，このマクロな社会変動と関連づけて社会運動をとらえ，社会運動を歴史性の形成主体としてとらえる視点にその特徴がある．社会変動主体として「新しい社会運動」をとらえ，その発生現場としてエコロジーや社会福祉が注目されている．

　トゥレーヌは「プログラム化社会における反テクノクラシー運動」として学生運動，女性運動，エコロジー運動，エスニシティ運動，地域運動，平和運動，反原子力運動などを例示している．彼は明示的には福祉に言及していないが，おそらく同じ枠組みでとらえられるだろう．ハーバーマスやオッフェは，「後期資本主義社会における生活世界の植民地化」への対抗として「新しい社会運動」を理解する[22]．この見方によれば社会福祉や地域福祉は，国家による生活世界への直接介入の一環としてとらえられることになる．福祉への市民参加は，まさに市民活動の国家への併呑（co-optation）としてとらえられることになる．ハーバーマスもオッフェも，福祉国家や福祉社会のもつ両義性に敏感な

社会学者であると言えるだろう．メルッチの場合，運動ネットワークや運動領域を重視する「構築主義的アプローチ」と言えるが（伊藤 1993），彼の場合にも，既存の政党，労組，結社などとは異なる政治的社会化の場，「新しい意見の運動」の場を提供することに社会運動の意義を見いだしている．

　こうした「新しい社会運動」論の特徴は，それが既存の回路をへての参加ではなく，オルタナティブな表出回路として社会運動をとらえていることや，後期資本主義社会という国家システムが直接に市民生活へと介入してくるところに問題の根を見ていること，などであろう．この視角からすると社会福祉や地域福祉は，まさに後期資本主義国家による市民社会への介入と再組織化にほかならない．ただし，ハーバーマスやオッフェ，イリイチ（Ivan Illich）やゴルツ（André Gorz），トゥレーヌらは，「福祉国家」の抑圧的性格や社会統制的側面を批判する一方で，非官僚的で自立的，分権的，平等主義的な「福祉社会」のモデルを構想しているとの評価もある[23]．

　住民運動論や社会運動論の観点からすると，地域福祉の現状は，住民や市民の参加によって形成されたものではなく，西欧の場合には福祉国家が，日本の場合にはパターナリスティックな国家[24]が，生活世界へと直接介入しながら福祉サービスを提供していると分析される．たしかにそこにさまざまな問題点があることは確かだが，ハーバーマスらの指摘があまりにも容易に当てはまるように見えるので，かえって「新しい社会運動」論においては，社会福祉や地域福祉への市民参加の可能性について実証的に研究する試みが阻害されているように思われる．さらに社会問題に対する資源動員と紛争解決の合理的モデルを志向する米国の資源動員論からも，社会福祉や地域福祉を実証的な研究対象として取り上げようとする研究者が少ない[25]．資源動員論は日本の福祉研究に応用されれば，地域福祉の形成過程の分析により有効性を発揮すると思われる．本来，地域福祉における市民・住民参加という文脈は，社会学にとって豊饒な研究分野であるはずだが，上述したイデオロギー的理解が逆に作用して実証的な成果をあまり生み出してはいないように思われる．しかし，社会福祉・地域福祉を実証的に研究しようとする社会学の流れは，福武直によって道筋がつけられて以降，さまざまに現れはじめている．最近では，金子勇（1993；1997），小川全夫（1996）などが「地域福祉社会学」をめざしている．

社会福祉学・地域福祉論における参加

　社会福祉学や地域福祉論における参加論の文脈は，政治学や社会学とどう違うだろうか．政治学では政策決定過程への市民参加，社会学では地域住民による主体形成と作為阻止型の直接行動が大きなテーマであったが，地域福祉論にあっては，専門機関による地域福祉サービス供給を地域住民がどう支えるか，という文脈で論じられてきたと言えるだろう．社会福祉事業法のもとでは，国家責任による行政主導の措置福祉が中心で，一般市民や住民が参加する余地が少なかったからである．

　しかし，急激な高齢化にともなって，行政が供給できる福祉サービスの総量が予測される介護需要に応じられなくなり，いわゆる参加型福祉が国主導で唱えられはじめた．地域福祉は，施設福祉から在宅福祉へ，選別的な福祉から普遍的な福祉へ，画一的な福祉から個別のニーズへの対応へ，という時代的な要請をうけて発展してきたと考えられる（仲村 2003a）．現在では，行政や専門家・専門機関だけでなく，地域社会やコミュニティによるサポートや協働が必要であり，それには住民参加や市民参加が不可欠の要因だ，と論じられるようになっている．以下，その流れを概観するまえに，「地域福祉」を主唱してきた岡村重夫の理論を検討しておきたい．

　岡村重夫は『地域福祉論』（1974）のなかで，これまでの社会福祉が，対象者を問題発生の根源である地域社会や家族から切り離して施設に隔離的に収容して処遇してきたことを批判し，地域社会の構造や社会関係の全体，すなわち「対象者をとりまく地域社会そのものを直接の対象とする社会福祉の方法」を求める．彼は，まず「地域社会」や「コミュニティ」という概念を，実態をもとに論じるのではなく，規範的な概念へ規定しなおそうとする．この構想の背景には，篠原一の市民参加論や奥田道大らのコミュニティ論があり，イギリスのシーボーム報告やコミュニティ・ケア改革などがその直接的なイメージを与えた．彼の考えるコミュニティとは「行動体系においては地域の主体性，意識体系においては普遍主義という2つの座標軸によって成立する地域社会」という，近代主義的・市民社会論的な視座からの地域社会論である．それは地域福祉を生み出し，支え，発展させる内実をもった地域社会関係でなければならない．この場合のコミュニティは，いわば「福祉コミュニティ」とほぼ同義であ

る．それは「社会福祉的援助を支持し，またその効果を確実にするという資源的効果」をもち，「社会福祉サービスそのものではないが，それを支援し，受容し，血の通ったものにする基盤」である．つまり社会福祉とコミュニティ形成とは相乗的に関連しあう．

　また，岡村のいうところの「地域福祉」とは何か．端的には「必要なサービスを自己の家庭において受ける」ということだが，それは容易なことではない．イギリスのコミュニティ・ケアが，精神衛生分野から発展してきたことを想起すべきである[26]．当初は「精神障害の予防，精神病院からの退院者に対するアフター・ケア，患者の居宅における継続治療」などがイギリスにおけるその内実であった．この「必要なサービス」を正確に把握するためには「対象者のもつ地域社会関係その他の社会関係を保存し，発展させながら保護的社会サービスを提供しなければならない」し，「たんに在宅の対象者だけに注目するのではなく，対象者自身と同時に地域社会の構造そのものにも着眼する」ことが必要となる．「そのようなサービスを効果的に実行するためには，対象者自身とその家族の生活条件の全体を把握するという社会福祉固有の視点」にたちながら，彼らの生活ニーズを総合的に充足させる必要がある．この「社会福祉固有の視点」の探求こそが岡村重夫の地域福祉論のエッセンスと言われるが（古川 1994），社会福祉固有の視点を持つことができるのは，行政でもなければ住民でもない．それは生活困難の当事者と同じ立場にたち，利害の代弁をすることができる社会福祉の専門家集団に他ならない[27]．地域福祉を担うことができるのは，利用者の側にたった福祉専門家たちであり，その協働を進めるためには，「地域社会にある各種のサービス機関・団体施設の密接な協同と調整」が必要である．それは従来の日本にはまったくなかった新しいタイプの「コミュニティ・ケア」なのであり，実践的には難しい問題をかかえることになる．こうして岡村重夫の構想する地域福祉には，予防的社会福祉，独力で問題を解決できるようにする主体性援助，コミュニティづくりとしての地域組織化や地域福祉組織化，などの諸要素が統合され，総合的なものとなる．

　このように岡村理論によれば，ばらばらな地域社会を，地域組織化によってコミュニティとして形成させることが地域福祉の前提条件である．ついで地域福祉組織化があり，その結果として福祉コミュニティが成立する．では地域組

織化や地域福祉組織化は，いったい誰が行うとされるのか．福祉コミュニティの組織化にあたっては，第1には，福祉や医療サービスの受給者や対象者であり，第2には，生活困難の当事者と同じ立場にたつ同調者や利害の代弁者であり，第3には，各種サービスの提供団体や機関，施設であるとされる．これは従来の国家主導による地域組織化や地域福祉への市民参加の経路とは方向が逆であり，福祉の専門家による下からの地域組織化と主体形成という画期的な問題提起であった．市民参加というよりは地域福祉の当事者（利用者と供給者の双方）による主体性形成であり，市民や住民の参加はそれにくらべると2次的な位置づけとなっている．「住民参加とはいっても，それは福祉ニードの発見や解決の活動に対する参加」（岡村 1974：30-31）であり，行政によって上からあたえられた枠組みへの参加でもなければ，一般的な住民とともに行うことでもない．それは，当事者と専門家や機関との共同作業による地域福祉形成過程への，住民や市民の参加，なのである．これは首尾一貫したラディカルな地域福祉像であるが，理念的に構築された地域福祉像であり，日本の現実とは乖離したところがあった．しかしそれゆえに，地域福祉のあり方の規範的なモデルとして，社会福祉関係者には大きな影響力を，とりわけ社会福祉協議会には大きな影響力を及ぼした[28]．

岡村重夫の地域福祉論以後，「地域福祉」はあまりにも包括的・総合的な概念となってしまったために，地域社会で行われている福祉サービスすべてをさすことになり，理論的な概念ではなく実体的な概念として用いられるようになったとも言われる[29]．地域福祉における参加は，政治学や社会学と異なる次元があるのだろうか．以下では，地域福祉論や福祉社会学で何が問われているかを，主要な研究業績をサーベイしながら見渡してみよう．

ニードとディマンド

武川正吾によれば，「社会政策は人口の特定範疇を対象とする場合が少なくない」ため，一般的な市民参加手段だけでは不十分であり，「利害当事者の参加という特別な市民参加手段が工夫される必要がある」（武川 1996）．ここに地域福祉に限らず社会福祉や社会政策への参加が幅広く行われる必要性が生じる．しかしながらこうした分野では，行政と専門家とがサービスを策定・供給

しており，医療や福祉のサービスを提供する専門家はサービス利用者との関係において圧倒的に優位な立場にたつ．専門家の有する権力に対抗するため，利用者の参加が必要とされるゆえんである．また，他方では，行政官僚と専門家とは，それぞれ職業倫理が異なるため緊張関係にもたつ．官僚は組織目標達成のための効率や効果を重視するとともに結果より手続きを重視し，専門家は利用者の利益を最優先し手続きよりは結果を重視する．この潜在的緊張関係は，利用者の利益が政治行政権力によって脅かされるとき防波堤となる可能性があるという[30]．社会福祉・政策への利用者の参加を進める必要がある一方で，行政から独立した社会福祉サービスの専門家や専門性の確立もまた，利用者の権利やニーズを守るために必要である．

　また，需要（demand）と必要（need）との問題に関しては，社会サービスの場合には必ず「必要の判定」という固有の問題が生じる．利用者の主観的な需要と専門家による必要の判定との不一致，さらには社会的資源の総量との調整の必要が生じるからである．武川によれば，これまでの社会サービスの供給においては，有資格の専門家が判定を独占しすぎており，判定に関して当事者の判断が必要以上に顧慮されなかったことの弊害が，たとえば informed consent の問題などにさいして明らかになっている．利用者が，専門家から一方的に必要を決められ，ケアの内容を押しつけられる現状に対して，当事者の判断や自己決定権を回復していくためにも，当事者の参加をより幅広く実現していく必要がある．ここには，政治学でも扱われていた需要と必要との乖離の問題への，社会政策学からの見方がある．

利用者主権

　平岡公一によれば，近年のイギリスの社会福祉における市民参加で問われている最大のテーマは「消費者主権主義」（consumerism）である（平岡 1996）．それは，1970 年代のシーボーム改革で利用者参加が政策的な課題として取り上げられ，1980 年代に入ると公共サービスにたいするコンシューマリズムが高まりをみせ，1990 年代の「コミュニティ・ケア改革」において中央政府の政策基調も大きく切り替わったからである．公共サービスにおけるコンシューマリズムとは，①個人のニーズにあわせてサービスを提供すること，②利用者

にとってのサービスの効果の質と適切さ，③ニーズ把握とサービス提供における利用者参加，の3点が重視されることであるという．これは公共サービスが，利用者のニーズに応じて供給されるよりは，しばしば供給側の論理や都合で画一的に供給されがちなことにたいする批判を受けたものである．

　コンシューマリズムを拡大するためには，供給システムが単一であってはならず，「擬似市場」を創設し，競争原理やサービス供給主体の多元化が進められることになった．1990年代の「コミュニティ・ケア改革」においては「福祉多元主義」や「混合経済」が唱えられ，インフォーマル・ケアやボランタリー部門が，助成から委託へと転換し，その役割の増大がみられる．ここで求められているのは，より効率的で効果的であることと，小さな政府や公共部門の行政改革というふたつのしばしば両立の難しい目標である．それが公共サービスへの市場メカニズムの導入と民営化促進という流れのなかで実現されようとしている．

　コンシューマリズムの進展により，より利用者サイドにたったサービス提供が進められる一方で，公的サービスの枠組みそのものが揺れ動き，結果として公的サービスの総量が縮減されるおそれも生じてくる．平岡によれば，こうしたネガティブな側面に関連して，イギリスでは，利用者の権利保障として，ニーズアセスメント（必要の判定）の過程への利用者参加と不服申し立て制度の全面的導入があったという．ニーズアセスメントにあたっては，①利用者の文化的背景の理解力，②通訳その他のコミュニケーション技術，③セルフヘルプ・グループやセルフアドボカシーの奨励，④不服申し立ての積極的受容，などが求められている．こうした方向を実現するため，自治体内部や民間の専門機関として独立的アドボカシー制度を設けることが求められている．

　福祉改革をすすめ，画一的な基準でサービスを提供することをやめて供給機関を多元化し，個別のニーズにたいする柔軟な対応を行おうとすれば，そこでもっとも大きな問題となるのは，ニーズアセスメントである．ニーズアセスメントが恣意的に行われたり，利用者に不利に働いたりすれば，この改革は逆に公的福祉の切り下げにつながる．その歯止めとしてコンシューマリズムやアドボカシー制度がある．この2つが機能するためには，市民参加や住民参加が実質的に確保されていることが前提条件なのは言うまでもない．

参加型福祉

第2次臨調による国の補助金の引き下げに端を発した福祉改革は，1989年のゴールド・プランの策定，1990年の福祉関係八法改正，1992年の社会福祉事業法改正，などを通じて展開してきた．その基本的な理念は，社会福祉における規制緩和，地方分権と民営化，多元的な供給システムの導入であるという[31]．こうした流れのひとつの集約点が2000年の公的介護保険の登場であるだろう[32]．以後，国の基本施策の大きな転換と呼応して「参加型福祉」が称揚されるようになる．たとえば1980年代後半に，地域住民によるひとり暮らし高齢者等へのホームヘルプサービス提供活動に端を発した会員制有償・有料型の「住民参加型在宅福祉活動」は，やがて社会福祉協議会運営型や行政関与型の福祉公社等へと展開していった[33]．1990年と1992年の社会福祉事業法の改正により，福祉人材の確保のための指針や「国民の社会福祉に関する活動への参加の促進をはかるための基本指針」が示され，急激な高齢社会化による福祉需要の増大へむけて，主婦層などが福祉マンパワーとして期待されている．さらに1996年には，中央社会福祉審議会がボランティアの中長期的な振興方策についての意見具申を行った．参加型福祉社会論は，現在までのところ，政策立案過程や決定過程への市民参加という1960-70年代型の参加論の射程ではなく，福祉サービス供給の多元化というサービス供給過程への参加，福祉マンパワーとしての参加という限定をおびている[34]．

平岡公一によれば，イギリスでもボランティア活動の広がりが見られ，それは「インフォーマル・ケアの再発見」とか「インフォーマルな福祉活動」といった文脈で評価・注目されているという（平岡 1996）．地域福祉への参加という文脈でみると，イギリスでも宗教的な慈善活動の時代以来，近隣や友人による相互扶助，地域社会開発，地域密着型サービス提供などのさまざまなかたちで福祉サービス供給への参加が展開されてきた．米国，とくに多民族化がすすんだカリフォルニア州などでは，行政が直接供給する社会サービスでは，言語・文化的背景に応じた適切なサービスが提供できないということで，エスニック・グループごとにNPO（民間非営利団体）が形成され，行政はNPOへの直接・間接の補助金により社会サービスを提供する方向が大きく進められている[35]．

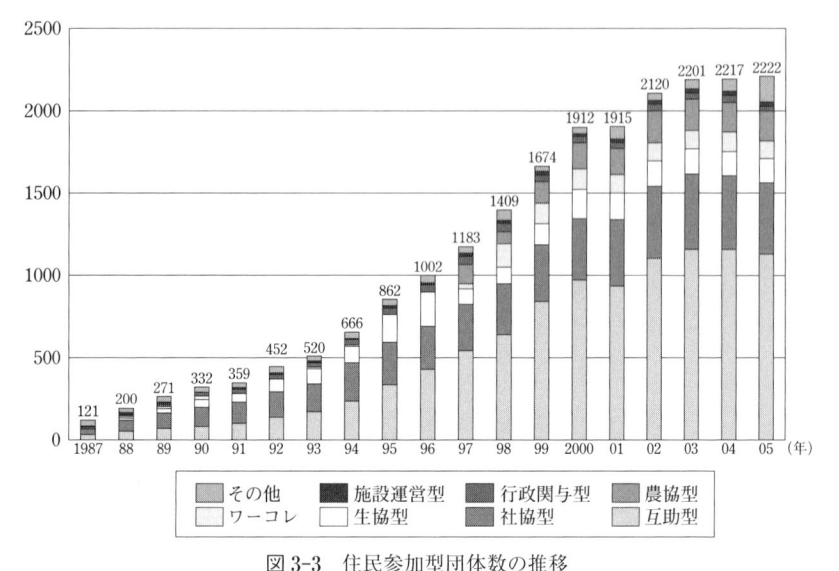

図 3-3 住民参加型団体数の推移
出典：全社協地域福祉部『平成 17 年度　住民参加型在宅福祉サービス団体活動実態調査報告書』．

　日本の参加型福祉もほぼ同じ方向を向いていると思われる．全国社会福祉協議会による住民参加型在宅福祉活動担い手調査の結果を見ても，40-60 代の主婦層を中心として，高齢社会化の急激な進行や，核家族化・小家族化と並行してすすむ同居率の低下などに生活実感上から危機感を抱いた人たちが，自分たちが住まう地域社会共通の問題として，社会福祉への関心を深めており，介護技術や社会福祉を学びたいという意欲が相乗してボランティア活動への参加が全国的に広く拡大した[36]．その規模は，1980 年代後半にはわずか数十の団体数だったものが，2006 年の調査では，団体数 2,000 団体を超えたと報告されている[37]．

　1960-70 年代の住民運動論や市民参加論が遠望しつつ，しかし理念的なものにとどまっていた「市民参加による福祉」は，当初の意図とは逆の方向から，すなわち計画策定や意思決定過程への市民参加ではなく，福祉サービス供給過程への市民参加というかたちで始まった．住民参加型在宅福祉サービス活動は，70 年代の住民運動の継承だという評価もある一方で，有償・有料の会員制組織をとったサービス提供方法に関しては，さまざまな論議があった[38]．公的介

護保険が導入されると，社協運営型や福祉公社などの行政関与型サービス提供団体は，ほとんどが公的介護保険の枠内での活動へと移行した．住民互助型の活動は，公的介護保険の枠組みのなかでの活動と，介護保険の枠外のボランティア活動とに両極分解するだろうとの予測もあった．実際にはどのように展開したのだろうか．次節では，実証データをもとに検証していこう．

4　介護NPOの展開

NPOによる高齢者支援

地域福祉は大きく変わりつつある．とくに，1980年代の住民参加型在宅福祉サービス活動の登場，1990年代からの社会福祉基礎構造改革，1998年の特定非営利活動促進法（以下，NPO法と略称）の成立，2000年の介護保険制度の開始などの要因が大きい[39]．こうした一連の変化のなかでも新しい事業者の参入が地域福祉へ与えたインパクトは大きい．以下，NPO法にもとづく法人格を取得して介護保険指定事業者となって地域福祉サービスを提供している団体を介護NPOと呼ぶことにする．介護NPOの実証データをもとにして，福祉NPOの日本的展開を考えたい．

介護NPOに注目する理由はいくつかある．

第1に，介護NPOは，ボランティアやボランティア団体とNPOとの共通点や相違点を考察するうえで重要である．介護NPOは，介護保険制度が始まる以前から地域でボランティア団体や任意団体として自発的に始まった．地域の障害者やひとり暮らし高齢者への生活支援として，家事援助サービスを中心に提供してきた経験をもつ団体がほとんどである．これは，ボランティアやボランティア団体が変化・発展してNPOに展開していくのか，ボランティア団体とNPOとは構造的にどう異なるのか等を考察するうえで重要なのである．

第2に，介護NPOは，NPO法やNPO制度の問題や課題などを考察するうえで重要である．介護NPOは，ボランティア団体としての活動のなかで，組織運営や財政に困難や不安定さを経験してきた団体がほとんどである．それゆえに，NPO法やNPOへの税制などにきわめて敏感である．したがって，NPO法やNPO税制，さらには日本社会にNPOが根付く条件や課題を考える

うえでも重要である．

　第3に，介護NPOは，具体的な地域福祉課題をとおしてNPOの機能を考察するうえで重要である．介護保険制度では，営利と非営利とを問わず，一定の設置基準を満たせば指定事業者になることができるので，介護保険制度によって提供されるサービスだけでは法人格による違いを見いだしにくい．しかし介護NPOの組織運営や提供する独自サービスなどを見ると，これまでの社会福祉法人や，新規に参入した営利事業者とはどこが違っており，どこにNPOとして介護保険制度に関わる意味や意義があるのかが浮かび上がってくる．それは，NPOの地域福祉における役割や独自性などを考察することでもある．

　第4に，介護NPOは介護保険制度の問題や課題を考察するうえで重要である．介護NPOは介護保険制度にもとづくサービスだけでなく，介護保険適用外のボランティア的な自主サービスとの双方を提供している団体が多い．介護保険制度の問題や課題を把握するためにも，介護保険制度ではカバーできないさまざまなニーズと対応の実態の把握が必要である．介護NPOは，介護保険の枠外のサービスを本来事業，自主事業と位置づけてさまざまなサービスを提供している団体が多い．こうしたなかから，認知症高齢者のために町なかの民家を改造改築して小規模多機能ケア施設とした「宅老所」やグループホームなどの新しい事業が生まれ，介護保険制度の改革へむけた政策的な提言としても発信されはじめている[40]．

　これらの特徴は，日本における新しい地域福祉・介護福祉システムを考えるうえで，たいへん重要な切り口とデータとを与えてくれる．

　しかし，介護保険制度のもとでの民間非営利組織（NPO）の役割や機能，事業やサービス内容の変化については，調査研究は萌芽的に始まっているものの，まだ十分には実証的な研究蓄積がない．背景には，介護保険制度の要請する膨大な事務作業量に加えて，介護保険指定事業者へのさまざまなアンケート調査が殺到し，かえって学術調査が困難になるなどの諸事情があるとみられる．

　このように先行研究の少ないなかで，筆者たちは訪問調査とアンケート調査を併用しながら地域福祉で活動しているNPOを調査し，介護保険事業および独自事業としての「ふれあい・たすけあい活動」の実態を分析した．そしてNPOを分類・モデル化しながら，介護保険のもとでNPOはどのように変化し，

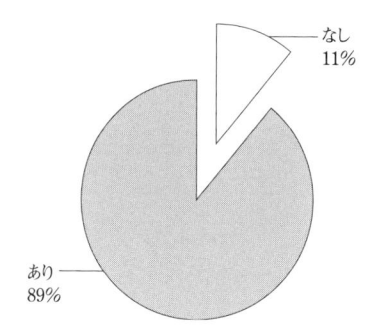

図 3-4 任意団体としての活動経験の有無
注：$n = 194$.

どのような方向へ向かっているのかを把握することにした．以下，このデータを分析しながら，ボランティア団体が NPO となって，活動が拡大・発展しながら変化している実態と動態について分析したい．以下，九州大学人間環境学研究院安立研究室が 2001 年 11 月に行った介護 NPO へのアンケート調査の結果を中心に，さまざまな訪問調査，聞き取り調査などの結果もあわせて，NPO 法成立から介護保険発足という激動をへて，介護 NPO の組織や活動内容，そしてビジョンやめざすものがどう変わったのかを紹介する[41]．

介護 NPO の活動実態

介護 NPO は，どのような歴史的経緯のなかから生まれてきたのであろうか．また，ボランティア団体として設立された住民参加型団体は，はたして NPO に転換しつつあるのだろうか．

ボランティア団体から NPO への転換に関しては，正確な把握が困難である．したがって方法を変えて，NPO となっている団体が，ボランティア団体としての活動経験をもっているかという点から分析してみよう．介護保険事業者となっている NPO 法人のうち，任意（ボランティア）団体としての活動経歴をもつ団体は全体の約 9 割にのぼっている（図 3-4）．NPO の多くは，ボランティア活動から始まり，任意団体の歴史や経験をへて，NPO 法によって法人格を取得して現在にいたっていると考えられる．任意団体としての設立時期別にみると，阪神・淡路大震災前後がもっとも多かった（図 3-5）．時代や社会の

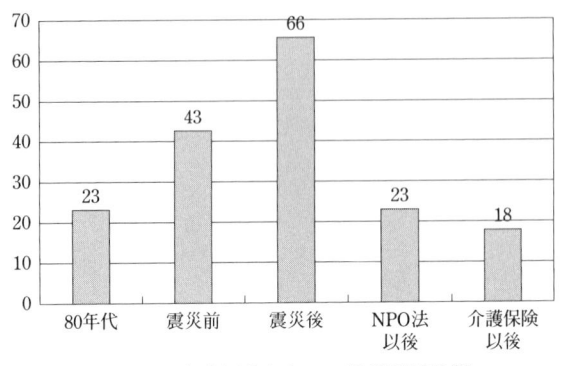

図3-5 任意団体としての活動開始時期

大きな変化・変動のうねりが，NPOの出現を後押ししたと言うことができる．

2001年6月現在での全国の介護NPOの地域分布をみると，いくつかの特徴が読みとれる（図3-6～3-8）．

第1に，地域的には大きな偏りが見られ，首都圏とりわけ東京と神奈川に介護NPO全体の4分の1が集中していた．第2に，政令指定都市のような大都市部に介護NPOが多く現れていた．第3に，介護NPOの所在地は，市部が8割超であったが，市部以外も約2割あった．

すなわち，介護NPOは，介護保険制度発足当初は，住民参加型在宅福祉サービス活動団体などから発展的にNPOとなって介護保険指定事業者となる場合が多く，大都市部中心に分布していたが，次第に地方都市や中小都市，さらには郡部などの農村部にも浸透してきていることがうかがわれる．われわれの調査でも，最近では農村部や離島などでも介護NPOが現れてきており，この動きはますます加速されるものと思われる．

中小都市や郡部でも介護NPO数が増加している背景としては，自己資本金が要らないなどの法人の設立のしやすさも影響を与えているようで，今後現れてくるであろう新規の介護NPOは，住民参加型在宅福祉サービス活動団体から転換したこれまでの介護NPOとは，ミッションや方向性が異なっていく可能性がある．

NPOは，たんにボランティア団体の組織規模が大きくなったものではなく，そこには構造的な転換があると考えられる．たとえば，訪問介護サービスから

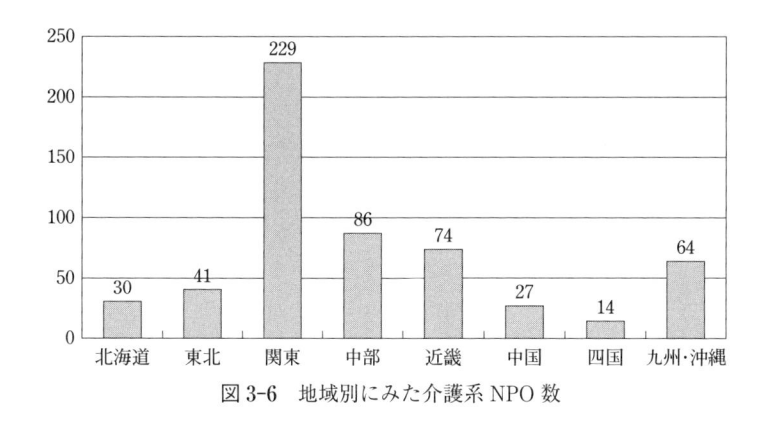

図 3-6 地域別にみた介護系 NPO 数

（北海道 30、東北 41、関東 229、中部 86、近畿 74、中国 27、四国 14、九州・沖縄 64）

始まった NPO の介護保険事業がデイ・サービスの運営，移送や食事などのさまざまな枠外サービスの提供にいたり，さらにはデイ・サービスだけでなく，地域の民家などを改造・改築して新しい地域密着型・小規模多機能施設を運営しはじめ，地域の新しい福祉サービスの提供拠点として，地域福祉全体へと影響力を発揮していくという流れも生まれつつある．これなどは運営する意識の上でも運営方法としても，もはやボランティア的なものではない．社会的な責任と事業の発展を志向した組織経営の強い意志が生まれている．

では，ボランティア団体から NPO 法人へ，そして介護保険事業者となることによって，どのような変化や転換が生じたであろうか．そのことによって地域福祉における役割や機能に変化が生じたであろうか．

われわれの調査によれば，まず事業高や組織構造に大きな変化が生じ，ついで介護保険事業と介護保険の枠外の独自事業としての「ふれあい・たすけあい活動」などのサービス内容の構造やバランスが変化し，介護保険サービスや，NPO としての役割の再定義が始まったと考えられる．

NPO の事業高を概観すると，介護保険以前の 1999 年度は平均事業高約 763 万円であった．それが介護保険後の平均事業高は約 2,707 万円と大幅に増大している．また 1999 年度には事業規模が 1,000 万円未満の団体が 8 割近くであった（図 3-10）．それが 2000 年度には 3 割ほどに減少している（図 3-11）．さらに，年間事業規模 5,000 万円以上の大規模な団体も急増し，これらの大規模団体の中には年間事業高が 1 億円を超えるような団体も出現している．介護保

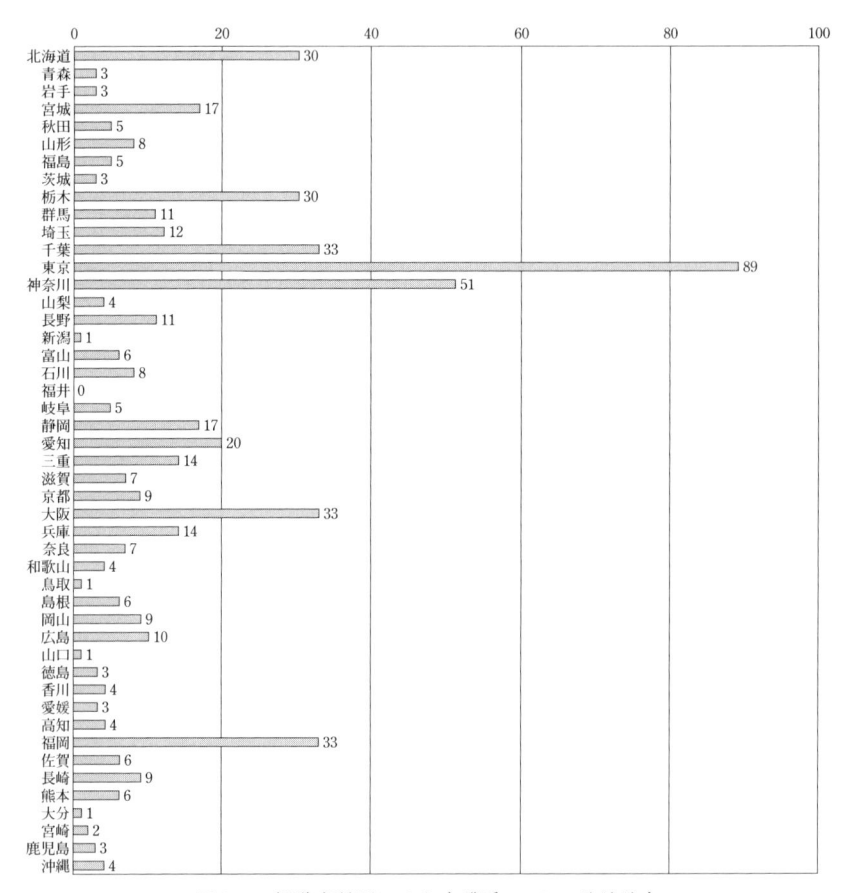

図 3-7　都道府県別にみた介護系 NPO の地域分布

険は,あきらかに NPO の事業規模に大きな影響を与えている.

　ついで組織規模はどうであろうか.介護保険前後で組織規模がどう変化したのかについてはわれわれの調査でも明確にはつかめなかった.現状の組織構造では,専従事務スタッフ,常勤ヘルパーともに少なく,ボランティア団体当時の組織形態から脱却しきれていない部分が見受けられる.ただし,後にみる複合発展型 NPO においては,事務スタッフや常勤ヘルパー,専門職の配置などかなり組織的な整備が進んできている.インタビュー調査結果なども加味して分析すると,みなが対等に協力して助け合うという相互扶助から始まったボラ

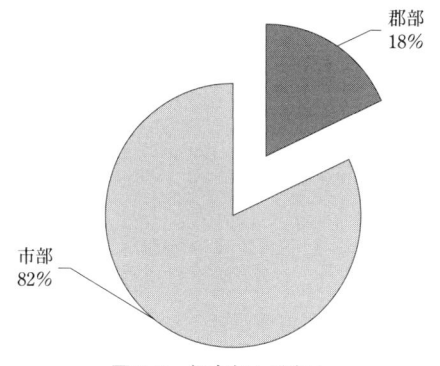

図3-8 都市部か郡部か

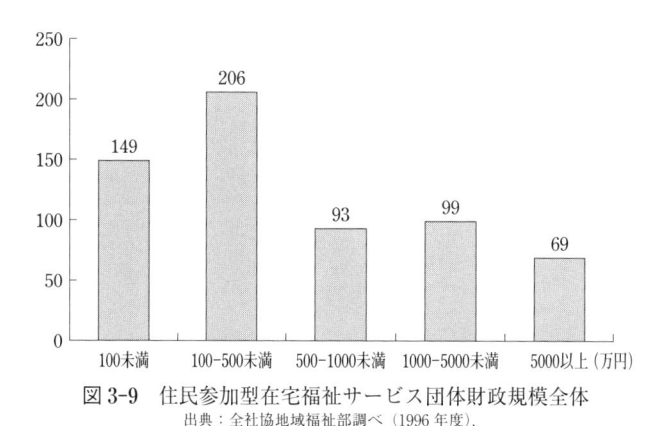

図3-9 住民参加型在宅福祉サービス団体財政規模全体
出典：全社協地域福祉部調べ（1996年度）．

ンティア団体の特徴を残しながら，介護保険の専門性のあるサービスを提供できる組織へと構造転換していくところに課題を感じているようであった．また介護保険以後に応職してくるヘルパーにNPOのミッションや理念を浸透させるところにも課題があるようである．

介護NPOのサービス分類

NPOが提供している介護保険サービスの内容に着目し分類・分析した結果，次の6つのタイプが抽出された．①訪問介護型，②訪問介護＋ケアプラン型，③訪問介護＋施設運営型，④複合発展型，⑤ケアプラン中心型，⑥施設運営特

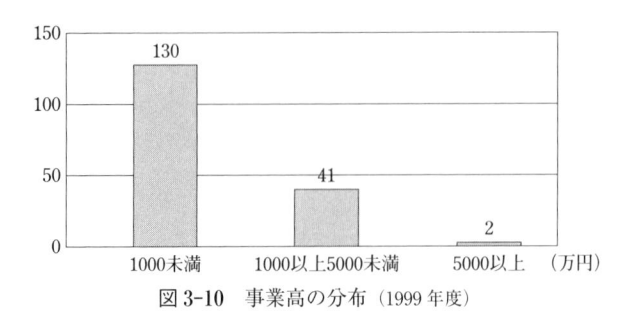

図 3-10　事業高の分布（1999 年度）

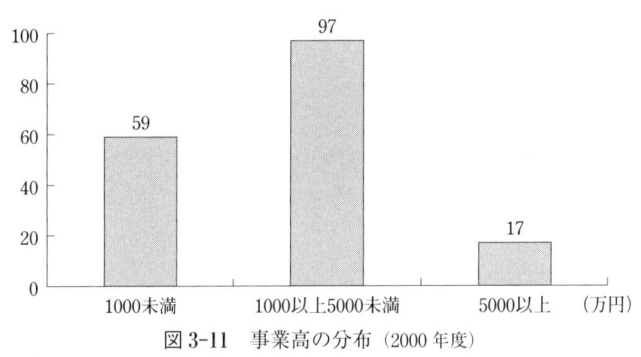

図 3-11　事業高の分布（2000 年度）

化型，である（表 3-1・表 3-2）．

　介護保険発足当初は，NPO は訪問介護サービスとりわけ家事援助が多かったが，やがて独自のケアプランを作成して総合的なサービス提供をめざすようになり，総合的な在宅生活支援をめざして宅老所やグループホームなどの拠点施設も運営する方向へ向かっている．看護系専門職が運営していると想定される⑤や，特別養護老人ホームや老人保健施設などで働いていた福祉専門職が独立して運営していると想定される⑥など多様なタイプが現れている．

　介護保険の枠内のみで活動する NPO は少ない．介護保険事業と介護保険枠外の「ふれあい・たすけあい活動」とを「クルマの両輪」（インタビュー調査より）として運営している場合が多い．双方のサービスの組み合わせで「NPOらしさ」を創出している．①～④は介護保険で不足する部分を上乗せ的に提供することが NPO の使命だとして「介護保険への上乗せ型」として枠外サービスを提供している．⑤から⑦は，介護保険のメニューにないサービスを独自に

表 3-1 介護 NPO のタイプ分類（その 1）

タイプ I　訪問介護型
- 発展段階　　　　訪問介護中心（介護保険では訪問介護だけを提供）
- 年間事業高の規模　1,000 万円以下が多い
- 目標・考え方　　家事援助から発展した訪問介護こそが NPO の役割と考えている
- 問題・課題　　　小規模のよさと小規模の難しさ（保険請求事務スタッフの確保など）

タイプ II　訪問介護＋ケアプラン型
- 発展段階　　　　ケアマネージャーを置いてケアプランを自分たちでつくり，訪問介護サービスを提供
- 年間事業高の規模　1,000-5,000 万円くらいが多い
- 目標・考え方　　NPO らしいケアプランをつくって NPO らしいサービスを提供したい
- 問題・課題　　　枠内と枠外活動（たすけあい活動など）とのバランス，人材の確保，運営経費や組織のマネジメントも課題

タイプ III　訪問介護＋施設運営型
- 発展段階　　　　施設拠点をもって訪問介護とデイサービスや宅老所などを提供
- 年間事業高の規模　3,000-5,000 万円くらいが多い
- 目標・考え方　　拠点でデイサービスを運営，やがて宅老所やグループホームなどへの展開を模索
- 問題・課題　　　スタッフの役割分化，専門職の確保，組織のマネジメント，運営資金の問題 5,000 万円以下の事業規模の NPO は運営資金や組織のマネジメントが課題

タイプ IV　複合発展型
- 発展段階　　　　複合的・総合的な運営・経営へ（訪問介護＋ケアマネージャー＋デイサービスや宅老所やグループホームなどを総合的に運営）
- 年間事業高の規模　5,000 万円を超える事業規模となる（2 億円に迫るところも）
- 目標・考え方　　宅老所やグループホームを拠点として，総合的に運営，地域の在宅福祉サービスの中心をめざす
- 問題・課題　　　施設投資などの資金問題，ブランチや支所の展開，サブリーダーなどの育成，病院や特別養護老人ホームや老人保健施設など専門機関との連携，行政との連携

表 3-2 介護 NPO のタイプ分類（その 2）

施設運営特化型	施設運営に特化（訪問介護サービスは提供せず，デイサービス，宅老所などの運営のみ）
ケアプラン中心型	ケアプラン作成のみ．訪問介護などは提供していない
ケアプラン＋訪問介護型	ケアマネージャー中心に訪問介護サービスを提供している

表3-3　介護NPOのサービス分類（その1）

訪問介護型	介護保険制度の枠内では，訪問介護サービスだけを行っている
訪問介護＋ケアプラン型	ケアマネージャーを雇用してケアプランを作成しながら訪問介護サービスを提供している
訪問介護＋施設運営型	訪問介護サービスのみならず，デイサービスやグループホーム，宅老所なども運営している
複合発展型	ケアマネージャーをおいてケアプランを作成し，訪問介護サービスやデイサービス，宅老所やグループホームなどの施設運営へと複合的・総合的に発展しながらサービスを提供している
ケアプラン中心型	ケアプラン作成のみを行い，訪問介護サービスなどは提供していないケアマネージャー中心にNPOを運営していると考えられる
施設運営特化型	訪問介護サービスは提供せず，デイサービスやグループホーム，宅老所などの施設サービスの運営に特化している

　提供することがNPOの役割であるという「介護保険との役割分担型」として活動していると整理できる．

　NPOによる介護保険サービス提供の6類型は，組織の発展過程やNPOの発展段階とも関連している類型であると分析することができる（図3-12）．①〜④のモデルは，NPOが介護保険制度以前から行っていた原型的なサービスである家事援助（ホームヘルプサービス）からの発展類型であると考えられる．

　地域のボランティアが，「見るにみかねて」（ヒアリング調査より）ひとり暮らし高齢者などの生活を支援する活動は，家事援助（ホームヘルプ）から始まった．①の訪問介護型は，ボランティア的な家事援助ホームヘルプを行う団体が，介護保険制度へと参入した第1段階のタイプである．この段階では，ケアマネージャーを常勤雇用することができないなどの理由で，ケアプランの作成までは行っていない．

　②の訪問介護＋ケアプラン型では，NPOが独自のケアプランを作成する．介護保険の発足当初には，NPOには「家事援助」の依頼が集中しているとも言われた．しかし介護保険事業が順調に動き出すと，NPOらしいケアプランを作成する方向へと展開した．介護保険サービスだけでなく介護保険枠外の活動（たすけあい活動）も総合的に提供することがNPOの存在意義であり，そのためにもNPOらしいケアプランを作成したいという思いがあったようだ（ヒアリング調査より）．経営の地力がつくと，ケアマネージャーを雇用してケアプランを作成するようになるようである．

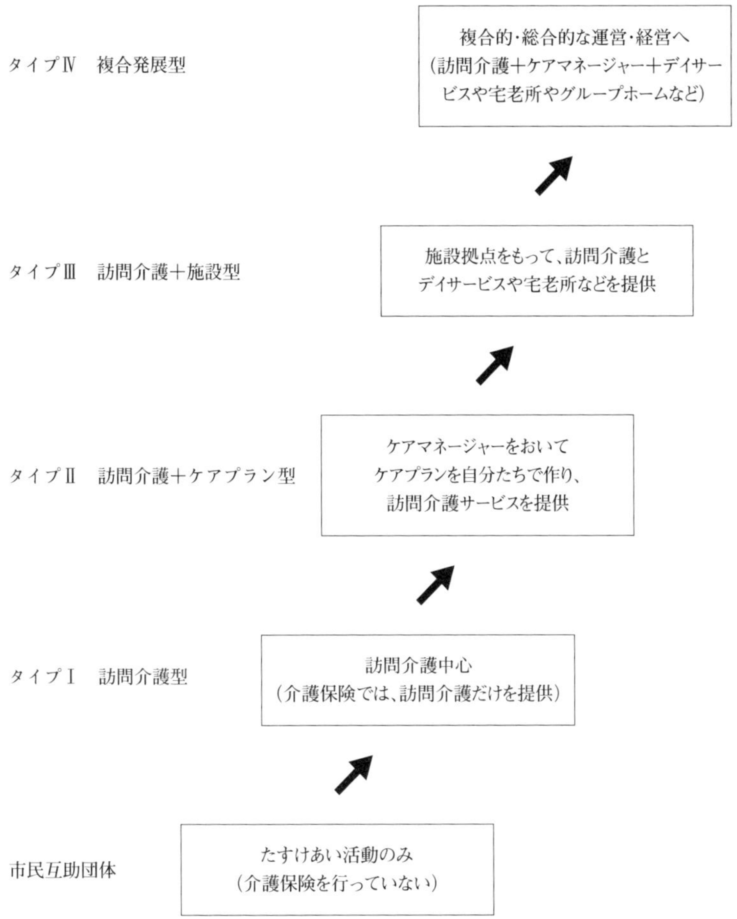

タイプⅣ　複合発展型　　　　　　複合的・総合的な運営・経営へ
　　　　　　　　　　　　　　　（訪問介護＋ケアマネージャー＋デイサー
　　　　　　　　　　　　　　　ビスや宅老所やグループホームなど）

　　　　　　　　　　　　　　　　　↑

タイプⅢ　訪問介護＋施設型　　　施設拠点をもって、訪問介護と
　　　　　　　　　　　　　　　デイサービスや宅老所などを提供

　　　　　　　　　　　　　　　　　↑

タイプⅡ　訪問介護＋ケアプラン型　ケアマネージャーをおいて
　　　　　　　　　　　　　　　ケアプランを自分たちで作り、
　　　　　　　　　　　　　　　訪問介護サービスを提供

　　　　　　　　　　　　　　　　　↑

タイプⅠ　訪問介護型　　　　　　訪問介護中心
　　　　　　　　　　　　　　　（介護保険では、訪問介護だけを提供）

　　　　　　　　　　　　　　　　　↑

市民互助団体　　　　　　　　　たすけあい活動のみ
　　　　　　　　　　　　　　　（介護保険を行っていない）

図3-12　介護保険のもとでのNPOの発展図式

　家事援助を通じて，ひとり暮らし高齢者のさまざまな生活ニーズ，とりわけ食事を中心とした生活ニーズ（食事づくり，買い物，外出援助など）が見えてくる．また，地域コミュニティでの交流拠点を持ちたいというNPOの希望も強くなってくるという（いずれもヒアリング調査より）．これが実現したのが③訪問介護＋施設運営型である．拠点ができるとNPOをサポートするボランティアも増える．事務スタッフやヘルパーだけでなく，デイサービスや食事サービスなどの専従スタッフの数も増えて，スタッフ構造的にも事業高としても

発展していくと考えられる．サービスメニューも多様になっていく．

　④複合発展型の段階では，宅老所やグループホームなど，地域密着・多機能型の小規模施設をNPOが運営するようになる．NPOが宅老所やグループホームを運営する事例はすでに各地で見られる．この段階になると，さらに施設運営のためのケア・スタッフや専従スタッフ等を増強して専門的なサービスも提供するようになる．ボランティアの数も増える．さらに，NPOは，特別養護老人ホームや老人保健施設，医療機関や病院などの専門機関との連携やネットワークも持つようになる．全国のNPOの先進的なリーダーから，活動の目標や夢を，NPOの運営する宅老所やグループホームに置いているという声を数多く聞いた．地域コミュニティのなかで，ボランティア活動の拠点ともなり，介護保険サービスも提供する複合的な施設拠点として宅老所やグループホームを運営するという総合的・複合発展的な姿は，家事援助から始まったNPOが示す現在の最先端の姿である．

　⑤ケアプラン中心型と⑥施設運営特化型とは，家事援助から発展してきた経路とは別に，看護系や施設職員などから展開した類型だと考えられる．

　⑤ケアプラン中心型は，訪問看護師など，看護系専門職が，新しい活動の場としてNPO法人を立ち上げて活動を始めていると推定される．こうしたNPOでは，訪問介護サービスなどは提供しておらず，ケアプランを作成することに特化しているからである．おそらく社会福祉法人や医療法人といった大規模組織のもとでケアプランをつくることに限界を感じて，独立して他の事業者とは違った利用者本位のケアプランをつくることをめざして活動していると推測される．

　⑥施設運営特化型は，福祉施設や病院等で働いていた人たちが，NPOを設立して地域密着型の小規模・多機能施設である宅老所やグループホームを運営しているタイプと考えられる．このタイプでは，運営の担い手は，施設や病院の元介護系スタッフだった人たちが多いと推測される．家事援助や訪問介護はあまり提供していない．宅老所やグループホームが今後も全国各地で展開されていくとすれば，法や制度的な条件に左右されるものの，運営主体としてのNPOも増大することが予測される．

　NPOは，介護保険サービスだけを提供しているわけではない．介護保険は

表 3-4　介護 NPO のサービス分類（その 2）

家事援助型	ホームヘルプサービスのみを枠外たすけあい活動として提供している
家事援助 + α 型	ホームヘルプサービスを中心に，話し相手や安否確認などいくつかのサービスを提供している
家事援助 + 移送型	ホームヘルプサービスと移送サービスを行っている
家事援助 + デイサービス型	ホームヘルプサービスとデイサービスを提供している
移送中心型	ホームヘルプサービスは提供せず，移送サービスが中心
デイサービス中心型	ホームヘルプサービスは提供せず，デイサービス中心
宅老所中心型	ホームヘルプサービスは提供せず，宅老所の運営中心

後から追加的に開始した事業であり，むしろ本来事業は，介護保険以前から行っている地域での相互扶助の「ふれあい・たすけあい活動」であるといえる．それらは介護保険事業者となって以後も継続して展開されていることがわれわれの調査からも明らかになった．「ふれあい・たすけあい活動」にはさまざまな種類があるが，基本的には有償・有料の家事援助やボランティア的サービスである．こうした「ふれあい・たすけあい活動」の内容を分類した結果，次の7つのタイプが抽出できた（表 3-4）．

①家事援助型（ホームヘルプサービスのみを枠外として提供している），②家事援助 + α 型（ホームヘルプサービスを中心に，話し相手や安否確認，食事サービスなどいくつかのサービスを提供している），③家事援助 + 移送型（ホームヘルプサービスと移送サービスを行っている），④家事援助 + デイサービス型（ホームヘルプサービスとデイサービスを提供している），⑤移送中心型（ホームヘルプサービスは提供せず，移送サービスが中心），⑥デイサービス中心型（ホームヘルプサービスは提供せず，デイサービス中心），⑦宅老所中心型（ホームヘルプサービスは提供せず，認知症ケア施設の「宅老所」などの施設運営中心），である．

介護 NPO の課題

以上，介護 NPO の生成と展開，そして現在の多様な状況を見てきた．以下では，第 2 章で展開した「福祉 NPO の役割と機能分析」の枠組みを用いながら，日本の介護 NPO の現状を分析してみよう．

介護 NPO は，介護保険制度のもとで指定居宅サービス事業者としてサービ

ス提供役割と機能を担っている．介護 NPO の数は指定居宅サービス事業者全体から見れば数パーセント程度[42]にすぎないが，2006 年の改定前の「要支援」など介護報酬単価が低く，他の事業者が引き受けたがらないニーズにも積極的に応えてくるなど，訪問介護を中心に独自の役割と機能を果たしてきた．また介護 NPO は住民参加型・市民互助型団体から発展した NPO が多いので，家事援助やホームヘルプサービス，配食サービスや外出支援など，介護保険ではカバーされないサービスも展開してきた．すでに紹介してきたとおり，介護保険制度の枠内のサービスだけでなく，介護保険制度ではカバーされないような生活ニーズにも独自の「ふれあい・たすけあい活動」という「枠外サービス」として有償・有料サービスをもって対応してきた．非営利事業体としての介護 NPO ならではの独自性を発揮してきたと言えるだろう．

　介護保険制度内のサービスに関しては，訪問介護事業が中心で，当初は通所介護や居宅介護支援事業は必ずしも多くはなかった．この点は，小規模で通所介護の施設などへの初期投資が困難であったり，ボランティアとしてホームヘルプ活動をしてきた人たちにはケアマネージャーの資格が取りにくかったという経緯などが考えられる．しかし「総合発展型」の介護 NPO では，そのような壁は突破されており，介護 NPO に固有の限界ではなく，発展の過渡期段階での偏りであったかもしれない．

　問題は，むしろ介護保険制度が普及するにつれて，訪問介護サービスの提供だけでは，その独自性をアピールしにくくなっていることである．訪問介護は，事務所とヘルパーと利用者との間の点と点とを動くだけで，第三者や地域社会からその存在が見えにくい．また介護保険の枠外までカバーするという介護 NPO の独自性も，会員制や有償・有料であることなどから必ずしも広く知られているとは言えない．訪問介護だけでは介護 NPO のサービス提供も頭打ちになってくる．訪問介護サービスの提供以外に，介護 NPO としての役割や機能の特質を累加していくことが必要になっているのだ．

　中西・上野（2003）は，高齢者サービスでは当事者参加や「当事者主権」がもっとも遅れていると述べている．当事者だけでなく，その家族の関与や参加も少ない．利用者やその家族だけでなく，もう少し範囲を広げて「利害関係者」としても同様である．事務局の運営へのボランティアの参加はあるが，当

事者の積極的な参加は介護保険以降，むしろ少なくなっている．高齢者やその家族はサービス提供団体に「全面委任」であることが多い．このように当事者性が希薄だと，制度の変更や改正に対しても，利用者や家族からは意見も異論も出ないことになる．実際に 2006 年の介護保険制度の 5 年目の見直しの過程では，利用者やその家族など「当事者」からの意見や提言は少なく，制度変更にも活かされなかった．

　こうした当事者性の希薄さに関して，介護 NPO はどう対応してきたのだろうか．介護現場のヒアリングによれば，利用者やその家族からの要望や意見はたくさん寄せられている．制度改正に関する異論や意見も数多かった．しかしながらそれが介護 NPO を通じて吸い上げられ，まとめられて実効あるアドボカシーにつながるようには展開されなかった．現場レベルではたくさんの意見があっても，制度改革への提言や意見にはつながらなかった．この原因のひとつも「当事者参加」の希薄さだったのではないか．

　中西・上野 (2003) によれば，当事者の積極的で能動的な参加があったから障害者団体は強いアドボカシー能力を発揮しえたのだ．高齢者の場合，アドボカシーにつながるような「参加」レベルでは，まだ問題や課題が多いようだ．サービスの改善や改良にあたっても，利用者のより積極的な参加や関与がなければなしえないだろう．次に論じるアドボカシーについても，利用者やその家族など関係当事者をより代表・代弁しないかぎり，介護 NPO のアドボカシー能力が高まらないだろう．業界団体や圧力団体を形成するよりは，より利用者や当事者の関与や参加をうながし，そして利用者や当事者を代表し，代弁する役割や機能を持たなければならないだろう．その役割がまだ介護 NPO は弱いのである．

　アドボカシー役割や機能には多面性がある．第 1 は利用者との相互関係のレベルでの「アドボカシー役割」である．それは当事者に代わって批判や要求を代弁する役割である．第 2 に当事者の意見などを踏まえて制度や政策に対して提言や提案，対案を提出していく役割や機能がある．政策批判や対案提出の機能であって，前者を利用者や当事者にたいする「アドボカシー役割」，後者を制度や政策に対する「アドボカシー機能」と整理しておこう．

　介護 NPO のアドボカシー役割とアドボカシー機能はどうであろうか．

アドボカシー役割や機能にも「批判」という側面と「提案」という側面の両面がある．「批判」に関しても敵対的で対立的な批判から穏やかで建設的な批判までありうるだろう．また自治体・介護保険者や制度担当者に対する批判だけでなく，利用者への啓発や理解の向上を求めることも広義の批判的なアドボカシーと言えるだろう．「提案」に関しても政策文書のように整った提案だけでなく，例示的でデモンストレーション的な提示まで，さまざまな提案がありうるだろう．

　しかしながら，介護保険制度が普及するとともに，介護保険財政悪化の問題，さまざまな事業者による「不正請求事例」の続発，それにともなう自治体や厚生労働省による「管理監督責任」や「法令遵守」の要求が強まり，アドボカシーはむしろ抑制され困難になりつつあるように見える．利用者やその家族の声を吸い上げ，代弁しようとするところまでは活動しても，それを制度改変へとつなげるような対制度的なアドボカシーまでには至らないのだ．その理由はいくつか考えられる．

　第1は，介護NPOの多くが小規模[43]で日々の介護サービス提供と事務処理に翻弄され，それ以上のアドボカシー機能にまで余力がないことである．第2に，介護NPOのなかの機能分化や役割分担が進んでいないことである．介護NPOはそのほとんどが介護サービス提供の団体であって，アドボカシーや独自のシンクタンク機能を果たすようなインターミディアリー（中間支援）の団体が少ない．次章で見るように，米国にはアドボカシーに特化したNPOが数多く存在するが，日本にはまだ少なく十分な力をもちえていない．第3に，介護NPO全体をまとめてアドボカシーへとつなげるようなネットワークやネットワーキング形成の力が弱いことである．NPO法人市民福祉団体全国協議会が現在のところ唯一の介護NPOの全国ネットワーキング団体である．こうした団体がアドボカシーに注力できる環境がまだ十分には整備されていないのだ．

　介護NPOの多くは女性たちのネットワークのなかから形成されてきた．したがって介護NPO周辺では，中高年女性の間に強いネットワークが形成されている．また家族の介護を経験した人たちには介護NPOへの理解も深まっている．住宅や土地を貸与したり，なかには土地だけでなく事務所や施設を建設して介護NPOに貸与する地主も現れるなど，多様な展開が起こっている[44]．

誰でも経験しうる「介護」を媒介にして地域のなかで「たすけあいネットワーク」や「あんしんネットワーク」を形成しようとする介護NPOの存在は，生まれて間もないこともあってまだ十分には可視的ではないのだが，次第にその広がりを持つようになってきている．ただしジェンダー的には中高年女性に偏る傾向があり，男性や若い世代にはそのネットワークはまだ十分には広がっていないようである．現在までのところ，介護問題を経験した世代を中心にネットワークが広がっているが，岡村重夫の想定したような福祉コミュニティ形成にまでつながっていくかどうかは今後の課題だと言える．
　現状では介護サービスの提供は，利用者やその周辺への限定的なネットワーク形成にはつながっているが，より一般的で普遍的なコミュニティ形成やソーシャル・キャピタルにまでは至っていないようである．
　理由として想定されるのは，アドボカシーの場合と同じく，訪問介護サービスだけでは地域社会のなかで，ほかの事業者との区別がつきにくいこと，利用者やその家族にとってネットワーク形成の必要性の自覚に乏しいこと，介護NPO側もサービス提供以上の展開をする余裕に乏しいこと等があろう．
　しかし小規模多機能地域密着型サービスを先進的に展開してきた介護NPOでは，行政との連携や協働も始まり，地域住民からも宅老所やグループホーム，障害児者のグループホームや授産施設などを多角的に展開する事例も現れてきた（田中・浅川・安立 2003）．都市部郊外の新興住宅地では，同世代の人々がほぼ同時に入居したため，高齢化もほぼ同時に発生する．介護問題は深刻かつ重要な課題として住民とりわけ中高年の女性層に受けとめられており，子育てネットワークが，その後介護NPOへと展開してネットワークの形成が見られる．「子ども劇場」などの子育て活動が，やがて共同購入や生協活動，ワーカーズ・コレクティブなどへ展開し，やがて介護NPOによるネットワークが次第にソーシャル・キャピタルへと発展している事例が少なくない．この動きが地域コミュニティの再編成や福祉コミュニティ形成にまでつながるかどうかは，今後の課題だろう．NPOだけでなく地域の医療や福祉のさまざまな団体によるネットワーキングが必要となろう．

介護保険制度改定と介護 NPO

日本の介護系 NPO を分析すると,「福祉 NPO の社会学」からの主要な問いは次の3つに整理されうるだろう.

第1は,日本の「介護 NPO」は,「福祉 NPO」へと発展的に展開していく過程にあるだろうか,ということである.介護 NPO の活動は,介護保険制度のもとで指定居宅サービス事業者として展開されているが,現在までのところ,制度の枠組みのなかでの活動に限定される傾向が強い.このまま NPO が介護保険制度内部に限定されつづけていくなら,本書で論じてきた「福祉 NPO」としての他の役割や機能を果たすことは困難だろう.介護保険制度の枠組みを超えた独自のサービス開拓や展開がないなら,NPO としての存在理由を問われかねない.いつしか「擬似 NPO」がたどった道と同じになりかねないのである.介護保険を含めて,日本の社会福祉・地域福祉のなかに「介護 NPO から福祉 NPO へ」と発展的に展開できる可能性がどれだけあるだろうか.

第2は,日本の介護 NPO は,社会福祉や地域福祉制度や政策にたいして,アドボカシー機能(批判や提言,対案提出など)をどれほど果たしているだろうか,どのように果たす可能性を持っているだろうか,という問いである.本書で論じてきたように,福祉 NPO の独自の役割や機能としてアドボカシーは欠かせない.介護保険制度は発展途上の制度であるが,この制度や政策へのアドボカシーを,介護 NPO はどれだけ果たせただろうか.これからはどうだろうか.

第3は,介護 NPO ないし福祉 NPO が展開する過程で,既存の福祉組織(社会福祉協議会,社会福祉法人,財団法人や社団法人などの公益法人,生協や農協など,広義の非営利組織で社会福祉に関わるもの)へは,どのような影響を与えただろうか,今後はどうであろうか,ということである.

こうした問いは,日本の介護系 NPO や福祉 NPO に関する根本的な問いかけであり,現在の介護 NPO や福祉 NPO だけを見ていても解けない問いかもしれない.利用者やクライアントからみた「福祉 NPO の役割や機能」,政府や行政や社会福祉システムからみた「福祉 NPO の役割や機能」は,少しずつずれてもいる.まずは本書で展開してきた「福祉 NPO の役割と機能」の理論的な枠組みを応用して上記の問いかけに答えてみよう.

第1の問いは，介護NPOが福祉NPOへと発展・展開していく可能性と，その過程における問題や課題を問うている．NPO法と介護保険制度が，介護NPOという存在を生み出した．しかし現状では，必ずしも「介護NPO」は本来の「福祉NPO」へと発展しているわけではない．むしろ逆に介護保険制度発足当初のころのほうが，NPOリーダーの意識も意欲も高く，NPOの可能性を信じていたと思われる．「NPOとしての本来の活動を支える基礎づくりのために介護保険制度の枠内サービスも行う」と述べる介護NPOのリーダーは多かった．介護保険をNPO組織の基盤づくりに活用しながら，本来の活動や目的（福祉コミュニティや安心ネットワークの形成など）を夢と期待をこめて語る介護NPOリーダーも少なくなかった．その後，介護保険制度の運営基準や規制が強まるなかで，規制は強化され自由度は制限され，介護NPOは「指定居宅サービス事業者のひとつ」，しかも全体の数パーセントを占めるにすぎない位置にたっている．現状の介護保険制度のもとではさまざまな困難がある．介護保険制度のもとでのサービス提供に特化していくだけなら，NPOである必然性はないとすらいえるのではないだろうか．現在は，介護NPOが，よりNPOとして本来の役割や機能を果たせる「福祉NPO」へと発展的に展開できるかどうか，今は重要な岐路にたっているように思われる．

　第2の問いも重要である．日本の社会福祉の歴史をふりかえっても，制度や政策を外部から批判する運動や活動は少なくなかった．しかし，制度の内側でサービス展開を行いながら，制度に対して批判的なアドボカシーを行う団体は稀だったといえる．介護保険制度でも，すでにさまざまな業界団体は存在しており，加盟団体や業界団体が利害や意見の表出機能は持っているが，制度に対するアドボカシー機能を果たしているとは必ずしも言えない．介護NPOにも，市民福祉団体全国協議会のようなナショナル・センターが生まれてきてはいるが，まだ役割としても機能としても発展途上段階でこれからの課題だろう．

　第3の問いは，介護NPOや福祉NPOの社会変革力に関連する．介護NPOはNPO法人になる以前から地域に根を下ろして地道にボランタリーな活動を展開してきたため，地域社会におけるソーシャル・ネットワークやソーシャル・キャピタルになっている．地域コミュニティを福祉コミュニティへとつくりかえるところまで展開している例はまだ多くないようだが，より広範囲な活

動を行う福祉 NPO へと展開していく総合発展型のような場合には社会的な変革力が期待できるのではないか.

　日本の社会福祉制度は，社会福祉基礎構造改革以来，流動的になっているものの，しばらくは，社会福祉協議会や社会福祉法人，財団法人や社団法人などの公益法人と，介護 NPO や福祉 NPO などが，共存していく状況が続いていくだろう．既存のさまざまな法人や組織が，NPO 法人へと一元化されるというよりは，多様な法人組織が，それぞれ独自の活動を展開できる状況へと移行しながら，地域特性や住民・市民のニーズや参加など，さまざまな条件のもとに多様な NPO が多様に活動していくようになるのが望ましいのではないか.

　介護 NPO の展開を分析してきただけでは，上述した問いに包括的に答えることは困難ではある．しかし理論の枠組みと関連させて，ここから先は，ある程度，介護 NPO の現在とは距離をおきながら考察してみよう.

　福祉 NPO の理論の枠組みによれば，「福祉 NPO」は福祉領域における「社会運動」的な側面と，福祉サービス供給機能との複合である．サービスを供給しない運動はその実現をどこに求めるのだろうか．これまでは，その実現を国家や自治体，つまり広義の政府に求めてきた．しかし福祉国家によってすべてがカバーできる時代ではない．超高齢社会の到来は，社会保障，医療，福祉など総合的に社会保障システムの再検討や再構築を必要とする．「福祉国家から福祉社会へ」という論点の含意も「福祉国家の役割が終わった」ということではない．むしろ福祉国家の基盤はしっかりと継承しながら，しかしこれまでの福祉国家の制度的な枠組みだけではカバーできないニーズや領域が拡大してきており，その対応をどうするのか，という問題提起なのである（武川 2001）．福祉 NPO の必要性が論議される土台もここにある.

　したがって原点に立ち戻って考えておこう．福祉 NPO はなぜ現れたのか，なぜ必要になったのか.

　介護 NPO は，社会福祉・地域福祉への市民参加の流れのなかから現れてきたことを想起する必要がある．日本の社会福祉や地域福祉の歴史をふりかえると，「規制的福祉国家」や措置制度に代表されるような「家父長的福祉国家」からの脱却を，「参加型福祉」という媒介をとおして「福祉ミックス」や「多元的福祉国家」へ転換するという大きな流れのなかに福祉 NPO が現れてきた

のだ．いわば転換期における媒介として，サービス供給システムの多元化の一翼を担ってきたのが福祉NPOである．「社会福祉への市民参加」論の文脈からすれば，サービス供給のみが「参加」ではない．「参加」がより進むためには，制度や政策の策定過程への参加，さらには政策決定過程への参加にまで展開する必要がある．市民参加論からすれば，福祉NPOによる社会福祉制度への参加は，サービス提供段階に限定されていてはならないのである．

　市民のみならず研究者もふくめて介護保険制度に期待した人たちは，サービス供給過程への参加が，福祉政策策定過程や決定過程への参加へとつながり，やがて多元的福祉国家やオルタナティブな福祉社会の形成が，国家主導でなく，市民・住民参加によって進む第一歩になると期待したのである．まさに福祉NPOは，福祉国家の転換期に出現し，参加しながら日本的な福祉国家を変革していく媒介者のひとつと期待されたのである．

　この期待と展望は間違っていない．むしろますますこの方向性が必要になっていると言えよう．

　しかし介護保険制度の現状は，必ずしもこのような「社会福祉への市民参加」の過程を促進するものとはなっていない．

　日本の介護NPOのこれまでをたどってきて次のようなことが分析できるだろう．日本では住民参加型・市民互助型団体に福祉NPOの萌芽が見られるとされるのは，既存の制度ではカバーできないニーズを発見した人が，批判するだけでなく，自分たちで不足するサービスを提供しようと実験してきたからだ（運動性と事業性との複合）．

　こうした動きはやがて介護保険制度のもとに移行されていくことになった．多くの住民参加型・市民互助型団体が介護NPOとなって介護保険制度のもとでサービスの提供を始めた．しかし住民参加型・市民互助型団体が開発してきたすべてのサービスが介護保険制度に引き取られたわけではなく，枠外のサービス・ニーズが消失したわけでもない．しかし介護保険制度のなかに入って，制度に則って活動することは，予想以上にNPOにとっては負担の大きいことでもあったようである．介護保険制度発足から2008年現在まで8年をへて，介護NPOは次第にサービス提供だけで精一杯という団体や，介護保険制度から離脱する団体なども増え，当初の予想とは異なる状況になっている．介護保

険制度の運営の仕方や制度設計にも原因はあるだろう．

　問題はNPOだけにあるのではない．視点を転じれば，福祉NPOの課題は社会の課題でもある．介護保険制度において介護NPOが直面している困難は，NPOという組織原理に内在的な問題だけではない．むしろNPOという新しい組織を活かすことのできない制度の側の問題である．クレーマーの福祉NPOの理論を応用すれば，介護NPOには利用者や当事者の参加を媒介する機能があるはずだった．ところが介護保険制度のもとでは，どのサービス供給者も，利用者や当事者の参加を実現できていない．利用者・当事者主権の弱さ（中西・上野 2003）という問題は残されたままである．介護NPOがこうした役割や機能を発揮できないように制度設計されているところにも問題がある．サービスの改良や改革に関しても，制度の改良や改革に関しても，同様なことがいえるだろう．介護保険制度のもとでは，NPO本来の役割や機能，可能性がきわめて制限されているのである．これはこうした介護保険制度をつくり，その改定を許容してきたわれわれの問題でもある．目の前に現れた「可能性としての福祉NPO」がその役割や機能を果たす前に萎縮し縮小していくのをこのまま見続けなければならないのだろうか．

　このままでは，介護NPOは，公益法人や社会福祉法人などと変わらない団体になってしまうのではないか．むしろ営利企業とも違わないことにすらなりかねない分岐点にさしかかっているのである．

　介護保険制度と介護NPOは，ひとつの社会実験である．いまもう一度，この実験の意味を見つめて，これからの行方を考察することが必要な時期にさしかかっているのではないか．だからこそ，NPOの理論や福祉NPOの機能理論が，われわれの準拠点となりうるのだ．また，次章で論じる米国のAARPの事例は，NPOの独自の機能がどのように発展してきたのか，その可能性はどこまで広がるのか，そして問題や課題はどこにあるのかを考えさせる．それは日本の介護NPOや福祉NPOにとっても，大きな示唆をもたらすものではないだろうか．

1）　全国社会福祉協議会の分類も，初期の分類とはやや変わってきている．
2）　介護保険のその後の展開は，この危惧が的中したことを示している．

3) 早瀬昇がこの問題を的確にまとめている．早瀬（1997）参照．
4) 日本の場合，ボランティアのなかには，NPOへと展開していく流れに違和感を覚える人も少なくない．また米国のNPOへのインタビューでも，NPO的な活動に適性のある人と，ボランティア活動に適性のある人とはかなり異なるということを教えられた．
5) 篠原一は，アーンスタインによる「市民参加の八階梯」を紹介している．それらは大別すれば「非参加」，「形式参画」，「市民権力」の3段階に分けられるという（篠原 1977：116-119）．
6) 栃本一三郎によれば「我が国の福祉行政にとって，市民の参加という概念はほとんど無縁であった」（栃本 1996：64）．
7) 社会福祉改革に関しては，古川（1995）や栃本（1996），大森（1990）等を参照．
8) 岡本（1993；1996），大熊（1990）などを参照．
9) 松下「市民参加とその歴史的可能性」および「市民福祉の政策構想」参照．ともに松下（1988）に所収．
10) 大森（1990），栃本（1996）を参照．
11) 篠原，松下，西尾，大森などを代表的論者とみなすことができる．
12) 西尾（1975b）と大森（1974）を中心的な論考とみて考察する．
13) 大森（1990）参照．
14) 大森（1987；1990）参照．
15) 大森（1990）が詳しく論じている．
16) 『思想』（1985年11月号，特集「新しい社会運動——その理論的射程」）や，伊藤（1993），坪郷（1989）などが「新しい社会運動」論を的確にサーベイしている．
17) 松原・似田貝編著（1976），似田貝（1994）を参照．
18) 副田（1980）を参照．
19) 矢澤ほか編『地域と自治体17 都市社会運動の可能性』（1989）のなかの似田貝論文などを参照．
20) 奥田（1983）．この流れは，地域福祉研究者たとえば岡村重夫にも大きな影響をあたえた．岡村重夫の地域福祉論は，後に述べるように現実の地域社会とは異なる一種の規範概念としてコミュニティを見立てており，地域福祉を支え，地域福祉が供給されやすい地域基盤となった場合に，それをコミュニティと呼ぶとしている．この流れから「福祉コミュニティ」形成への道筋も研究されている．
21) 伊藤（1993），坪郷（1989），水口（1995）らを参照．
22) Habermas（1981），Offe（1985）等を参照．
23) 武川（1996）が詳しい．
24) 石田（1983a；1984）が詳しく論じている．
25) 塩原編（1989）が，資源動員論を総合的にレヴューしている．

26) 三浦（1971），田端（1986），前田（1990）等を参照．
27) これは西尾勝がいう advocate planning にほぼ等しいものと考えられる．
28) 永田（1988）がその影響を伝えている．また前田（1990）が，社会福祉協議会の課題や問題点についても詳しく論じている．
29) 牧里（1996）によれば「地域福祉の現状は，地方自治体の講ずる福祉施策，社会福祉協議会や住民福祉団体の行うボランティア・相互扶助活動をさしている場合が多い」ので「セツルメントや方面委員活動，共同募金から，会員制在宅福祉サービス，福祉施設・徴意運動院などの地域サービス，福祉基金，福祉教育，委嘱ボランティアなども含まれる」という．施設福祉をのぞいたほとんどすべての福祉サービスを包括する概念である．その意味で，地域福祉は，社会福祉とほとんど違わない概念になっている．前田（1990）も，地域福祉は理論ではなく，実体的な概念であると述べている．
30) 新藤（1996）も参照．
31) 大森（1989；1990），古川（1995），栃本（1996）等を参照．
32) 公的介護保険の意義は，高齢者介護をごく少数の生活困難者の問題としてではなく高齢社会における普遍的で共通の問題として措定し，介護サービスを恩恵的な措置としてではなく，保険者たる市民の権利として位置づけようとしたところにあるだろう．
33) 全国社会福祉協議会は，こうした団体を，住民互助型，社協運営型，行政関与型，協同組合型（生協，ワーカーズコレクティブ，農協など），施設運営型，その他などに分類している（高橋・吉村 1993；全国社会福祉協議会 1993）．
34) 岡本（1987）は，はやくからこの問題を批判的に取り上げ，注意を喚起している．また武川（1996）は，アカデミズム内部では参加に関する関心が薄れていくのにたいし，実践現場では参加型福祉への言説がめだって増大してくる逆説について述べている．
35) 安立（1996a；1996b；1998a；1998b）参照．
36) 安立（1993；1994），小林（1996），田中（1994；1996）を参照．
37) 全国社会福祉協議会（1993；1997；2006），田中（1996）を参照．
38) 高橋・吉村（1993），安立（1994），岡本（1987），大森（1990）等を参照．
39) 安立（2001：34-40）参照．
40) 2006 年の改正介護保険法では，介護 NPO などが実践してきた「宅老所」などをモデルとした小規模多機能型居宅介護などが制度化された．
41) 筆者は介護 NPO の全国ネットワーク組織である市民互助団体全国協議会（現在は市民福祉団体全国協議会に改称）の協力をえて，各地の介護 NPO への訪問調査，聞き取り調査を重ねたあと，アンケート項目を確定し，介護保険制度の枠内と枠外での活動状況，NPO 組織の事業高や組織規模の推移，直面する問題や課題などについ

て，郵送自記式のアンケート調査で実施した．調査対象は，NPO法にもとづいて法人格を取得して介護保険の指定事業者となっている団体である．母集団の確定にあたっては，2001年6月末日現在で，全国の都道府県の介護保険指定事業所一覧のなかから，介護保険の事業ごとに事業者として登録されているNPO法人を抽出して総合し，全体の調査対象を確定した．2001年6月末日現在で，介護保険指定事業者となっているNPO法人は全国565団体であり，この全数を調査対象母体とした．2001年11月に調査票を送付し，2001年12月末日までに回収した200票のうち，介護保険事業はNPO法人とは別組織で行っている団体や，介護保険事業を停止・中止している団体を除外した195票を有効回答とし，有効回答率は34.5％であった．詳細については安立（2002a；2002b）を参照．

42) 2007年現在で約3％．
43) われわれの調査によれば介護NPOの平均事業所数は2.7であるという．
44)「たすけあい泉」や「たすけあい佐賀」などの事例を参照．安立・藤田・陳（2004）参照．ただし「たすけあい泉」はその後，介護NPOから社会福祉法人に法人形態を転換した．

第 4 章

福祉 NPO の可能性と課題
米国の AARP を事例として

1 はじめに

　AARP は高齢者 NPO であり，広義の福祉 NPO である．日本の介護 NPO や福祉 NPO とはあまりにも大きな違いがある AARP から，分析して何を導くことができるだろうか．

　第 1 に，AARP から，NPO に関する理念型や理論的なモデルを抽出することができる．AARP の場合は日本と大きく制度や条件が異なっているが，条件が整った場合に NPO がどこまで発展できるか，どこまで社会変革力を発揮できるかという理論モデルの構築に活用することができる．第 2 に，AARP の歴史や展開から NPO の発展と展開過程に生じるさまざまな問題や課題およびその分析を導くことができる．AARP はもっとも大きく発展した NPO だが，同時に NPO のもつ理論的な問題や課題も最大限に示している．NPO であることの長所と短所とが集約的に現れているのである．第 3 に人口構造の高齢化の進む福祉国家や福祉社会における政策や決定過程にさまざまな示唆を与える．米国は人口高齢化がもっとも進んだ国ではないが，高齢者の政治参加や政策参加に関しては，おそらくもっとも先進的な国のひとつであろう．それは AARP をはじめとする多様な高齢者 NPO が政策決定過程に関与しているからである．NPO を媒介にした政策決定過程への参加や関与は，今後急激に人口構造の高齢化を経験する世界中の国々にとって重要な課題である．とりわけ政治や政策決定過程への市民参加がこれまで少なかった東アジア諸国で，高齢者が政策決定過程に「当事者」としてどのように参加・参与できるのかについての重要な示唆を与えることだろう．

2　福祉 NPO のアドボカシー機能

　本章では福祉 NPO の機能，とりわけアドボカシーを通した社会変革機能を，米国最大の NPO である AARP をケーススタディとして検討する．まず，AARP という米国最大の高齢者 NPO を紹介する．AARP に関しては，かなり豊富に関連資料が存在する．現在の AARP の活動についてもインターネットや訪問調査を通じて，かなり実証的な研究を行うことができる．過去 50 年間にわたる社会変革への関わりの活動経緯やその成果を，かなり詳細に跡づけることのできる希有な事例なのである．

　AARP の事例を通して，ラルフ・クレーマー（Ralph M. Kramer）やレスター・サラモン（Lester M. Salamon）の 4 機能論また本書における 4 役割や 4 機能論のほとんどすべてを検証することができる．AARP はその起源をひとりの退職女性教員とその社会変革ビジョンに持っている．当時の米国には年金の些少さや退職後の社会保障の問題（とりわけ公的な医療保険のないこと），社会のなかにおける高齢者の社会的位置（年齢差別 ageism），あわせて「定年退職」という「年齢を理由とした強制退職制度」の持つ差別構造などがあった．そこに「高齢者による，高齢者のための，高齢者組織」を NPO として組織し，みずから解決していこうとするビジョン（「奉仕されるのではなく，奉仕する」（AARP の設立趣旨より））を持ったひとりのリーダーが現れた．ミッションと社会事業（グループ医療保険の開発と提供）の複合として AARP は展開してきたのである．会員へのサービス提供を基盤として非営利事業を展開し，その成功をもとに高齢者代表として政策への提言（アドボカシー）や，巨大な会員数を背景とした議会の監視や関与（ロビー活動），会誌やメディアを通じた社会への働きかけ，社会運動や労働組合，政治組織との連携や協働による社会変革への関わり（高齢者医療保険であるメディケアや医療扶助メディケイドなどの成立や定年制度の撤廃へ）などを行ってきた．政治や社会制度への働きかけ，社会変革，そして議会や内国歳入庁からの AARP への批判の高まりやそれへの対応など，NPO と社会との相互作用の全体が，NPO 社会学のテーマである．

本章では，ひとりの女性が定年退職によって「高齢者」のカテゴリーに社会的に入れられるや，さまざまな差別や問題を経験したことから「退職教員協会（NRTA）」というNPOを発足させ，会員に対するグループ医療保険という実験的な試みを成功させ，それをAARP（設立から1990年代までは「全米退職者協会」(American Association of Retired Persons. 現在のAARPはこの略称であったが，現在はこの表記を用いていない．この事情については後述)）という高齢者NPOに展開させ，そしてそのNPOが，2008年現在3,900万人とも言われる巨大な会員制NPO組織となった経緯を紹介する．NRTAやその発展型であるAARPは，米国のNPO制度や税制，そして社会保障や医療制度といった社会システムと分かちがたく結びついている側面がある．財政基盤や事業運営，そして何よりそのサービス事業の基盤であるグループ医療保険などは，米国の社会保障システムや医療システムの性格ゆえに存立できるものだ．しかし，そうした米国固有の事情や条件のもとで成立しているだけではない．AARPのNPO組織としてのあり方は，NPOとしての「理念型モデル」に近い．労働組合でも社会運動でもなく，入退会自由のアソシエーション（自発的な社会結社）である．巨大な会員を擁しているのも，会員になることのメリットや必要性が存在するからである．このメリットや必要性は「NPOとしての役割や機能」のことであると考えることができる．そこにはNPOであることの理由と必然性が存在しているのだ．NPOの生成と展開，その役割や機能，そして社会への働きかけやNPOの果たす社会変革を具体的に検証するには絶好のケースと言えよう．もちろんこのように巨大なNPO組織になると，組織官僚制の拡大や組織の存立のために組織が活動を展開しはじめるなど，さまざまな問題や課題も現れる．この点も後に検討することになる．

　ついでAARPというNPOを米国の1960-1970年代の社会状況のなかにおいて考察する．なぜメディケア・メディケイドや定年制度の撤廃のような社会変革が可能になったのだろうか．この分析のなかから導きだされる結論は，NPOだけでも，社会運動だけでもなく，労働組合や政治団体，社会運動やNPOなどの多様な団体や組織の連携や協働が成立したことが成功の要因であったということである．なかでもAARPのようなNPO組織の役割は大きかった．社会運動や政治団体だけでは，政府や議会とこのような交渉や妥協はで

きなかっただろう．AARP という NPO の存在が，ひとつの社会変革の達成を可能にしたと考えられる．NPO の社会変革のひとつの実例を，ここに見ることができる．

最後に，米国の高齢者 NPO の歴史や展開，活動や機能が，米国以外の国々や社会に，どのような示唆をもたらしうるのかを考察する．AARP の発展は，米国固有の事情や理由による部分が大きいことは確かである．しかし，AARP の果たした役割や機能を理論化してみれば，そこには NPO としてのひとつのモデル（理念型）が現れてくる．

みずからの経験や問題から始まり，具体的なサービスを提供しながらコミュニティや隣人たちに関わっていくその手法，やがて利用者やマイノリティの代弁や擁護，サービスの改良や開拓，そして政策への提言や関わり（アドボカシー）という NPO 独自の組織展開や機能を，社会問題の解決にあたって自発的に形成される社会組織と，そこへの人びとの参加，政府や議会との相互作用，そして問題解決にあたっての社会組織相互の連携や協働といったモデルとしてみれば，AARP モデルの示唆は大きいのである．

産業構造の変化やグローバル化，人口構造の急激な変化（少子・高齢化など），そしてその帰結としての福祉国家システムの変容といった事態は，たんに西欧諸国，米国や日本だけの問題に限らない．発展途上国や東アジア諸国（なかでも韓国や中国）などでは，今後，より劇的に現れる可能性が高い．AARP のケーススタディから導きだされる社会変革のモデルの持つ社会へのメッセージは，今後，よりグローバルな規模で妥当するものになるはずである．

3　社会変革と NPO

米国のシニアムーブメントは，1960-70 年代にかけて社会運動として大きな成功を成し遂げた．その理由は，社会運動，労働組合や政治団体，そして NPO 等の連携による運動の相補性と相乗性があったからである．とくに AARP が重要な役割を果たした．AARP は，シニアムーブメントと連携しながら「年齢を理由とした強制退職制度」を「年齢差別（エイジズム）」として撤廃させることに成功した．AARP は，高齢者への継続的なサービスを生産

し，それが会員数を増大させ，高齢者の代表組織としての正統性を担保し，さらに潤沢で独立性の高い財政基盤がロビイストや専門職を多数雇用することを可能とさせ，高齢者政策への影響力の増大と目標の達成をもたらした．しかしNPOは，直接的な政治への関与を制限されており，社会運動との連携は相互に有効であった．このような社会運動とNPOとの連携と相補が成立する条件は，米国だけのものではない．急激な高齢化とそれに起因する社会問題は世界共通となりつつある．また非営利組織の制度が整備されつつある国々では，どこでこのような高齢者の当事者組織が，NPOや社会運動の形で出現してもおかしくない．高齢化とNPOの特性に着目した社会学的研究が必要なのである．

米国のシニアムーブメント

本節では米国のシニアムーブメント現象[1]とその研究に注目する．そこには，社会運動論とNPO論[2]とをつなぐ重要なヒントが含まれていると思われる．米国のシニアムーブメントの歴史を分析し，政府と運動および運動組織間関係，そしてその達成を政治社会学的に分析したのがプラット（Henry J. Pratt）やパウエル（Laurence A. Powell），ウィリアムソン（John B. Williamson）らの研究である[3]．それによれば，米国の高齢者が組織化され，ロビー活動や社会運動を行い，政策にたいして大きな力を発揮するようになるのは1960年代以降のことである．それはまさしく人種差別にたいする公民権運動，性差別にたいするフェミニズム運動などと軌を一にした年齢差別に対する社会運動であったのだ．

このシニアムーブメントには多様なアクターが含まれていた．労働組合（AFL-CIO）や政党（Democrats）と連携した政治活動団体である「全国高齢者協議会」（National Council of Senior Citizens．以下ではNCSCと略），カリスマ的な社会運動家マギー・クーン（Maggie Kuhn）の率いるグレイ・パンサーズ（Gray Panthers）のようなラディカルな社会運動組織，そしてエセル・パーシー・アンドラスによって設立された全米退職教員協会（NRTA）[4]そして全米退職者協会（AARP）などであった．プラットやウィリアムソンらの研究によれば，米国のシニアムーブメントは社会運動組織だけが担ったものではない．労働組合や政党，政治活動団体や社会運動，そしてNPOが連携し，

相補的で相乗的な運動効果を発揮した結果,「年齢を理由とした強制退職制度」を段階的に廃止させるなど,多くの政治的な成果をおさめたものである[5].この過程でAARPのようなNPOも大きな役割を果たした.なぜ,シニアムーブメントのなかで社会運動とともにNPOが大きな役割を果たしたのか.米国のシニアムーブメントにおけるNPOと社会運動等との連携や協働は,米国だけでなく,日本や他の世界でも,また別の領域でも起こりうることなのか.こうした問いは,NPO論だけでなく社会運動論にとっても重要な示唆を与えてくれるはずである.

本節では,まず米国のシニアムーブメントの経緯や特徴,およびなぜ米国のシニア層は社会運動やNPO等へと参加・動員されたのかを紹介する.ついでAARPというNPOが米国の高齢者層のニーズに応え,結果として巨大な当事者団体としての組織化へとつながったこと,それが政治や政策への影響力をもたらしたことを述べる.分析にあたっては,福祉NPOの社会的機能論の枠組みを応用する.そして米国のシニアムーブメントや,そのなかでNPOの果たしてきた役割は,米国のみならずグローバルに起こりうる可能性を持つことを述べる.

シニアムーブメントとは何か

シニアムーブメント[6]は,組織化された高齢者による高齢者のための政策を求める社会運動である.それは,①高齢者政策の確立や法制度の改良を求める政治運動,②「高齢者への年齢差別」(Ageism)に対してたたかうラディカルな文化運動,社会運動,③高齢者のニーズにたいしてみずからサービスを提供し,あるいはサービスを改善しながら供給していこうとする当事者運動や非営利事業体の活動,等の複合した運動である.このような幅広い意味で使われる理由は,第1に米国のシニアムーブメントの歴史的経緯に由来する.1930年代から現代にいたるまでの米国のシニアムーブメントには,労働組合,政治政党・政治活動団体や社会運動,そしてNPOが複雑に関わり合ってきた.ここには米国の政治システムや保健・医療・福祉システムの特徴,NPO制度などが影響している.第2に,シニアムーブメント概念は今後,より広い普遍性と妥当性をもつと考えられるからである.人口構造の高齢化,高齢社会に対応し

た年金や社会保障，医療や介護・福祉システムの構築は，先進諸国共通の課題である．シニアムーブメントを狭く定義せず，グローバルな視野のもとにおくためにも幅広いアクターを含みうる定義が有効である．世界的な高齢社会化の時代にあって米国以外でもシニアムーブメントが展開する可能性は大きい．まずは，米国におけるシニアムーブメントの歴史を概観しておこう．

　プラットは20世紀前半からの米国のシニアムーブメントの歴史を詳細にたどりながら，米国の高齢者がどのように組織化され，どのように政府や政策に関わったか，とくに米国社会保障法（1935年）の制定過程を中心に分析している[7]．政府がどのように高齢者団体と交渉し，高齢者がどのように組織化され，ロビー活動や社会運動を行い，政治的影響力を獲得するようになっていったかを政治過程論として分析している．一方パウエルらは，高齢者団体の社会運動としての側面と，やがて利害集団，ロビー組織として制度化されていく過程の両面を分析している．政治社会学的な手法で，シニア関係の争点がどのようなフレームを通して政治や運動の争点となっていったか，また社会運動やNPOの連携やネットワークがどう形成されたのかの分析などを行っている（Powell et al. 1996）．

　シニアムーブメントの歴史に関しては，ウィリアムソンとビアード（Rene Beard）が3つの時期に分類している（Williamson and Beard 2007）．第1期は1930-1940年代で，大恐慌の後，ルーズベルト政権のもとで「社会保障法」（Social Security Act of 1935）が成立する前後である．この時期に出現したタウンゼンド運動（Townsend Movement）は大恐慌期にもっとも経済的にも社会的にもダメージを受けた高齢者のための社会保障を求めたシニアムーブメントの端緒となるものであった．しかし高齢者はまだ十分に組織化されておらず，結果として社会保障法の内容に大きな影響力は発揮できなかった．だが「高齢者が連帯して政治へのロビー活動を行い，政策へ影響力を与えうる存在であることを示した点で大いに成功した」とされる．

　その後，1950年代の停滞期をへた後で，1960年代から70年代にかけてシニアムーブメントはピークを迎える．この第2期はシニアムーブメントだけでなくさまざまな社会運動が生成した時代である．公民権運動や女性運動に引き続く第3の大きな社会運動として「エイジズム」に対抗するシニアムーブメント

の勃興と制度化の時期として特徴づけられる．中心となったのは NRTA（1947 年設立）と同様に，エセル・アンドラスらによって設立・発展した AARP（1958 年）等の退職したホワイトカラーや専門職等を中心とした NPO と，民主党や労働組合によって設立された NCSC（1961 年）といった労働組合と政党との連携から発した政治活動団体，そして黒人高齢者連盟 National Caucus of the Black Aged（1970 年）やグレイ・パンサーズ Gray Panthers（1970 年）といったラディカルな社会運動組織であった．この時期の特徴は，社会保障法の存続危機に対して，労働組合や政治団体，社会運動組織と，NPO との有機的な連携が成立したことである．

　第 3 期は，1990 年代から現在にいたる「米国の社会保障制度の危機」をめぐる時代であるが，この問題については米国固有の社会保障制度に関する制度改革内容に特化しすぎるので本節の考察からは除外する．

　第 2 期のシニアムーブメントの特徴は，巨大な社会層となった高齢者を，さまざまな団体が広範囲に組織化できたことにある．政策目標や方法，利害が異なったにもかかわらず連携や協働が成立した．その結果，政策的に大きな成果をあげた．この点を考察しておこう．

　シニアムーブメントで最大規模の団体である AARP は主として退職した専門職や中間層の高齢者を組織していた．この団体の最重要目標は「年齢を理由とした強制退職制度」を撤廃させることと「雇用における年齢差別禁止法」の改訂であった．AARP に次ぐ組織規模をもつ NCSC は，労働組合や民主党支持者のサポートを受けながら，低所得高齢者の問題に焦点をしぼって運動した．その目標は，高齢者のための公的医療保険メディケア（1965 年）と低所得者向けの医療制度メディケイド（1965 年）および「米国高齢者法」（Older American Act 1965 年）の成立であった．もっともラディカルな社会運動はグレイ・パンサーズであった．マギー・クーンというカリスマ的な指導者を持ったこの団体はエイジズムとたたかうことを最大目標としていた．他にもベトナム反戦運動やナーシングホーム改革，メディアの高齢者に対する侮蔑や差別などにも取り組み，高齢者差別と性差別とが連関しているとして「意識改革」を目標に，草の根組織での直接行動などを重視していた．

　このようにタイプも行動様式も異なったさまざまな団体が，なぜ敵対や決裂

することなく,政策的な目標達成で協働できたかについては,さまざまな説がある.そのなかで説得的なのは「代表する利害や運動の方法,目標はみな異なっていた」が「共通するのはどの団体も,多様な高齢者を団結させる主要な戦略として,具体的な運動の直接成果を提供することを重視した」(Williamson and Beard 2007) というものである.これは,タウンゼンド運動の挫折の後に現れた組織の特徴で,理念や理想だけでは多様な高齢者を組織化できないという経験知から発したものである.たとえば,もっともラディカルなグレイ・パンサーズも,高齢者の外出時に車椅子の障害となる段差の解消や,高齢者の投票権の確保など,具体的な成果を獲得することも運動戦略にしていた.またAARP や NCSC は会員となるメリットを豊富に提供することを重視してきた.この点は,後に考察する.

なぜ社会運動と NPO は相補的になりえたのか

福祉 NPO の機能分析の枠組みは,AARP の展開とシニアムーブメントにおける役割を分析する際に,重要な補助線を与えてくれる.社会運動体にはできないことが,NPO には可能だったのである.では,なぜ NPO と社会運動とは分裂や対立ではなく相補的になりえたのか.なぜ NPO が,シニアムーブメントにおいて重要な役割を果たしたのだろうか.この問いに答えるために,迂回的ではあるが,なぜ AARP が成功してきたのかを考えてみたい.NPO として成功した要因は,社会運動とどのように異なっていただろうか.

AARP は,なぜ NPO として成功したのだろうか[8].

第1に,シニア層のニーズに,具体的なサービス提供で応えたからであろう.AARP が成長した時代は,高齢者人口が急激に増大した時代であったが[9],そのニーズに応える政治的な回路は限られ,またシニアマーケットも十分に成立していなかった.AARP が政府や議会にたいするアドボカシーだけでなく,みずから会員組織を形成してグループ医療保険を提供する事業展開を行ったのはそのためである.またさまざまなメディアを通じた積極的な情報提供を行う必要もあった[10].シニアマーケットに積極的に関わり,さまざまな企業と交渉しながらシニア層のニーズを企業に伝え,逆に企業から会員に対してさまざまなディスカウント特典を提供させることに成功してきたのはこうした理由があ

ったためである．シニア層と企業とを媒介しながら，双方にとってプラスとなる事業展開を行ってきたのである．

　第2に，巨大な会員組織を形成し，米国のシニア代表として機能したからである．AARP 以前に，高齢者を代表して高齢者の声やニーズを政治家や議会へ伝える機能を十分に果たしていた組織はなかった．AARP は，高齢者の経済状態，高齢者医療保険，エイジズムなどの問題を提起して，高齢者施策の拡大に成功してきたが，それは米国のシニア代表としての正統性を持っていたためでもあろう．その正統性の根拠は会員数に他ならず，AARP が「巨大な会員数をもつ」ことと「シニア事業体」であることとは，密接不可分であり，どちらかが欠けても AARP の成功はありえなかっただろう．ほとんどの会員にとって加入する理由はシニアムーブメントやエイジズムとのたたかいではなかっただろう．しかし結果として巨大な会員数は，全米のシニア代表という AARP の正統性を確立させた．それゆえ AARP はロビー活動や政策への影響力の行使で成功したのである．社会運動のような「集合行動への明示的な動員」とは異なる「シニアムーブメントへの間接的動員」が成立したと言えるだろう．NPO ならではの方法論がここにはあったのである．

　第3に，非政治的な手法を用いたからであろう．これは政治に関わらないことを意味しない．政治運動や社会運動とは異なる手法をとったのである．AARP が行ったのは主としてロビー活動で，街頭でのデモンストレーションや選挙等でのキャンペーンには加わらなかった．時と場合に応じて，巨大な会員数を背景に，会員を組織化して議員にたいする請願行動なども行ったが，必ずしも主要な方法でもつねに用いる方法でもなかった．大統領選挙などでは予備選挙の段階から会員向けにすべての候補者の「高齢者政策」の内容を引用した「情報提供」を行ってきたが，内容は，高齢者政策に関する情報提供に限定され，政治家の評価や支持などは含まれていない．AARP はグレイ・パンサーズのようなラディカルな直接行動主義はとらなかった．示威行動やデモ，選挙への関与，特定候補者，特定政党の支持や献金なども行わなかった．それはもちろん NPO としては法的に禁じられているからでもあるが，NPO の法的枠組みを越えない活動に自己限定してきたことによって，ロビー活動や政策提言を結果的に成功させたのである．

第4に，財政構造が安定しており，政府や議会にたいして独立したポジションをとることができたからであろう．巨大な規模の会費収入，会員へのグループ医療保険その他のサービスの「仲介手数料」，2カ月に一度発行される全米最大規模の発行部数をもつ会誌への広告収入など，財政的独立を支えるさまざまな収入源があり，政府からの補助金は組織全体からすればごく限定的なものに過ぎない[11]．政府や議会の動向を監視しながらロビー活動を行う利害集団としてのAARPの財政力は卓越している．財政的な独立性は，豊富な専門職人材やロビイストの雇用を可能とする．政府や議会からの干渉に対しても対抗しうる．そのほか，政策研究所という独自のシンクタンクの運営やジェロントロジー研究への積極的な資金提供，傘下に財団をもって高齢者研究の学術助成を行うなど，さまざまな非営利事業を展開できたのはそのためである．さらには独自のメディアとして会報，ニューズレターのみならずラジオやテレビ番組を独自に制作する体制をもち，ラジオではレギュラー番組として放送することにまで及んでいる．これはNPOが収益の私的な分配を禁じられており，本来事業への再投資を積極的に行わなければならないという米国のNPO税制の規定が，組織運営にもたらした好循環とも考えられる[12]．

　次にNPOであることの限界や問題，課題は，どこにあるだろうか．それはNPOという組織の長所の裏面にあるのではないか．つまり社会運動には可能だがNPOにはできないことのなかにあるのではないだろうか．

　第1に，活動の内容と方向性が限定されることであろう．会員制組織であり，シニアへのサービス提供事業を行うという組織特性は，活動内容の限定をもたらす．シニアを代表する「利害集団」「圧力団体」という特徴は，シニアムーブメントの時代にあっては論点や運動の争点を明確化する効果を発揮した．しかし一定の運動成果をおさめた後，1990年代からの「福祉ゆりもどし」の時代には，逆に「高齢者の利害しか考えない利己的集団」や「貪欲な高齢者団体」「世代間の公平さを破壊する高齢者たち」というような「逆エイジズム」ともいうべき反感や反対運動を形成させた．今日，AARPは，こうした「高齢者団体叩き」に対して防戦と苦戦を強いられている．第3期のシニアムーブメント期に対抗的に現れたのは，若年層からの「世代間の平等」（generational equity）の要求の高まりであった．AARPをはじめとするシニア層のロビー活

動や利益団体としての影響力が強まるほどに「世代間の不平等」の声も起こってきた．AARP側は「世代間の相互扶助」（generational interdependence）を掲げて対抗したが，守勢は否めない．

　第2に，会員のコミットメントの弱さであろう．会員であることは，AARPのロビー活動やその内容への明確な支持を意味するわけではない．一般の会員はAARPの意思決定過程にも関与しにくい構造になっている．会員であることと，シニアムーブメントへの参加とは，異なる2つの問題である．しかし第2期シニアムーブメントの時代には，AARPの会員の意識と，シニアムーブメントの主張（年齢差別の撤廃や社会保障政策の充実）との間の距離は大きくなかった．会員となることはシニアムーブメントへの間接的参加ないし賛同でもあった．結果的にAARPと社会運動との連携に矛盾は少なかった．しかし階層的には中間層が多いとされるAARPの会員は，社会運動体のような革新性や冒険につねに同調できるわけではない．NPOと社会運動との接点や相補性は，第2期のシニアムーブメントの時代には大きかった．しかしその後は歩を同一にしているわけではない．

　第3に，組織の巨大化と官僚制化である．会員数や組織の大きさは米国のシニアの利害代表としての正統性をもたらす．しかし組織としての官僚制や保守性も派生させる．また巨大な会員制組織ゆえに組織維持にも難しさが生じる．巨大組織を維持するためには，毎年相当数の新規加入者を開拓しなければならない．現在のAARPにとっての最大課題は，戦後生まれの巨大な人口層であるベビーブーマー世代をメンバーとして獲得・定着させられるかどうかである．定年制度が撤廃された米国では「高齢な退職者の協会」というイメージはベビーブーマー世代から敬遠される．AARPは名称を変更し，さまざまなメディアを駆使した懸命のイメージチェンジをはかっている．しかし会員制によるNPO組織の運営という特徴には不安定さが潜んでおり，それが時代の転換期に顕在化することになる．

　第4に，直接には「政治」に関われないことであろう．NPO法人であることの利点は，税制上の非営利特典を持つことだが，特定の政党や政治家への支持や献金は，これを禁じられている．AARPのような501(c)4団体にとってロビー活動は可能だが，社会運動体の行うキャンペーン型の政治運動や，草の

根の直接行動には組織としては同調して行動することができない．政治への関わりの限定は，AARPにとって社会運動体との連携の必要性を意識させるものであったに違いない．NPO組織であることには固有の限界がある．NPO組織として法令遵守が厳しく求められる制度内存在であることや，NPO組織としてのガバナンスの構造やリーダーシップの構造が社会運動組織のように臨機応変に外部状況の変化に対応できないことなどさまざまな限界要因がここに現われてくる．NPO組織であることは，社会運動組織とは異なった組織特性と条件のもとで活動することを意味する．NPO組織には，不可能なことがたくさんあり，AARPはつねにそれを強く自覚していたであろう．だからこそ第2期シニアムーブメントの時代には，社会運動組織との連携や「相補性」をAARPも強く自覚していたに違いない．

考察——社会運動とNPOとの「相補性」

以上，シニアムーブメントの歴史と，そのなかにおけるNPOとしてのAARPの役割や機能，そしてNPOゆえの長所と短所，問題や課題を考察してきた．NPOには可能だが社会運動体にはできないことがある．社会運動体には可能だがNPOにはできないこともある．1960-70年代のシニアムーブメントの第2期には，両者の差異は，相互に補完できるような相補性があり，結果として成果の獲得に相乗効果を発揮した．AARPにとっても社会運動体との連携は，政策実現にあたっては効果的であった．社会運動体の側から見てもNPOとの連携には大きな利点があったのだ．ただしNPOと社会運動との連携や相補は，つねに可能なものではない．相互に補いあえる条件やメリットのある場合に限って成り立つものであろう．実際，米国のシニアムーブメントでも第3期にあたる1990年代以降には，社会運動や政治運動と，NPOとの連携は必ずしもうまくいってはいない（Williamson and Beard 2007）．

近年のNPO研究では，行政府とNPOとの連携や協働に関する調査・研究が盛んである[13]．反面，NPOと社会運動との連携や協働に関する研究はあまり進んでいない．社会運動研究にとっても，NPOという異質な組織との連携や連合，相補性や相乗性が成立する諸条件の探求は，今後の研究課題であろう[14]．シニアムーブメントをひとつのケーススタディとして，いくつかのポ

イントを提示しておこう．クレーマーは障害者の福祉サービス提供におけるNPOの機能に着目して理論枠組みをつくった．シニアムーブメントだけでなく，福祉や医療，教育などのヒューマンサービス領域で起こる運動には，第1に社会一般にアピールして社会問題としての問題提起とその理解や解決を求める方向性と，第2に法的な根拠および税等の財源をもった社会制度としての確立や改革を求める方向性，そして第3に具体的なサービス提供の方法やその内容に関して，当事者あるいは利害関係者の立場から関与，参加し，あるいは事業体をみずから形成・運営しながらサービス内容の質的・量的改革に関わるという側面の，すべてが含まれているのである．第1と第2の側面では社会運動等とNPOとの連携や相補性が成立しやすい．しかし第3に関しては組織の目的や内容があまりに異なるので，連携や協力が成立しにくい部分がある．むしろNPO相互の連携やネットワーキングによる相補性こそが課題となるだろう．

　本節で検討してきたシニアムーブメントの事例では，米国固有の側面がある．たとえば，米国では政府は直接にサービスを提供することが少なく，行政府とNPOとの連携や協働が形成しやすい制度設計であり，NPOによる議会や政府へのロビー活動も可能である点など他の国々や社会には当てはまらない部分もある[15]．しかしシニアムーブメントの事例から普遍化や応用が可能な部分も大きいと考えられる．人口構造の急激な高齢化やそれに起因するさまざまな問題は，先進諸国のみならず中国や韓国など東アジア等でもすでに大きな社会問題となっている．ところが米国のシニアムーブメントが問いかけた問題は，ほとんどの国々でまだ社会的な課題として残されたままである．高齢者は多いが組織化は進んでおらず，高齢者を政治や政策へと媒介する回路や当事者組織は欠如しており，それを解決しようとする社会運動もまだこれからであろう．米国のシニアムーブメントが示した「多様な団体による高齢者の組織化」や「社会運動や政治運動とNPOとの連携や相補」，そしてエイジズムにたいするたたかい，高齢者政策の策定や決定への市民参加などは，グローバルにいつどこで起こっても不思議はないのである．その場合に，個々の組織や団体レベルの研究だけでなく，社会運動とNPOといった異質な組織相互の連携や相補の起こりうる諸条件の，より具体的で実証的な研究が必要になるだろう．とくに福祉国家から福祉社会への転換の過程で，非政府組織でありながら非営利事業を行

い，ヒューマンサービスの生産と提供機能をもつ NPO のようなアクターの存在意義が大きくなることは確実である．こうしたアクターを組み込んだ新たな社会学的モデルの構築が必要となるであろう．

　脱工業化社会論やポスト産業社会論という産業社会の構造転換とともにトゥレーヌ（Alain Touraine）らの「新しい社会運動論」モデルが形成され，社会運動研究に新たな視点が生まれた[16]．米国のシニアムーブメントの事例が示唆しているのは「高齢社会における社会運動と NPO の協働や相補」という枠組みの必要性である．今後，福祉分野だけでなく，もっと多様な領域で，社会運動と NPO 組織とのさまざまな関係性のあり方についての実証的な研究が現れてくるだろう．そこから「NPO の社会学的研究」にとっての重要な課題が見えてくるに違いない．それは，社会変動と変動主体についての新しいパースペクティブを提示してくれるのではないだろうか．

4　世界最大の高齢者 NPO —— AARP の実態と分析

エセル・パーシー・アンドラス

　AARP の創始者エセル・パーシー・アンドラス（Ethel Percy Andrus）は，1884 年にサンフランシスコで生まれた．その後，家族とともにシカゴに移った．彼女はその後の人生を「教育者」として歩んでいくことになるのだが，そのころから社会改革家としての素質もあったようで，昼間学校で教えるだけでなく，夜間はセツルメントでクラスを持ったりしている．その後，父親が健康を害し，家族ともどもカリフォルニア州へ戻ってから，ロスアンゼルスの高校で教えることになった．やがて，東ロスアンゼルス高校の校長となる．カリフォルニア州で初の女性高校校長であった．その間，南カリフォルニア大学で博士号を取得するなど，女性教員の最先端を走っていた．

　校長時代のアンドラスは，さまざまな教育プログラムも開発した．東ロスアンゼルス地区は，さまざまな人種の混在する問題の多い地域であり，非行や犯罪も多発していた．エイブラハム・リンカーン高校に移ってから学生のボランティア活動のためのコーディネートの仕組みをつくり，学生が看護師の補助や地域の子どもの学習の面倒をみるなど，コミュニティでボランティア活動をし

やすくするプログラムをつくった．これらの経験は，ボランティア活動を通じて，コミュニティの中での自分の存在価値を実感し，コミュニティの生活の質（QOL）を向上させるという，後の AARP によるコミュニティ・ボランティア・プログラムに受け継がれることになった．

　アンドラスは，リンカーン高校で 28 年つとめたあと 1944 年に定年退職した．
　こう記載すると，ごく普通の人生のようにも見える．教師でありながら，大学に通って博士号を取得し，初の女性高校校長となったことなどは特記されるものの，教師生活の間は，とりたてて目立つほどの人生ではなかった．しかし，がらりと様相が変わるのは，定年退職後である．その後，1967 年に亡くなるまでの 23 年間は，波瀾万丈の人生だったようだ．

定年退職

　アンドラスが社会改革家としての素質に目覚めるのは，校長を定年退職してからだ．「定年退職」は，日本ではごく自然なことと受け止められている．日本語としてもとくに価値判断を含んだ言葉ではなく，ニュートラルな語彙といってよかろう．しかし英語では定年退職は "compulsory retirement" や "mandatory retirement" と表現される．つまり「強制退職」の意味を帯びる．自発的な退職ではなく強制されたものなのである．理由は「年齢」である．組織や社会が，ひとりの人間の能力や業績からでなく，その人間のもつ属性（年齢）だけで判断しようとする仕組みが定年退職の本質には含まれている．日本語では気づかれにくいこうした人間判断の仕組みのなかに，アンドラスは人間を年齢によって「差別」（discrimination）する臭いをかぎとった．しかしそれはもう少しあとの話となる．

　まず，定年退職によってアンドラスが直面した衝撃は，年金水準の低さ，医療保険の途絶といった現実的な不利益であった．アンドラスの退職した 1944 年はまだ第 2 次世界大戦のさなかである．大恐慌やそれに引き続く第 2 次世界大戦で，当時の米国の経済はまだ回復してはいなかった．当然，年金水準は低かった．さらに大きな問題だったのは退職によって職場が保証していた医療保険が切れてしまうことであった．よく知られているように，米国には日本の健康保険にあたるような公的な医療保険がない．仕事についている間は職域保険

があるが，退職して組織に属さない一個人に戻ったあとは，民間の医療保険に入るほかはなかった．しかし当時の民間保険会社は，65歳以上の高齢者を"risk group"と見なしてなるべく保険に加入させないようにしていた．これは年金以上に高齢者に不安と不満を抱かせる社会的事実だった．

アンドラスは63歳になった1947年，退職教員協会（NRTA：National Retired Teachers Association）を創設した．第1回目の会合はカリフォルニアのアンドラスの自宅居間で開催されたという．この団体の課題は退職教員の全国フォーラムを開催し，社会にたいして年金改革，税金還付，住宅改善，そして医療保険改革を求めるものであった．またアンドラスはこの団体が，「年をとること」や「退職」「老人」といった高齢者についての負のイメージを変革することをめざす「先導者」となろうとしたのだった．この年，NRTAの会員数は125名だった．

高齢者へのグループ医療保険

アンドラスたちは，まず緊急課題であった医療保険に焦点を絞って活動を開始した．

もちろん，行政や政府にも高齢者医療保険が必要なことは訴えたが，自由と自立を求める米国社会で，公的な医療保険がすぐに実現する可能性はきわめて低かった（現在でも限定的なメディケア・メディケイドがあるだけである）．そこでアンドラスたちのとった戦略はいかにも米国的なものであった．NRTAの会員を増やして，数の力を背景にグループ医療保険を提供しようというものであった．

しかし，この戦略はアイデアとしては良かったものの，なかなか実現にはいたらなかった．保険業界の高齢者への偏見（高齢者は一般に病気がちで，保険業界にとって危険なグループであるという偏見）が強かったためである．

アンドラスは保険業者を42社も訪ねては断られ，43番目に出会ったニューヨーク州の保険ブローカー，レオナード・デイビス（Leonard Davis 当時は，コンチネンタル保険会社に所属）によって，ようやくそのアイデアが現実のものとなったのである．このグループ医療保険は全米初の全国規模の高齢者へのグループ医療保険であった．当時，NRTAは会員4万人．年会費1ドル

でNRTAに入ると，毎月5ドルでグループ医療保険に加入することができた．この画期的なグループ医療保険によって会員数は激増し，NRTAも大発展した．そして，アンドラスとデイビスは，高齢者のグループ医療保険がビジネス的にも成功するものであること，そして何より退職教員だけにグループ医療保険のニーズがあるのではなく，全米の高齢者全体が同じニーズを持つことを発見した．

こうして，アンドラスとデイビスとは，NRTAとは別団体として，全米の高齢者へグループ医療保険を提供するなど高齢者のさまざまなニーズに応える団体をつくることを決意し，1958年，American Association of Retired Persons（全米退職者協会）を，ワシントンDCで民間非営利組織（NPO）として設立した．

この出会いは，保険業者デイビスにとっても運命的な出会いであった．保険業界の誰もが断った高齢者のグループ医療保険を引き受けるという大きな賭にでて，信じられないほどの大成功をおさめたからである．わずか31歳の保険業者であったデイビスは，保険業者として大成功した．1963年にはコロニアル・ペン保険会社を創設してAARPのグループ医療保険を独占的に提供し（今日ではこの独占は切れている），一代で巨万の富を築いた．そして，南カリフォルニア大学にアンドラスとともに多額の寄付をしてフィランソロピスト（社会貢献家）としても名を残している．レオナード・デイビスは2001年に亡くなった．彼に巨万の富をもたらした高齢者へのグループ医療保険は，アンドラスにとっても，さらなる活動の舞台を提供した．それがAARPの展開である．

全米退職者協会の創設

アンドラスは，退職した教員のニーズが医療保険だけではないことはもちろん承知していた．すでにNRTA時代の1953年には，退職教員の年金等への課税の減免を訴えるキャンペーンを行ったり，1954年にはカリフォルニアにグレイ・ゲイブルズ（Grey Gables）という高齢者のリタイアメント・コミュニティをつくったりしていた．高齢者の多様なニーズに応えるためにも，会員の枠を狭く「退職教員」とするのではなく全米の高齢者一般に広げ，全米規模で活動を展開したいと思うようになっていたに違いない．グループ医療保険での

成功は，こうした活動の展開にとって，またとないチャンスを与えた．

　繰り返しになるが，こうして1958年に，アンドラスとレオナード・デイビスとは，American Association of Retired Persons を NPO として設立した（以下，AARP と略称する．2000年からは AARP が正式名称になっている）．当時，会員数は6万5,000人であった．

　AARP の定款によれば，そのミッション（目的）については「AARP は，50歳以上の人びとのニーズや関心に応えるための会員組織である．情報提供や教育，アドボカシーやサービス提供を通じて，われわれは，人びとの生活の質の向上に寄与し，それをもって人びとの自立と尊厳，人生目標の達成のためにつくす」とある．

　したがって AARP の主な目的は4つであると規定され，それは今日にいたるまで変わっていない．第1が情報提供である．これは，高齢者の生活の質の向上に関連するさまざまな情報を提供することであり，『モダン・マチュリティ』（*Modern Maturity*）という会誌や『AARP ブルティン』（*AARP Bulletin*）というニューズレター，さらにラジオ番組やＴＶ番組などとなって実現されることになる．第2が教育である．これはアンドラスが教育者であったことからも当然なことのようにも思われるが，この場合の教育は学校教育のことではない．高齢になっても生涯学びつづけ発展しつづけるという意味での生涯教育である．さらに高校長時代にコミュニティ・ボランティア活動を促進していたことからも分かるように，高齢者がコミュニティのなかで役割を果たしつづけ，社会のなかで有意義な存在となり，自己の存在意義を確信できるようにするためのボランティア活動をその中心としているのである．第3は，アドボカシーである．この場合のアドボカシーとは，AARP が州議会や連邦政府，連邦議会をチェックして，高齢者の不利益になりそうな法案や政策が提出されれば，高齢者の意見を代弁して抗議したり，対案や代案を提出したりする活動を行うことを意味する．また，政府や行政，議会主導の政策に対抗するためのシンクタンクや政策研究所の設立も行っている．今日では，ワシントンDCの本部には議会対策を行う専門のロビイストを雇用するまでになっている．第4がサービス提供である．これが高齢者グループ医療保険の提供や，多様に展開する高齢者関連事業（薬の通信販売，旅行関連のサービス，自動車保険・傷害

保険・家屋保険などのさまざまな保険サービス，資産運用などのサービスなど）となる．

　AARPは，このように，当初から高齢者へのサービス提供を行うだけでなく，ましてや高齢者の親睦団体などではなく，NPOとしての組織構造をもっていた．つまり，一方で高齢者の権利擁護（アドボカシー）や高齢者への差別偏見の是正を目的とした社会運動としての側面をもちつつ，他方では高齢者のニーズに応えるサービス（グループ医療保険の提供など）を行う市民事業，今日の言葉で言い換えれば社会的企業（ソーシャル・エンタープライズ）となって社会運動としての側面を財政的に支えるという構造になっていたのだ．

社会教育家としてのアンドラス

　AARPの設立と並行して，アンドラスは会長としてさまざまな活動を行う一方で『モダン・マチュリティ』という会誌を発刊し，その編集長をつとめている．また会員のための旅行サービスを開始し，ヨーロッパへのツアーなども始めた．この会誌の編集は，ことのほか彼女の資質にあっていたようで，彼女の巻頭言（editorial）はまとめられ，後に出版されているほどである（Andrus 1968）．そのなかで彼女は，多くの仲間に呼びかけ，高齢者というイメージの転換の必要性を訴えている．つまり，衰弱し病弱で，家族や社会に依存し，過去の存在であるという偏見に対置して，これまでの人類社会の賢智を継承し，健康でありつづけながら，地域コミュニティや社会にたいして自立しながら貢献していくという新しい高齢者像をつくり上げようとしたのだ．そしてそのためにこそNRTAやAARPが，行動を起こし，反対や困難を乗りこえつつ，人生の価値を実現していくべきだと論じているのである．

　アンドラスは教育者としての前半生を踏まえて，退職後の後半生は社会を教育するための活動に専心したのである．アンドラスにとっては，NRTAやAARPは自己実現の道具であるとともに，社会実現の道具でもあったはずだ．アンドラスは，教育者や講演家・文筆家としての自己実現を，NRTAやAARPでの講演や，『モダン・マチュリティ』への巻頭言などを通して達成している．しかしたんに文筆や講演にとどまらず，人びとを組織し，仲間をつくりながら社会へと問題提起していき，そして社会を変革するアクションを起こ

すことも，同時にめざされていた．自己実現と社会実現とは，アンドラスにとって不可分だったのである．

アンドラスの死去と組織の継承

エセル・パーシー・アンドラスは 1967 年 7 月 13 日，心臓発作により 83 歳で死去した．通常，これだけのカリスマ性をもった指導者の死去は，団体や組織，とりわけ AARP のようなボランタリーな人びとの集まりにとっては大きな打撃となるはずである．ところが，NRTA も AARP もアンドラスの死去によって混乱したり衰退したりはしなかった．アンドラスたちが周到に準備し，組織の運営をうまく継承したからに違いない．アンドラスが，もし NRTA や AARP を自己実現のための道具としてしか見ていなかったならば，このようなスムーズな継承は起こらなかったはずである（NRTA はやがて AARP の一部門として統合されていくことになる）．AARP はたんにアンドラス個人の自己実現の道具ではなかった．すでに社会実現のための広く共有された組織へと転換していたのである．アンドラスの精神が，人びとを NRTA や AARP に呼び寄せ，そしてその精神は継承された．ここにも，アメリカの NPO という仕組みの大きな長所をみることができよう．以下では，アンドラス以後の AARP の展開を概観しておこう．

5　AARP の活動と米国社会

1960-1970 年代の米国と AARP

1960 年代の米国は，空前の豊かさを経験していたが，一方で，そんな米国の内部に，深刻な貧困問題や人種差別問題があることも明らかになった時代でもあった．1960 年代前半から各地の都市部で黒人暴動が頻発し，そうしたなかから公民権運動が燃え上がった．AARP の活動もこうした時代の流れと呼応していたのだ．医療保険の分野でも，公的な健康保険が存在しないことから，とりわけ高齢者や貧困層が満足な医療サービスを受けられない実態が明らかになり，1965 年には対象や内容が限定されたものとはいえ米国初の公的医療保険となる「高齢者医療健康保険」（Medicare）と「医療扶助」（Medicaid）が

制度化された．これには，市民生活への国家の介入を嫌う米国の伝統から多くの反対もあったが，成立にこぎつけられたのは AARP などの高齢者運動があったからだった．さらに 1967 年に制定された「年齢差別撤廃雇用法」は，74 年，78 年と何度か改正されるうちに，年齢による強制退職制度を憲法違反とし，少数の職域の例外をのぞいて雇用における年齢制限を禁止するにいたった．人種を理由とした差別を公民権運動や黒人解放運動が告発し，性を理由とした差別をフェミニズム運動が糾弾していた時代状況があり，高齢者運動もまた人種差別反対や性差別反対とまったく同じ論理論法を用いて「年齢差別」を告発し，改革していったのだ．そうした流れの中心にいたのが AARP だった．

社会運動体としての AARP

　AARP は発足当初から老年差別と戦うことを使命として掲げている．そして高齢者の生活の質を高めるため，高齢者政策の形成過程や政治過程にも積極的に関わってきた．AARP は毎年『公共政策課題』（*The AARP Public Policy Agenda*）という大部の政策提言集を出している．これは全米の会員の意見を吸い上げつつ本部がまとめたものである．AARP は高齢者の声を集め，代表するシンクタンクとしても機能しているのである．また，連邦政府だけでなく各州の議会や州政府の政策をつねに監視しながらロビー活動も行っている．さらに「AARP／投票」というプログラムを持ち，会員への政治教育・投票促進活動を行い，さまざまな選挙時に候補者の高齢者施策の見解をチェックし，その結果を会員に伝えている．高齢者は投票率が高く，しかも AARP はかなり組織化した行動をとるので，これは候補者にとっては相当な影響力を持つ．米国大統領選挙の年などは，予備選の早い段階から，民主・共和両党の大統領候補者の，社会保障，メディケア，長期ケア，医療保険などの高齢者施策の一覧表をつくって会員に配布するなど，積極的な情報提供を行っている．

　ワシントン DC の本部には，多くの専門のロビイストがいて，連邦政府や議会を見守り，必要なら議員へ政策提言したり，働きかけたりするロビー活動を積極的に行っている．全米各州でも州議会の動向をつねに監視している．高齢者に不利な施策が提案された場合にはただちに本部で検討され，各地の訓練を受けた会員のボランティアへ指令が飛び，一斉に議員やその事務所へ電話やフ

ァックスを送り，ボランティア代表が議員に面会攻勢をかけるともいう．こうした政治的にアクティブな行動力もまた AARP 独特のものである．ただしこれは，AARP による「政治活動」ではない．AARP は NPO なので「政治活動」は禁じられている．あくまでも高齢者の会員への「情報提供」と，その提供された情報にもとづく会員個人のソーシャルアクションなのだ．AARP は NPO という制度内の存在なので，そのガイドラインを遵守することも求められている．

AARP 会員のプロフィールとサービス

　AARP の会員資格は 50 歳以上であることだけである．2008 年現在の会員数は 3,900 万人，家族で入会している人は 2,100 万世帯にのぼる．これは米国の 50 歳以上人口の約 45％にあたる．年会費は 2007 年現在 12.5 ドル．夫婦会員には割引もある．また，会員の正確なプロフィールは公表されていないが，AARP から筆者が提供されたさまざまな資料を総合すると次のようになる．会員年齢の中央値は約 65 歳，性別では女性のほうがやや多い．AARP は発足当初は「全米退職者協会」であったが，前述したとおり，AARP などの活動によって米国では「定年制度」が撤廃されたこともあり，現在の会員に占める「退職者（引退者）」の比率は 5 割以下である．もはや「退職者協会」ではなく，それに応じて名称も頭文字をとった AARP へと変更された．会員構成におけるエスニシティ（人種・民族）の構成は，個人情報保護もあり詳細は開示されていないが，白人が多数を占めており，アフリカ系米国人やアジア系米国人は 10％未満の比率であるようだ．また近年急激に人口を増やしている中南米系のヒスパニックの会員は，後述するような会員拡大戦略の中心となる人口層で，急速に会員数が伸びているという．

　AARP の活動により定年制度がなくなった米国では，もはや会員の過半数は「退職者」でなくなっている．会費は低廉で，夫婦で会員になったり，会費の前払いを行ったりすると割引でもっと安くなる．会費を払うと，AARP の会員サービスが受けられるようになり多くの実利がある．クリントン前大統領も 50 歳になると AARP の会員になったそうだ．

　会員は『モダン・マチュリティ』という隔月刊の雑誌と『AARP ブルティ

表 4-1　AARP 関連年表

年	AARP の動き	高齢者関連の動き	米国社会全体の動き
1947	NRTA（全国退職教員協会）設立（エセル・パーシー・アンドラス代表）		
1951			ホワイトハウス高齢化会議
1955			米最高裁，公立学校における人種差別撤廃の実施を命令 アラバマ州で人種差別バス・ボイコット運動始まる
1956		NRTA によるグループ医療保険	
1958	AARP（全米退職者協会）設立	『モダン・マチュリティ』創刊	
1959	セント・ピータースパーク老人ホーム設立 5 人の理事による集団指導体制始まる	『AARP ブルティン』創刊	
1960	初の支部（チャプター）設立		学生運動始まる（SDS，SNCC 等）
1961	支部 100 カ所に		
1963	ARP インターナショナル設立		キング牧師主導による人種差別反対の「ワシントン大行進」
1964	初の全国総会開催 2 年に 1 度の総会が始まる 支部 300 カ所に		全米各地でベトナム反戦学生運動広がる
1965			メディケアとメディケイド法の成立
1966	NRTA 会員 18 万人 AARP 会員 100 万人に 支部が法人化される		
1967	エセル・パーシー・アンドラス死去	高齢者のためのドライバーズ教室始まる	全米にウィメンズ・リブ・グループ出現
1968	支部 500 カ所に		キング牧師暗殺 各地で黒人運動激化 フランス，ドイツ，日本など世界各地で学生運動広がる
1970	AARP 会員 220 万人に	納税補助プログラム始まる 生命保険の提供始まる	NOW による女性解放運動拡大

1971			ホワイトハウス高齢化会議
1973	南カリフォルニア大学にアンドラス・ジェロントロジー・センター設立 AARPアンドラス財団設立		
1974	すべての州に議員連盟設立		
1975	AARP会員820万人に 支部が2,230ヵ所に	ラジオ番組「プライム・タイム」放送開始	
1976	NRTA会員が51万7,000人に		
1978			段階的に定年制度撤廃始まる
1979	AARP会員が1,160万人 支部が2,904ヵ所に	コロニアル・ペンからの保険業務分離 自動車保険発売	
1981		プルデンシャル社によるグループ医療保険の提供始まる	ホワイトハウス高齢化会議
1982	NRTAがAARPの一部となる		
1983		ハートフォード社による自動車保険および住宅保険提供始まる	
1984	レイクウッド本部の運営開始		
1985	AARP会員2,000万人		
1986	AARP投票プログラム開始		定年制度の撤廃
1988	ホレス・ディーツ代表となる		
1991	本部がワシントンDCの601E通りに移転 スタッフ組織の再編成，脱中央集権化の開始 ・「フィールド・サービス」が独立した部局となる（州議会へのロビー活動，AARP投票プログラム） ・調査部門の設立 ・会員部門の設立 ・弁護部門が本部に移動	年金受領サービスの開始	
1992	AARPの会員が3,300万人に到達	「プライム・タイム・ラジオ」放送開始	
1993			医療保険改革のヒアリング
1995		AARPオンラインの開始	シンプソン法によるロビー活動改革法

1996	AARP財団の再編成など，組織の再編進む 法律サービス・ネットワーク設立	「AARPヘルスケア・オプション」創設 会員への医療保険の拡大	
1997	NRTA50周年		
1998	AARP40周年 アンドラス財団30周年	強制的電話勧誘反対キャンペーン	米国のベビーブーマー世代が50歳に
1999	AARPサービスの設立		
2000	「全米退職者協会」を名称変更．短縮型の「AARP」が正式な名称となる		
2001	ビル・ノベリ，CEOに就任 『マイ・ジェネレーション』発刊		
2002	AARP州事務所，全米50州全てに展開		
2006		「AARPグローバル・エイジング・プログラム」等により，米国以外の高齢者団体との連携を模索中	AARP，ブッシュ政権の「年金改革」政策と対決して勝利する

ン』というニューズレターを受け取る．そして会員割引価格でグループ医療保険への加入ができる．また，医薬品の郵送販売，民間の年金プラン，自動車保険，生命保険，住宅保険，クレジットカード発行，旅行関連サービスなども格安で利用できる．これらは，基本的にAARPという巨大組織が個々の企業と交渉し，会員対象の特別割引料金で提供するものである．会員になることの大きなメリットと言ってよいだろう．

政府との協働

このほかにも，AARPは会員に限定しないさまざまなサービスも提供している．たとえば政府からの補助事業として，55歳以上高齢者の運転技能向上プログラム，納税申告補助プログラム（米国ではすべての人が確定申告を自分で行わなければならないので，高齢者にたいしてその記入の補助を行う），未亡人への相談援助プログラム，生活費の代理受け取りプログラム（みずから金銭管理ができなくなった高齢者への援助），低所得高齢者へのコミュニティ雇

用プログラム（労働省からの補助で低所得高齢者をコミュニティで雇用するプログラム），環境雇用プログラム（環境庁の補助事業で，高齢者を環境保全活動に雇用する）などである．これらは，連邦政府からの補助金にもとづき，AARPがプログラムの実施をしている．いわば政府との協働で福祉的なプログラムを実行しているのだ．米国では，ソーシャルサービスの多くがNPO等の民間団体を通じて提供されており，AARPもその一翼を担っているわけである．連邦政府のプログラムのように全国的なものは，AARPのような全国ネットワークをもったNPOとの協働で提供されることも多くなる．高齢者施策では，もはや政府もAARPとの協働ぬきには政策立案も実施も困難になっている．ただし，この関係は日本の場合とはかなり異なっていて，互いに独立しあったうえでの契約にもとづいた協働（コラボレーション）である．米国では，政府や行政が肥大化することに大きな警戒感があるため，政府や行政でなくてもできることは，できるだけ民間に任せようとする．NPOには公共サービスを提供する社会的な使命もあるのだ．

情報提供活動

　会員むけの雑誌やニューズレターのほかに，AARPは高齢者の生活や施策に関わる情報を提供するラジオ番組をもち，テレビ番組も制作している．ワシントンDCの本部の中には独自のラジオスタジオやテレビスタジオを持っており，自前でラジオやテレビの番組制作を行っているのである．とくに医療保険改革等に関しては，衛星放送を使って全米をネットワークして大がかりなシンポジウム番組をつくったりしている．高齢者の医療や福祉の話題に関しては，政治家を招いての討論番組なども制作し，全米の公共放送ネットワークを通じて放送されている．

　一方，高齢者への法律相談プログラムでは，高齢者への法律相談を無料電話のホットライン方式で行っている．学術的なジェロントロジーの学会や会議をサポートし，ジェロントロジーに関する学術論文研究のデータベースも作成し公開もしている．

地域でのボランティア活動支援

　地方の議会への働きかけの行動を起こしたりするのは，AARPのボランティアが中心である．全米4,000カ所の地域支部（Chapter）に登録している人が90万人以上，ボランティアとして地方や本部のために活動する人が16万人以上いるという．ロビー活動だけでなく，電話相談や納税申告援助，健康チェック，運転技能向上プログラムなどもボランティアが実施の中心である．AARPではこうしたボランティアの中心になるリーダーを特別な学習センターで訓練してセミプロ級のボランティア・コーディネーターにスキルアップさせているという．ロスアンゼルス支部などを見学したところ，支部の専従スタッフは，政策立案や議会対応を中心としていて，支部はボランティアの会合や研修などに関わっているとのことであった．

　巨大な組織なので，簡単に要約しただけでも，広範囲な活動だということが分かるであろう．

　ただし中核は会員サービスであり，なかでもグループ医療保険サービスである．これこそ発足当初から一貫してAARPの発展を支えてきたものである．AARPは，一種の社会運動組織であると同時に，高齢者の共済組織としても発展してきたのだ．多くの人がグループ医療保険に入ることによって会員が増大すると，高齢者にはさまざまな関連したニーズがあることが把握される．たとえば医薬品の通信販売や，生命保険や自動車保険，さらには退職後の時間のためのボランティア活動機会の提供や，旅行代理業やエンターテイメントへのニーズなどがそれである．こうして高齢者の医療保険から始まって，多様な派生サービスが生まれてきた．このように会員サービスが拡大していく一方で，会員に限定されない公共サービスの創出や提供にもAARPは積極的だった．連邦政府との協働による高齢者の運転教室や高齢者への電話相談など，その活動は多方面にわたっている．また，AARPのルーツは，高齢者への年齢差別や退職者への社会的不利への怒りであったから，定年制度廃止運動などでは社会運動組織としての側面を発揮した．連邦政府や州政府など行政府での高齢者施策をつねに監視するとともに，議会や議員へ働きかけるなど，ロビー活動にも積極的である．

6　AARPの組織と財政

AARPの組織

　このような活動を行うため，AARPは2007年現在大きく5団体に組織的に分かれている．ミッションを掲げた社会運動部門だけでなく，政府から補助金を受けて高齢者のための社会サービスを提供し，会員に対するグループ保険や薬の通信販売といった事業展開も行うなど，さまざまな事業目的が複合してきたため，こうした分割を行うようになったと考えられる．

　第1がAARP本体である．AARPは，1958年に設立され「高齢者の利益の向上をめざす非営利組織である」とうたわれ，IRS（内国歳入庁）の免税団体カテゴリー501(c)4である「社会福祉団体」（social welfare organization）となっている．この「社会福祉団体」というのは，公民権運動などからしだいに組織化された団体などが多く入るカテゴリーで，日本の社会福祉団体と必ずしも同じ概念ではない．一種の政治的な団体でもある．AARPはロビー活動を活発に行い，4年ごとの大統領選挙などでは，その巨大な会員数を誇示しながら各候補者に高齢者施策を問いただしたりしていたのだが，それが1990年代に議会からの反発を招き，現在では，ロビー活動はとても慎重に行っているようだ．

　第2が「AARP財団」（AARP Foundation）である．これは1961年設立の501(c)3団体であるが，連邦政府からの助成金や補助金を受けて，高齢者の職業訓練プログラム（労働省の補助事業）や，「納税補助」（内国歳入庁の補助事業）などを行っている．

　第3が「AARP財政サービス」（AARP Financial Service Corp）で，AARP会員のための投資プログラムを行う会社である．非営利組織ではなくて営利組織である．

　第4が「アンドラス財団」（Andrus Foundation）．1968年設立のジェロントロジー（老年学）の研究を助成する501(c)3団体で，ジェロントロジーに関する学術データベース「エイジ・ライン」（Age Line）や，南カリフォルニア大学（エセル・パーシー・アンドラスの母校）にAARPが寄附して設立され

た老年学研究施設であるアンドラス・ジェロントロジー・センターなどを援助している．

　第5が「AARP サービス」（AARP Services, Inc.）で，AARP 会員のためのサービスや製品開発，マーケティングを行う営利会社である．こうした組織実態は，じつは，頻繁に変わっている．急激に変化する社会情勢や政治情勢に対応している結果とも言えよう．

財政規模

　こうした団体の連結決算報告を概観してみる．

　AARP 全体の収入は 2006 年に約 10 億 1 千万ドル（1 ドル 120 円程度の簡易計算を行うと約 1,200 億円）．これは連結決算対象となる 5 団体分だけであり，このほかに，全米各州にくまなく張りめぐらされた支部は別組織・別会計となっている．内訳をみると会費収入が約 4 分の 1 で最大である．ついで医療保険等の手数料収入が 40％，ついで，AARP 財団が，労働省と内国歳入庁などから受ける連邦政府補助金が 8％となっているが，雑誌や機関誌の広告収入が 12％を占めているのも驚くべきことである．会員に無料で送付される 2002 年に名称が『モダン・マチュリティ』から変更された雑誌『AARP マガジン』（*AARP the Magazine*）は隔月刊だが，発行部数 2,200 万部と定期刊行物としては全米最多の発行部数を誇るので，この雑誌の広告収入だけでも相当なものになる．さらに手持ち資金の投資による運用益もある．日本の財団などが低金利政策のもとで，基金からの果実収入をほとんど失っているのとまったくの対照を示している（図 4-2）．

営利と非課税の境界

　米国の NPO は「民間非営利組織」と訳されることが多いのだが，「免税団体」もしくは「非課税団体」と訳したほうが適切だと言う人もいる．AARP も，非営利で高齢者のための社会運動を行うために出発し，非課税の扱いを受けているが，やがて組織の規模が拡大するにしたがって，営利を目的とした活動でなくても収益があがり，現在のように巨大に発展してきた．そこで非営利部門と営利部門とを組織的にも分離してきたのである．米国の NPO の歴史に詳し

図 4-1　AARP の組織構造

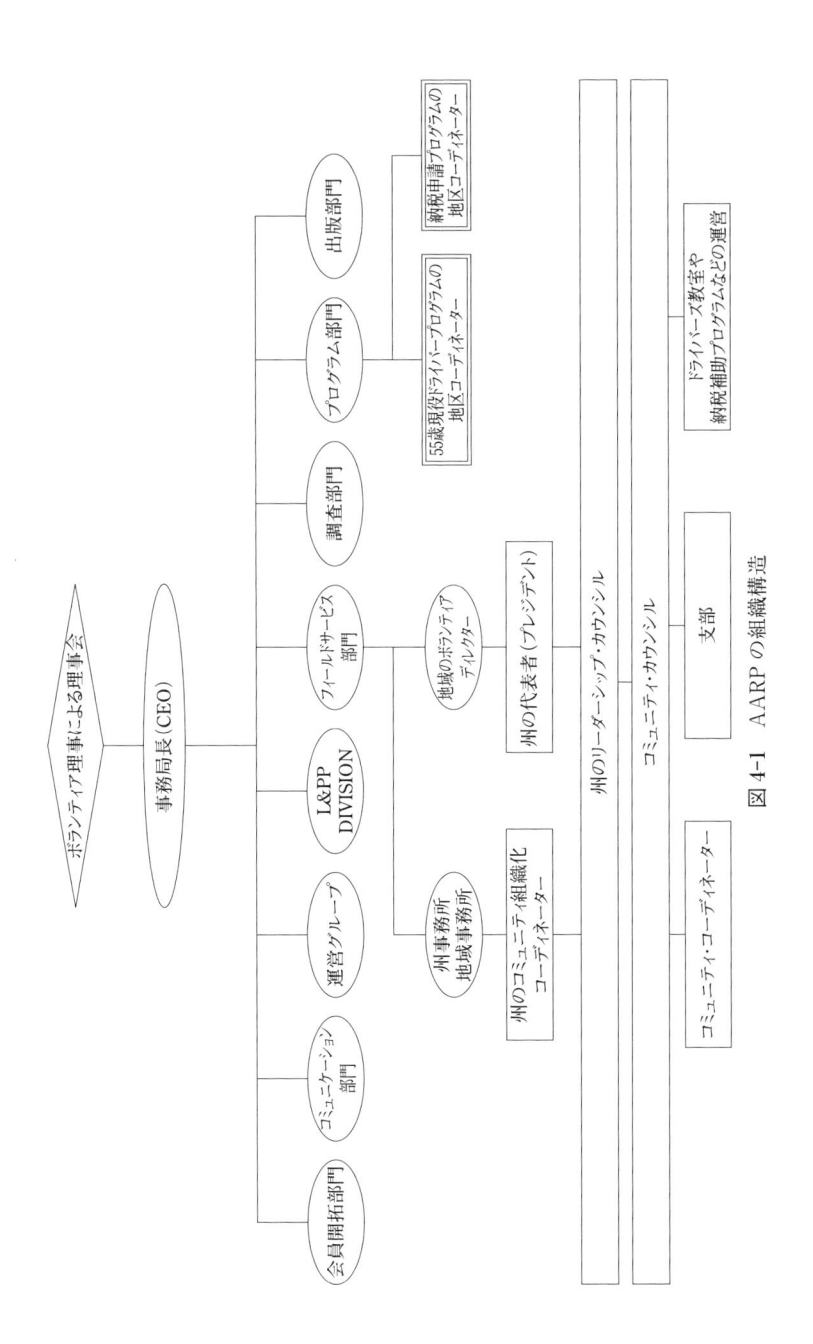

第 4 章　福祉 NPO の可能性と課題　　189

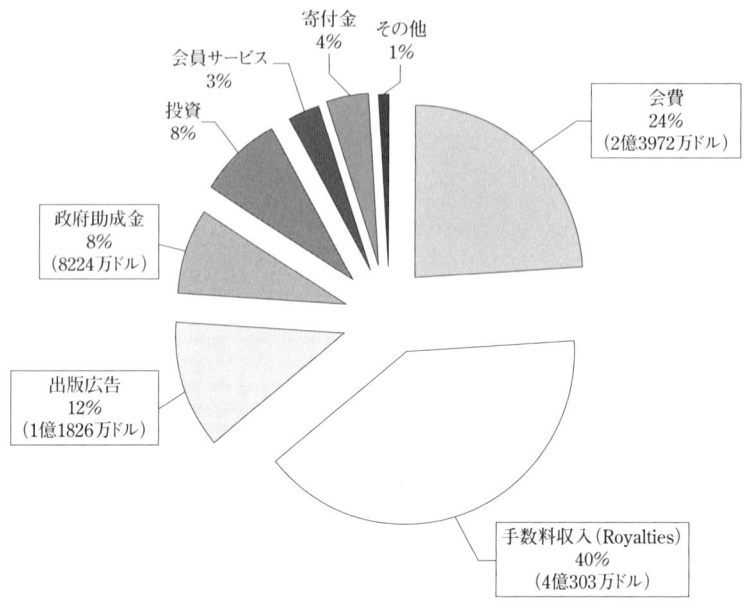

図 4-2　AARP の収入構造（2006 年）
注：収入総額 10 億 958 万ドル（1,206 億 9,360 万円（1 ドルを約 120 円で換算））．

（グラフ内訳）
- 会費 24%（2億3972万ドル）
- 手数料収入（Royalties）40%（4億303万ドル）
- 出版広告 12%（1億1826万ドル）
- 政府助成金 8%（8224万ドル）
- 投資 8%
- 会員サービス 3%
- 寄付金 4%
- その他 1%

いハーバード大学のホール（Peter Dobkin Hall）教授によると，NPO 制度の歴史は紆余曲折をへていて，課税範囲を拡大したい政府や，ロビー活動を制限したい議会と，それに反対する民間とのたたかいの歴史である．だからこそ，非営利組織の種類が何十種類もできて，内国歳入コードが複雑になっている．これは理論的なものではなく，政府や議会と，民間との綱引きの結果である．

　ではやはり NPO は「非課税団体」というのが正しいだろうか．そうとは言えないだろう．AARP がなぜこのように発展したのかといえば，高齢者を暗黙のうちに差別し，あるいはマーケットとして見るだけだった企業や社会に対して，高齢者の声やニーズを代弁した活動を行ってきたからだ．

　AARP に類似した高齢者団体は現在の米国にはたくさんある．また高齢者へのグループ保険を提供している保険会社も現在では数多い．そうしたなかでなぜ AARP が信頼されているかといえば，「高齢者の生活の質を高める」「高齢者の自立，尊厳，目的を助ける」「高齢者のイメージを改善する」ことにより公共の福祉を推進する（AARP の定款より），という非営利組織独特のミッ

ションとその実績からだろう．高齢者のために高齢者自身が参画しながら非営利で運営している，高齢者の共済組織だということが，信頼感をうみ，結果的に巨大な会員と政治的にも強い影響力を保持しているのであろう．

また，米国流に考えると，ミッションをもった活動が本当に社会のニーズに応え，社会の福祉の向上に貢献しているかどうかのひとつの判断基準は，その団体の会員が増大し，活動が拡大・発展しているかどうかにある，とも言える．米国では社会から本当に必要とされている活動なら，寄付も自然と集まり，ボランティアも集まり活動量も増え，結果として組織や団体の規模も拡大していくはずだと考える．活動が拡大・発展していけば，自然と事務所やスタッフが必要となって，ボランティアだけのゆるやかな集まりから，合理的で組織だった活動へと展開していくことになる．組織の拡大・発展は，米国の論理によれば，活動の正しさの反映である，ということになるのである．

組織運営の合理性という観点からみると，米国では，非営利組織も，営利会社も，大きな相違点はない．組織活動を最大限に効率化・合理化し，社会のニーズに最大限に応えることが，組織の目標になっている．組織の拡大・発展は，活動の正当性を証拠だてるものに他ならない．このとらえ方は，社会学者 M. ヴェーバーの考えた近代的組織の合理化過程にとてもよく似ている．ボランティアに始まり，NPO にいたる組織の発展と展開は，まさにヴェーバーの組織理論そのものの具現化である．

7　現在の AARP

AARP の成功と批判

筆者は過去 12 年間に，ワシントン DC の AARP 本部や，AARP のロスアンゼルス支部，ロスアンゼルス郊外にある AARP の会員受付のテレフォン・センター，会員証発行工場などを何度か直接に取材してきた．

AARP のワシントン DC の本部は，その立地からしても，建物の巨大さからしても，テレビ・ラジオのスタジオまで持つその設備からしても，あらゆる点からして，それが民間非営利組織（NPO）の建物だということが，多くの人には信じられないことであろう．また，ロスアンゼルス郊外のテレフォン・

センター，会員証発行工場も驚くばかりの規模であった．

　日本のことを念頭において，NPO はボランティア団体が少し大きくなったものというイメージでいると，AARP のような巨大な NPO の存在には驚愕し，また同時に少し懐疑的になる人も多いかと思われる．AARP は，現在では，巨大な高齢者産業にも見えてくる．AARP のような巨大な組織になると，営利企業と非営利組織との違いはいったいどこにあるのか，にわかには見えにくくなる．AARP は，現在，NPO という可能性の最先端までいっているのである．

NPO の規制

　1990 年代に入ると，あまりに強い AARP の政治力やロビー活動に業を煮やした議会が「ロビー活動公開法」(Lobbying Disclosure Act of 1995) を制定した．これは，AARP をターゲットにしたものと言われていて，連邦政府からの補助金をえている団体はロビー活動をしてはならないという条項を含んでおり，AARP は大きく動揺した．AARP は，政治的には「独立」(「中立」とは言っていない) で，大統領選挙などでは，政党や候補者を支持することはない．政党や政治家ではなく「政策本位」(issue driven) が AARP の立場である．大統領予備選挙のさいには「投票ガイド」を作成して会員に配布していることは前述した[17]．

　また，内国歳入庁との間に，課税範囲に関する意見の相違があることを，AARP は率直に認めている．1995 年，内国歳入庁は AARP の事業収入の多くが「ビジネスの収益」であるとした．AARP はこの判定に強く抗議しているが，94 年から 98 年まで，毎年 15 億円の税金を支払うという一種の和解をしている．さらに，カリフォルニア州でも，「非関連ビジネス収入」への州税の課税について対立がある．また，AARP は NPO に認められた「非営利郵便特典」を利用して会誌などの郵送を行っているが，米国郵便サービス (USPS) は，この非営利郵便特典の適用に疑義を申し立てて争いになっている．巨大化した AARP については，会員からも，会員の意見を本当に反映してロビー活動をしているのか，などという質問が寄せられてもいる．

　巨大化した AARP に対しては，内外から，さまざまな批判も起こっている

のである．

岐路に立つ米国の NPO

　レスター・M.サラモンは著書『NPO 最前線』（Salamon 1997）の中で，全世界的に NPO をふくむ非営利セクターが拡大していることとともに，現在の NPO が直面しているさまざまな問題や危機についても言及している．たとえば米国では，1980 年代のレーガン政権の時代に，NPO への補助金の大幅な削減で打撃を受けた NPO が，会費収入に依存しすぎたり，営利企業と同じ分野やサービスで活動し始め，結果的に営利企業と同じような実態になってしまったり，政府の補助事業への依存が高まって，民間非営利団体としての独立という特徴を失ってしまった事例などを紹介している．NPO がさまざまな分野で広範囲に活動しはじめると，財源不足，マネジメント能力の不足，信頼性やサービスの質など，社会からさまざまな点で厳しく採点されるようになるのである．これを見ると，NPO 大国米国ですら，NPO が財政的に独立して，民間の非営利組織としての特質を発揮していくことは難しいことが分かる．

　しかしこれは NPO という組織が，正常に進化している姿なのではないかと見ることもできよう．

　AARP を見ると，ドイツの社会学者 M.ヴェーバー（Max Weber）が唱えた「近代化と合理化」が喚起されよう．ヴェーバーは，近代社会を生み出した原動力は何だったか，という大きな問題に対するひとつの解答を，プロテスタンティズムの精神のなかに見いだしたことで有名だ．彼は，近代社会は一種の「合理化」の過程であるとした．伝統や迷信といった非合理に人間を支配するものではなく，人間世界を合理化する力こそが，中世の停滞した社会からダイナミックな近代社会へと転換させたのだという．その鍵が，組織の合理化——人間が分業し，組織をつくり，その組織が目的をめざして合理的に動き始める——ことである．世界中で，合理的に社会を組み立てて近代資本主義を生み出したのは，じつは，営利活動を忌み嫌うプロテスタンティズムが強い地域だったという．そこでは，宗教的な使命感（ミッション）に満ちた人びとが，自分たちの隣人愛の実践を，世俗の職業の中で達成しようとした．使命を最大限に達成しようとするために，行動を合理化し，資本や資源と労働力を合理的に結

合し，近代的な会計の仕組みをつくり，結果として近代的な合理的組織を生み出した．人びと（市場）が求めるものを合理的に生産する近代資本主義のメカニズムは，もともとは隣人愛を最大限に実践しようとする倫理的な意識から生まれたものだと分析されている．

　AARPの姿を見るたびに，私は，この「近代化と合理化」のことが喚起される．激しく燃え上がるような宗教的な使命感や倫理によって生み出された近代的な合理的なシステムは，やがて人間の宗教的な使命感や精神を必要としなくなり，その合理的なメカニズムがひとり歩きを始めるのだということもヴェーバーは見通していた．

もはや「退職者協会」ではない

　2000年3月，AARP本部を取材した時に一番驚いたことは，AARPがもはや「全米退職者協会」ではない，ということであった．AARPという名称はそのまま使いつづけるが，それは「全米退職者協会」の短縮語であることを意味しないのだという．たしかに現在ではAARPの会員に占める「退職者」は半分以下の比率となっている．取材を進めると，この名称変更は，AARPが大きな転機にたっていること，そして新しい戦略をもってそれに立ち向かおうとしていることによるのだということが分かってきた．

　AARPが発足したころ，米国内では高齢者も退職者も組織化されておらず，社会的弱者でありマイノリティであった．だからこそ老年差別の撤廃や社会保障の改善，医療保険の必要性などを訴えたAARPの活動は制度改革や社会運動の色彩を帯びていた．しかし現在，米国の高齢者はかつてないほど豊かである．そして高齢化は急ピッチで進んでいる．さらに近い将来，戦後の十数年間に誕生した巨大な人口層であるベビーブーマー世代が一挙に高齢化することになる．これによって米国の社会保障や年金，医療などが大きな影響を受けることになる．ベビーブーマー世代が高齢化したときに，現在の高齢者施策，とりわけ年金水準や高齢者医療保険（メディケア）は維持できないという議論が声高に論じられている．AARPも危惧して，総力をあげ，さまざまな調査研究を行い，将来的に年金や医療水準を維持するための政策を発表して防戦しているが，一方で，このままでは「高齢者の利益だけを守ろうとする利己的な集

団」と見られるのではないかと恐れている．少数派だった高齢者・退職者が，社会の多数派になろうとしている現在，より幅広い支持層に拠り所を移し，退職者のための利益団体というイメージを払拭し，中高年層の関心と支持を引きつけるという方向転換を始めているのである．会誌も大幅に刷新した．マーケティング戦略にも注力して創設以来の"American Association of Retired Persons"という名前を"AARP"へと抽象化してイメージチェンジしたのもその一環なのである．

　AARPは，創立40周年をへて，世界最大級の非営利組織へと発展した．

　そして，巨大化したその組織を維持しながら，存続しつづけるための方向転換を大きく進めている．ベビーブーマー世代が高齢化するとき，社会保障改革，年金改革，メディケア改革など，さまざまな社会構造改革が必要となってくるだろう．これまでAARPが達成してきたさまざまな高齢者施策が，ベビーブーマー世代が高齢化する「ニューエイジング」(Torres-Gil 1992)の時代にあっては，大転換することになるかもしれない．AARPは，この時代の変化に敏感である．そして，高齢者への年齢差別の告発や，退職者の利害の代弁者，というこれまでの役割だけでは，時代の大きな変化に対応できないということを意識している．それが，退職者協会から，50歳以上の人びとのための団体への脱皮，という戦略的変化なのだといえる．

　はたしてAARPは，ベビーブーマー世代の高齢化を目前にして，この大規模な組織戦略の転換に成功するのだろうか．世界最大規模の組織を維持しながら，21世紀の前例のない高齢社会でどのような役割を果たしていくのか，注目していく必要がある．

AARPの示唆するもの

　AARPには，世界中から多くの人びとの視察や見学が絶えない．なかでも日本からの見学が一番多いそうである．これは，不思議でもあり，当然かとも思える．日本の高齢化の速度は米国以上に急ピッチでありながら，日本社会の対応は，これまで必ずしも迅速なものとはいえなかった．公的介護保険の導入時に見られた反対意見のように，高齢者の介護は家族が担うべきだという伝統的な日本の心性と，それができなくなっている現実との乖離を，まだ多くの人

が直視できていなかった．日本的家族は，過去の残像になりつつある．しかし日本では，まだAARPのように政府から独立して高齢者の声を代弁し，高齢者のニーズを科学的に調査研究し，高齢化施策を自分たちで立案・提案し，高齢者による高齢者のための総合的な活動を行う団体や組織がないことも，その一因ではないだろうか．

　ここでAARPの日本への示唆を考えてみよう．

　第1に，AARPはNPOとして，独自事業を行う市民事業体である．会費収入が収入全体の4分の1を占め，広告収入や保険などの事業収入とあわせれば全体の5割が事業収入である．連邦政府などからの補助金は2割以下にすぎない．この財政構造こそが，AARPの活動の自主独立性の根拠であろう．政府や企業に自分たちの立場や意見を訴えることが保証されているのである．また，会員の望むサービスを提供できる実力をもった事業体であることも重要である．残念ながら，日本には，民間の非営利組織で，AARPほどの独立した財源を持ち独自事業を展開できているところはない．日本ではNPOはまだ生まれたばかりである．市民事業体として独立していくのはこれからの課題であろう．

　第2に，AARPは，高齢者という巨大で増大しつづける社会層の声や利害を代表する当事者団体である．高齢化や高齢者に関わる施策を独自のシンクタンクと独自のロビー活動を通じてつねに監視し，自分たちで政策もつくる．しかも政治的な団体ではなく，政策志向的な団体である．政治には政策実現のために積極的に関わっているが，議員を擁立して政治的な圧力団体になろうとはしない．これがAARPへの信頼を高め，高齢者政策過程へのAARPの関与を効果的にさせている．このような団体もまだ日本にはないと思われる．

　第3に，AARPは高齢者のニーズを調査し，発見してきた．医療保険のニーズ，定年制の問題，老年差別の問題など．さらにそれを社会に訴えるだけでなく，自分たちで解決しようとしてきた．保険については独自にさまざまなグループ保険を開発してきたし，連邦政府との協働によって，雇用創出，環境保全，納税申告補助，相談業務や運転技能維持など，さまざまな社会プログラムを運営・提供している．政府に依存するのではなく，高齢者が高齢者へ相互扶助的にサービスを提供しようとしている点は重要である．日本では，高齢者の当事者組織でこれほど社会サービスの提供まで行っているところはまだないだ

ろう.

　AARP がこの 40 年の間に示したことは，人びとの必要や要望に真に応える組織であるなら，短期間に，これほどまでに拡大・発展でき，社会を変えることができるのだ，という可能性の証明だったと思われる.

　AARP が生まれた文化的・社会的な土壌は，たしかに日本とは大きく異なる.しかし，日本も米国も，直面している高齢化対応などの社会的な課題には，大きな共通性がある.政府や政策に頼るのではなく，高齢者の NPO が高齢者のニーズをすくい上げて，自分たちでサービスを提供する，そのような仕組みづくりが必要になってきている.

　AARP のたどってきた展開や活動は，日本の高齢化のこれからに，大きな示唆を与えてくれるものであろう.

8　AARP の問題と課題――その社会学的分析

　以上，世界最大級の高齢者 NPO である AARP の実態と課題を見てきた.ここで，福祉 NPO の役割と機能分析の枠組みにしたがって，AARP を分析しておこう.

　第 1 のサービス提供役割や機能に関してであるが，AARP はその発足当初からグループ医療保険の提供を組織の重要な目的としてきた.この場合の「サービス」は広義のものである.民間の保険会社と交渉して「グループ医療保険」を開発し，会員に対する価格交渉を行うだけでなく，保険を「仲介」してその手数料収入を得ている.日本の介護 NPO の場合のように，NPO に所属するケアワーカー等が高齢者に直接に対面的なサービスを提供するわけではない.ただし発足当初には「退職高齢者へのグループ医療保険」という発想自体が社会には存在しなかった.新しいグループ医療保険の開発と価格交渉，仲介の仕組みづくりを行ったことは大きく評価されるべきである.果たしてきた機能そのものは「福祉 NPO」の機能であったといえよう.そのほかにも「高齢者の確定申告支援サービス」「未亡人サービス」[18] や「高齢者のドライバーズ教室」などでは高齢者に対する直接的なサービス提供を行っている.ただし以下に述べるように，サービス提供よりも現在ではアドボカシーに特化してきて

いる．

　第2の参加機能に関してはどうだろうか．会員であれば「支部」(chapter) に所属して，その地域の会員とのネットワークのなかで活動に参加できる．現状では支部は支部だけで独立した活動を行うことが多い．支部への参加はオプショナルで，AARP本体への参加と同じではない．また会員であることはAARP本体の意思決定過程に参加できることを意味しない．会員はAARPから受け取る隔月刊行の会誌やニューズレターによってAARPの活動を知る．またAARPの年次総会に参加することもできるが，これは実質的な意思決定を行う場所ではない．つまり3,900万人といわれる会員は，AARP本体の意思決定には必ずしも参加できない．AARPは各種の会員アンケートやフォーカス・グループインタビューなどを数多く実施することによって会員の意見や要望をきちんと吸い上げているとするが，制度的に会員の意見がAARPの運営や政策決定に影響を与える道筋は確立されているとはいえない．本章でも論じてきたが，「会員」という軽くて浅い関わりこそがAARPの参加の本質なのである．浅く薄い関わりであるからこそ，会員数の拡大が可能となった．AARP本体では専門家集団が官僚制機構を形成している．

　第3のアドボカシー機能はどうだろうか．AARPはこの機能に特化した団体であり，ロビー活動を通じたアドボカシーにおいてもっとも成功したNPOのひとつである．AARPはその発足当初から「高齢者への偏見や差別」とたたかうことをミッションとして掲げており，発足当初からアドボカシーは重要目標だった．AARPの前身たるNRTAはカリフォルニアに本部を置いていたが，AARPは設立当初から本部をワシントンDCに置いた．このことから，初めからアドボカシーを活動の中核におくことが想定されていたのだろう．NRTAの10年の経験から，NPOとしてのAARPの役割は連邦政府や議会への能動的な関わりのなかにあるとはっきりと見定められていたようだ．

　AARPのアドボカシーの中心はロビー活動である．ロビー活動に巨大な資金と労力を集中するアドボカシーモデルはどのように形成されてきたのだろう．詳しい研究は出ていないが，米国の政治システムの特徴である多元主義を踏まえつつ，次第にロビー活動へと注力する戦略を形成していったと考えられる．アンドラスたちは連邦政府への関わりとして，1951年開催の第1回ホワイト

ハウス高齢化会議以来,高齢化政策に関わってきた.この経験から,会議に参加するだけでは不十分で,会議のアジェンダ形成そのものへと関わらなければ政策への影響を持てないことを認識したのだろう.議会への関わりには,ロビー活動と選挙を通じた関わりとがありうる.AARPは選挙活動に直接関わったり,議員を推薦したりする戦略を選択しなかった.あくまでもNPOとしての立場から「政治には関わらず政策に関わる」というAARPの基本的な方針は大きな成功を導くことになった.なぜこのような戦略が選択されたのだろうか.おそらく当時の時代状況のなかで,政治団体として活動している類似の団体は数多く,それらとは異なる戦略を意識的に選択したのだろう.また設立当初からグループ医療保険の仲介という,非営利事業が組織財政の中心にあり,NPOとしての免税特典を失うわけにはいかないことも,政治に関わらない選択をした理由のひとつであろう.政治に関わらずに政策に関わるための選択肢として,米国にはロビー活動がありえた.類似の制度がない日本を含めその他の国々では,AARPのこの経験を直接には継承できない.しかし示唆としては,次のようなことが考えられる.

第1に政治に直接にコミットするより政策にコミットする戦略のほうが,政治状況や社会状況が大きく変わる変動期にあっては政策実現の可能性が高まる場合がある.これはNPOの政治との関わりへのひとつの示唆であろう.政治にコミットしすぎると政策が政争の道具にされることは,どこの国にもありうることである.

第2にロビー活動の前提としての議会の監視機能や政策立案に関するシンクタンク機能の重要性である.AARPのロビー活動は「政策研究所」というシンクタンク部門に所属している.政策研究所は,高齢者のニーズ調査,世代間のあり方や価値観,高齢者政策に関する世界比較など,多様で独自の調査研究を行っている.また多くの調査研究プロジェクトを外部の調査研究機関にも委託して実施している.こうして得られたデータこそが,ロビー活動の源泉になっているのである.議員へのロビー活動は,議員の欲する情報や政策の素案を提供することから始まるものだからである.政策研究所によるさまざまなデータとそこから導かれた政策モデルは,AARPのポリシーとロビー活動の方向に大きな影響を与える.AARPはアドホックに政策を批判したり反対したり

しているわけではない．

　第3に連邦政府だけでなく州政府や州議会の動向や情勢，そして議員ひとりひとりの情報や投票履歴，選挙区の情報などもきめ細かく監視し把握し，ときに必要とあればアクション会員を動員しての直接請願活動も行うことである．米国では法案は議員立法であり，また法案への賛否の個人記録は公開されて残る．法案の提出や法案への賛否にあたっては，議員本人の出身選挙区の有権者の意向を議員も考慮せざるをえない．高齢者および高齢者政策に否定的な影響を与えそうな法案が提出されるとなると，その提案者議員の出身地方の会員が，AARP本部によって抽出され，議員に直接意見を述べる活動が展開される．AARP本部は，各地に「アクション会員」を養成している．それは，ソーシャルアクションが必要となったときに，政治家や議員事務所に会員本人が出向いて，その地域の高齢有権者を代表して議員本人に意見を述べるよう訓練を受けた会員のことである．これはAARPという組織が前面に出るのではなく，あくまでも有権者としての会員が起こす個人的な行為であって，あくまでも一個人の意見を述べる行為でありながら，背景には巨大な数の高齢者がいることを示威するものであるため効果が大きいとされている．つねにこうしたアクションが実施されるわけではないが，重要案件に関しては，このような本部と会員との整然としたアクションが起こされる．

　その他にも，大統領選挙時の投票ガイド"Voter's Guide"や「選挙権登録キャラバン」など，巨大な会員数をもとにした高齢者政策への影響力を増大させる工夫を行っているのである．こうしたすべてがAARPのアドボカシー能力を高めることになった．

　第4のソーシャル・キャピタルやコミュニティ形成についてはどうだろうか．AARPは会員相互のネットワークや地域コミュニティへの直接的な介入に関して消極的である．なぜだろうか．他のNPO等との役割分担として，そうしたほうが長期的には他のNPOとの連携や協働に役立つと判断しているのであろう．

　会員相互のネットワークや地域コミュニティへの関わりについては，初期には支部活動を積極的に推進していた．しかしやがて会員数が巨大になるにつれ，増え続ける支部の活動を把握し，コントロールすることが困難になったことも

あって，支部での会員相互の活動はAARPとは独立のものと見なされるようになった．また特定の地域やコミュニティへの関わりからも引いていった．設立当初はセントピーターズバーグ（フロリダ州）に独自の老人ホームなどを運営していた．しかし個別の地域での活動から全国規模での活動や連邦政府や議会へのアドボカシーへと特化していく戦略に切り替わった．この背景としては，地域の高齢者団体や他のNPOとの棲み分けも意識されたに違いない．AARPがすべてを行うことは高齢者にとっても，他のNPOにとっても必ずしも望ましいことではない．AARPは州政府や議会，連邦政府や議会へのアドボカシーに特化し，地域コミュニティにおけるさまざまな案件は，その地域のNPOなどに任せることのほうが，共存と相乗効果が期待できると判断したに違いない．実際に，サンフランシスコ郊外のオークランド市で認知症高齢者の在宅生活支援を行っている福祉NPOによれば，認知症高齢者の年金受け取りと生活費の支払いに関してはAARPが多数の法律家を動員して全国的な法律のマニュアルを作成し，実際に地域で活用するのは地域の福祉NPOという役割分担が確立している．こうした事例は枚挙にいとまがない．AARPは活動を全国レベルのものに限定し，地域に根ざした福祉NPOとの共存と相乗効果を狙っているに違いない．

　さらに，AARPはAARP財団やアンドラス財団という「資金提供型財団」を傘下にもっており，高齢者の医療や福祉および政策に関する調査や研究に資金を提供している．ジェロントロジー研究に関連した学会や研究集会なども資金的に援助している．AARPのめざすネットワーキングやコミュニティ形成は，特定の地域のものではなく，むしろ高齢者関連の活動のネットワーキングであり，地域の福祉NPOとの連携や協働を意識した層状化された役割分担なのではないか．

　成功要因は失敗要因と表裏一体でもある．現在の成功要因は明日の失敗要因となるかもしれない．現時点では成功しているAARPの機能や戦略を角度をずらして問題と課題という観点からも分析してみよう．それは成功要因とあわせて日本の福祉NPOへの示唆にもなるだろう．

　第1は巨大な会員数を持つことで大きな本部組織を維持していることである．会員制というコミットメントの浅い関わり方は，組織拡大を容易にする一方

で，会員がAARPから離散しやすいという可能性もある．これまでは高齢者のニーズに応えて高齢者代表というポジションを維持してきたが，高齢者のニーズが変化し，それに応えるサービスを提供できなくなれば巨大組織といえども消滅していくかもしれない．目前の試金石が戦後生まれのベビーブーマー世代の高齢化である．これまでの高齢者と大きく異なったベビーブーマー世代は，AARPの提供するサービスを必要としつづけるだろうか．かつて「定年退職」を「年齢差別」として高齢者のニーズに応えるソーシャルアクションを起こしたAARPは，その成功ゆえに「退職者」が会員の4割以下になり，名称変更を余儀なくされた．同様のことが，ベビーブーマー世代の高齢化とともに，いつ現れるかわからない．AARPが強い危機感を抱いているのは，このためである．巨大な会員数を持つことは，巨大なスタッフや組織を持つことでもある．会員数が減少に転じたら，AARPはその巨大組織を維持できるのだろうか．

　第2は，サービス提供を，グループ医療保険を軸に展開していることである．米国はメディケア・メディケイドをのぞいて公的な医療保険をもたない先進国でもほとんど唯一の国であるという事情が，AARPの事業の背景にある．クリントン政権下での公的医療保険形成の失敗をみても，当面，米国で公的な医療保険が成立する可能性は少ないと思われるが，こうした条件は不変とは言えない．また近年は，高齢者のグループ医療保険分野は，民間保険会社の参入も多く，将来的に有利なポジションを維持できるかどうか不透明である．

　第3は，サービス提供を，シニアビジネスとの近接領域で展開していることである．これはつねに批判と危険をともなってきた．AARPの歴史をひもといてみれば，グループ医療保険は，AARPにとっての成功要因であり大きな財源であっただけに，金銭的なトラブルもしばしば発生したようだ．同様なことはシニアビジネス全体にも言える．シニアのニーズはもはや福祉や医療に限られず，AARPの事業展開もシニアビジネスに近接している．NPOとしての免税特典を保持しつづけるために営利と非営利との両方の領域にいくつもの傘下団体を形成して対応しているが，先行きには不透明な部分もある[19]．高齢者へのグループ医療保険提供は，その始まりにおいては先行きが見えない実験でもあったろう．しかし成功してからは安定した事業になった．非営利組織がビジネスとの境界で活動することには危険性もともなうのではないだろうか．

しかしこれも両面から見ていく必要があろう．AARP が「福祉」的な領域ばかりでなく，シニア層のニーズのほとんどあらゆる領域にも活動をのばしている[20]．しかし福祉領域だけで活動していないがゆえに，財政的にも政府からの独立性が担保されるのである．政府資金に依存することなく活動でき，それが強力なアドボカシーやロビー活動にもつながっている．前章でも見たとおり，日本の介護 NPO は介護保険に大きく依存している．介護保険制度にたいするアドボカシーが困難な理由のひとつはここにあるだろう．AARP の強みは，同時に AARP に対する批判にもつながる．しかし財源の多様性があるがゆえに，他の組織にはまねのできないような強く独立したアドボカシーが可能になっているのである．

　第 2 の会員の参加に関する問題も同様である．AARP はプロフェッショナルな組織集団である．会員担当，財務，マーケティング，調査・研究，ロビー活動，広報，宣伝，雑誌編集担当，シンクタンクなど，筆者が取材した人びとは専門性を持ったプロフェッショナルであった．ボランティアがいないわけではない．しかしそれは理事会メンバーや本部でのインターン学生，および地方支部での情報提供活動や支部参加者などに限定されていた[21]．

　ボランティアから形成される NPO とは異なる可能性がここにあるだろう．AARP は高度に専門的な集団である．それゆえに官僚制的な側面も強く持っている．本部ビルに 1,000 人以上の専門家集団が働いていて官僚制的な組織機構が発達しないはずがない．日本の官僚制組織はしばしば専門性を持たない官僚制となることがあるが，AARP の場合には専門性への特化が官僚制を発達させている事例と見ることができよう．日本の介護 NPO や福祉 NPO にも，このような専門性をもって展開する可能性も開拓されるべきではないだろうか．

　アドボカシーに関しては両面をすでに述べた．アドボカシーに特化して強力なロビー活動を展開してきた結果，AARP はさまざまな批判を浴びることにもなった．なかでも AARP がもっとも苦慮しているのが「自分たちの利益しか考えない貪欲な利害集団」というラベリングであろう．2005 年にブッシュ政権の社会保障改革に反対したときにも，AARP には「自分たちの既得権だけを考え，世代間の公平性を破壊する集団」であるという論議がおこった．AARP は広報戦略を修正して「世代間の連帯」を強調するようになったが，

このように近年は「その強すぎるロビー力が政策を歪める」と批判されることがある．また，NPO特典である割引郵便料金や非課税範囲をめぐっては内国歳入庁や郵政当局との紛争も経験してきた．連邦議会の公聴会に呼ばれてロビー活動規制法の対象にされたこともある．ロビー活動への特化は，さまざまな批判や課題ももたらしたといえるだろう．

　この50年間のAARPの展開を振り返ると，グループ医療保険というサービスとビジネスモデルを確立した時期，社会運動団体や政治団体と連携しながら年齢差別とたたかい，定年制度の撤廃など多くの成果をあげた時代を経て，現在はAARPのみが巨大な高齢者NPOとなって他の多様な運動や団体との連携や協働が減少している．1970年代のシニアムーブメントにおいては，社会運動をはじめ多様な団体との連携や協働という土台があったからこそ，NPOとして独自の役割と機能を果たすことができたのである．1980年代以降は，AARPのみが突出して巨大化し，他の団体との連携や協働，相補性や相乗作用が見いだしにくい状況がある．そこで巨大化したAARPが孤立化して，政府や議会から批判されたり，ときに「自分たちの利害しか考えない利害集団・圧力団体」と批判されるようになってきている．今後，ベビーブーマー世代からの支持を失えば，会員数が減少して巨大な組織を維持できない事態に立ちいたる，という可能性がありえないわけではない．

　2007年3月にCOEのビル・ノベリ（Bill Novelli）を含むAARPの代表団が日本を訪問して高齢者NPO関係者と協議を行った．筆者も会議に参加しながら，AARPの危機意識が高いことに驚いた．現在の組織のままではベビーブーマー世代を会員に取り込むことは困難ではないか，AARP組織を分解してベビーブーマー世代のニーズに対応する新組織を立ち上げるべきではないか，といった論議も内部では検討されてきたという．NPOとしての側面と，シニアマーケットでの巨大な事業者としての側面の両方のバランスをとることの難しさとそれゆえに生まれる可能性とを，あらためて考えさせられた．AARPは「福祉NPO」という枠には収まりきれない．高齢者NPOであり，福祉NPOでもあり，圧力団体・ロビー団体であり，シニアビジネス団体でもあり，じつに多様で多面的な相貌を持つ複合体なのである．

　AARPの評価は，AARPのどの側面や実態を見るかによって大きく変わる．

嫌悪したり批判する人も少なくない．個々の現状や実態からAARPを肯定したり批判したりすることはやさしい．しかし半世紀にも及ぶこの巨大な組織の展開と成し遂げてきた達成の全体を評価対象とすべきであろう．本書では，福祉NPOとして始まり高齢者NPOとして展開してきたNPOとしての側面に限定して論じてきた．われわれは，この巨大なNPOの歴史と展開のなかから，NPOというあり方がどこまでゆけるのかという可能性とその限界，NPOの社会的機能やその長短など，NPOを考える多様な尺度や軸といったものを受け取ることができるのではないか．その意味で，AARPは，NPOおよび福祉NPOに関する理論的な検討に相応しい対象なのである．

さて米国国内ではほぼ限界近くまで成長したAARPだが，これまで国外での連携や協働はしてこなかった．しかし近年，米国国内での孤立化や成長の限界を打開する意味もあるのだろうか，将来の社会保障や年金，医療などの政策的なあり方に関して，欧州やアジア諸国の高齢者団体などと，協力や連携を模索しはじめている．巨大になったAARPが，これから世界的な高齢化という巨大な社会変動のなかでどのような役割や機能を果たしていくのか注視していきたいと思う．

9　福祉NPOと日本社会・米国社会

福祉NPOの世界へ

　NPOという組織のあり方と，それが生み出す社会への関わりの力，そしてそれが社会をどう変化させていくのか，という研究テーマは，当初予想していたよりもはるかに奥深く大きいものだった．

　筆者が1994年に初めて渡米してロスアンゼルスのUCLAで在外研究を始めたころには，日本ではNPOという概念も組織のありようもまだほとんど知られていなかった．国際交流基金日米センターによる安倍フェローとしての米国での研究テーマは，日本の住民参加型在宅福祉サービス団体やそのボランティア活動と，米国の福祉団体やボランティア活動とを比較研究するというものであった．当時はNPOという研究の視点はまだ持っていなかったのである．ところが，米国でフィールドワークを始めると，そこにはボランティア活動をコ

ーディネートする専門職や団体が続々と立ち現れてきた．しかも小さな団体から大きな団体までそれぞれが合理的に組織化・システム化されていて，日本の団体にはない大きな活力とダイナミズムがあった．フィールドで出会うひとりひとりが力強く活動しており，そこで出会った人たちは，資料や書類など見ずに生き生きと自分の言葉で語ってくれるのだった．自発的に参加する人たちのつくる組織（ボランタリー・アソシエーション）とはこういうものなのかと驚きながら納得した．そこで活動しているボランティアは，日本で出会ったボランティアとは大きく違っていた．まったく違うシステムとまったく違うタイプの人たちに出会って，戸惑いながら何が人びとをこのように動かすのか，この人たちや組織を支える制度基盤や社会システムとはどのようなものなのだろうかと考えはじめていた．そこには大きな研究テーマがあることを直感したのである．

住民参加型在宅福祉サービス団体の展開

　当時，日本では人口構造の急激な高齢化にともない，各地で住民参加型在宅福祉サービス団体が次々に生まれはじめていたころであった．住民参加型在宅福祉サービス団体は，純民間のボランティア団体だけでなく，社会福祉協議会などが運営するタイプや，都市部の自治体が財団法人をつくって運営する福祉公社など，さまざまな運営形態が混在していた．急速な人口構造の変化と福祉ニーズの多様化が起こっているが，社会福祉制度はその変化に追いつけず，きしみが生じはじめていたのである．社会福祉の大変動期の始まりだったのだ．

　住民参加型団体のリーダーにも行方が見えていなかったと思われる．地域社会の中には，これまでの社会福祉制度では対象とならないが，ひとり暮らしで在宅生活の持続が困難になっている人たちが増えていた．その人たちがある日ちょっとした転倒などをきっかけとして入院すると，その後は退院しても，その人の退院後のひとり暮らしを支える仕組みは地域にはなかった．そこから「社会的入院」とよばれる医療ケアは不要なのに入院しつづける人たちがたくさん生じることになるのである．そうした人たちをたくさん目にしてきた人が住民参加型のボランティア活動を始めたのである．とはいえ間欠的なボランティア活動では支えつづけられない．この問題に直面して途方に暮れている団体

やリーダーが少なくなかった．ボランティアだけでは受け止められない大きな問題だった．しかし社会福祉制度の転換には時間がかかる．その間の空隙を埋めるものが「社会的入院」や「日本型社会福祉」なのではないか．けれども社会的入院は本人の生活の質の視点からも好ましくなく医療費の高騰も招く．1990年代に大きな話題となった大熊由紀子の『寝たきり老人のいる国，いない国』（大熊1990）は，医療と福祉とのはざまに落ち込んだ人たちの問題を鮮烈に示してみせた．高齢者福祉のパラダイム転換が必要になっていた．

一方，家族介護も問題や矛盾に直面していた．核家族化や小家族化は，遠からず家族介護が構造的に成り立たなくなることを示していたし，ジェンダー論から見ても家族介護は「家族全員」による介護ではないことは明白だった．筆者たちは1992年に「ジェンダーの社会学」という放送大学の番組（目黒編1994として刊行）をつくる過程で，さまざまに議論を重ねたが，もっとも難しい課題のひとつが，高齢者の介護とジェンダーの問題であった．ジェンダー意識に関しては，ジェンダー間のみならず世代間に大きな落差があった．高齢者世代が期待する家族の役割と，介護を担う世代の意識には落差が大きかった．米国のみならず世界の先進諸国のように，日本でも家族介護は縮小していくのか，それとも東アジア的な文化規範の要因が別次元で作用するのか．こうした問題は，いまだ「アジア的社会福祉」として論議されつづけているが，遠からず家族介護だけでは構造的な困難が生じると予測された．北欧でも，福祉現場を訪問するとジェンダーの偏りは明らかだった．

しかし違いも大きかった．スウェーデン，デンマーク，フィンランドなどの福祉現場を訪問する機会があったが，一口に「公的社会福祉」といっても，日本と北欧とでは，基盤となる行政組織そのものが質的にまったく異なるものであった．言葉や概念のうえだけで国際比較することが，いかに困難であるかを思い知らされた．しかし解決の糸口はなかなか見えてこなかった．

阪神・淡路大震災

筆者は阪神・淡路大震災の第一報を，滞在中のロスアンゼルスのカーラジオで聞いた．当初は混乱した情報もあったが，やがて神戸で大震災が起こったことが分かってきた．これほどの大震災であるにもかかわらず，混乱や暴動，略

奪が起こらず市民がじっと災害に耐えている姿が，米国のメディアでは驚きとして映し出された．やがて災害からの復興に，多くの学生をはじめボランティアの人たちが澎湃として立ち上がったことも伝えられた．しかし，危機に際しての，国や自治体および政治家リーダーからの強いメッセージやリーダーシップはまったく見えなかった．じっと災害に耐える市民の姿と迅速な行動やリーダーシップをとれない政治や行政の姿とが対照的だった．政府行政セクターは，平時には機能しても危機や，あるいは社会の大変動期には必ずしも機能できるとは限らない．むしろ逆機能的ですらありうることが衝撃的であった．市場セクターと政府セクターの2つだけで，社会を運営してきた日本の脆弱さがはっきり見えた瞬間だった．

　多くの人が1995年を「ボランティア・NPO元年」というのはもっともである．政府セクターや市場セクターのほかに，第3の「市民社会セクター」がないと社会は大きな社会変化に対応しきれないのだ．大震災時に法や制度，ルールや前例がないと動けず「指示待ち」の状態で行政が機能不全に陥った事例がたくさん報告されている．ひとりひとりの多様で自発的な力こそ，災害時にかぎらず大きな社会変化に対処するもっとも基本的な力のはずなのだ．日本社会の制度や法制は，こうした人間の自発性から生まれてくる力を生かせず，むしろ抑制するように機能しているのではないか．

　後に現地に入ってさまざまな団体や人に話を聞いたり，たとえばCS神戸の中村順子さんたちの活動をみると，その後の復興過程は，驚嘆するようなエピソードに充ち満ちていた．阪神・淡路大震災後のボランティア活動によって驚くべき実験や実践が起こっていた．

　阪神・淡路大震災以前にも中村順子さんには出会っている．当時は，神戸ライフケアー協会という住民参加型在宅福祉サービス団体のコーディネーターだった中村さんは，まさにボランティア団体の限界に直面し，悩み，嘆息していた．それが阪神・淡路大震災後の仮設住宅へのサポート活動を行うなかで，ボランティア活動の限界を突破し，ダイナミックな展開を始めていた．仮設住宅でひきこもりとなって孤独死していく人たちを見た中村さんたちは，ボランティアが一方的に「支援」するだけでは，「支援される人」はますます肩身が狭くなり，ますます受動的になるばかりで，ひきこもりは解決できないと考えた．

そこで仮設住宅の人たちのための「小さな仕事づくり」を始めたのだった．小さくてもやるべき仕事があることが，打ちひしがれた人たちに再生の力を与えた．それはのちに NPO による「生きがい仕事づくり事業」につながっていくことになる．大きな効果を目の当たりにして，行政や企業も支援や協働に乗り出した．そこには震災以前にはフリーターだった人や大企業の役員だった人たちも駆けつけ，ただならぬ熱気が立ちこめていた．大震災でライフラインだけでなく行政そのものが活動できなくなった．震災の過程で，社会の大変動に直面したときの日本的組織の脆弱さが明らかになった．大変動や危機に直面したときにこそ，小さな組織と自立して活動できる人びとのネットワークが活躍したのだった．既存の制度や組織が崩壊したとき，個人の内側からの力，まさに自発性の力が湧き起こってきたのだ．そしてそうした自発的な力をもった人たちのネットワーキングや小規模な組織が大きな力を発揮した．次々と活動を展開する CS 神戸は，筆者にとっては日本の NPO の最先端のモデルのひとつである．

　日本の NPO にとっては，政府や行政との関係が重要であるが，関係のあり方が難しい．「行政と NPO との協働」と言うのはたやすい．しかしそこに含まれているさまざまな問題や課題は，CS 神戸が経験してきた問題や課題でもあった．それは NPO をあたかも下請けのように扱い，アウトソーシングや指定管理者制度といった名を借りたコスト削減であることもしばしばであったようである．そこには協働という語の本来の意味である「対等な主体によるパートナーシップ」という意識が行政側に見られないことが少なくないという．大震災とその後のボランティアや NPO の勃興を経験した兵庫県や神戸市ですらそうであるとしたら，日本における「行政と NPO との協働」ということがいかに困難な道のりであるか想像に難くない．しかし行政学や政治学では，つぎつぎと「行政と NPO との協働」や「市民と行政との協働」についての研究が進んでいる．行政現場にも NPO に詳しい職員が少なくない．NPO に参加する行政職員もふえている．おそらく行政内部でも，市民や NPO との協働の必要性が痛感されているに違いない．行政職員のなかにも NPO の芽は次々にめばえつつあるのである．ただし行政による NPO の理解や協働にはまだ限界もあるようだ．たとえば，それまで培われてきた相互の信頼関係が，担当者の異

動によって無に帰するということも少なくないようである．行政の重要な職務のなかに「市民やNPOとの協働」がビルトインされるような条件整備は，行政の今後の大きな課題であるし，NPO論や行政学，社会学などの大きな研究課題でもあろう．

ボランティアの日米比較

米国での研究では，毎週，さまざまなNPOを訪問することにした．リサーチ・アシスタントの中国系米国人とともに，ボランティア団体やさまざまなNPO団体を訪ね歩き，訪問し，見学し，インタビューした．そうしたなかで知り合った，ロスアンゼルスのダウンタウンにあるRSVP（Retired Senior Volunteer Program）のコーディネーターや，ロスアンゼルス郊外のパサデナ市にあるハンチントン病院のボランティア・ディレクターと共同で，実際に活動しているボランティアにアンケート調査をさせてもらえることになった．日本の住民参加型在宅福祉サービス団体へのアンケート調査を基本にしたものを考えていたところ，米国の現実にあわない，とのことで，コーディネーターたちといっしょにアンケート項目をつくり直すことになった．こうしてつくり直したアンケート調査を，プリテストしたり，他の団体へもアンケートのお願いにいったりして，苦労しながらも実施することができたのは筆者にとって忘れがたい経験であった．そこから，米国のボランティアの特徴が，いくつも浮かび上がってきた．

第1は，米国のボランティアが，個人的な価値関心が強いことであった．上位にあがってくるボランティアの理由や動機が，楽しいから，面白いから，うれしいから，自分の健康のためになるから，云々と徹底的に自分を中心にした動機や理由なのである．日本の場合の，世のため人のため，社会貢献といった理由とは，ベクトルが違っているように思えた．日本のボランティアのほうが，その動機は，いわゆる「ボランティア」らしいのである．

しかし第2に，活動の実態を比較するとまったく違った．日本のボランティアは，動機はいかにもボランティアらしいのだが，活動の継続性が弱いことが明らかになった．帰国後，関東地区病院ボランティアの会や日本病院ボランティア協会所属の近畿の病院で，米国のハンチントン病院で実施したのと同じア

ンケート調査を実施することができた．結果は対照的なものであった．日本の病院ボランティアのほうが，動機や意識ははるかにボランティアらしい．しかし活動の実態や継続性を見ると，ほぼ半数の人が1年以内に活動を休止してしまうのであった．ボランティア活動という「非日常的な世界」へ意識を高揚させて飛び込むものの，気持ちが空転して，何をどうしてよいのか分からなくなったり，ボランティアを受け入れなれていない組織では活動のミスマッチが生じるのではないか，またボランティアをサポートするシステムが欠落しているのではないだろうか．こうしたさまざまな原因が複合して，日本のボランティアは活動が短期で終わってしまうのではないだろうか．

　第3に，米国では，ボランティア・コーディネーターやボランティア・ディレクターが専任専従のスタッフとして受け入れ先に存在していて，活動全体をしっかり見わたしていることであった．当時の日本には，ボランティア・コーディネーターが存在しているところは少なかった．今でも専任専従の有給職員としてコーディネーターをもつところは少ない．ボランティアが活動できる仕組み，活動とボランティアとを結びつけ，媒介していく媒介者の存在の重要性などに目を開かされた調査結果であった．ここからボランティアを支える仕組みとしてのNPOへと研究関心が拡大していくことになったのである．

日系アメリカ人コミュニティにおけるNPO

　ボランティアに関しては，宗教的な価値観による違いが大きく影響しているのではないか，とよく言われる．しかし社会学的にみれば必ずしもそうとは言えない．むしろどのような社会行為を社会が「評価」し，それが社会生活のモデルや価値規範になるかという側面のほうが大きく影響している．さらにはボランティア活動を支えるシステムや社会制度，とくに法人制度や税制の仕組みの差異のほうが大きな違いを生み出している．それを例証しているのが，米国のエスニック・マイノリティの形成するNPOである．

　ロスアンゼルスでは，さまざまなエスニック・コミュニティが，それぞれ独自のNPOをいくつもつくっている．NPOを形成することが，多民族・多文化社会におけるエスニック・マイノリティにとっては必須の社会的技術なのである．たとえば，ロスアンゼルスの日系アメリカ人コミュニティであるリトル

東京には「高齢者昼食会」という日系のひとり暮らし高齢者への食事サービスを行う NPO がある．米国高齢法は地域のニーズをもつ高齢者に食事，英語で正確に言えば栄養（nutrition）を提供することを定めている．しかしどのような食材でどのような食事をどこで提供するかは定めていない．食事サービスを提供する NPO の創意工夫に任されているのだ．リトル東京の「高齢者昼食会」では，お寺の施設を利用して日本的な食材で食事を提供していた．日系の NPO ならではの活動である．

　成功した日系アメリカ人はリトル東京を脱出していくなか，ひとり暮らしの一世や二世，戦後に渡米した新一世などが取り残されていく．もうひとつの NPO「リトル東京サービスセンター」は，そうした高齢者へのソーシャルサービスの提供，とくに低所得のひとり暮らし高齢者のための集合住宅の建設・提供等に取り組んでいた．それを CDC（Community Development Corporation 都市再開発事業）として行っていた．この CDC に関しては近年多くの研究書も現れているが（たとえばハウジングアンドコミュニティ財団編（1997）など），NPO が中心となって設立された地域再開発公社であり，それ自体がまちづくり NPO である．その事業は複雑な財源からなっている．リトル東京サービスセンターの取り組んでいた事例では，行政からの補助金や高速道路建設のための立ち退きや迷惑料が地域再開発事業にたいして支払われることになった．しかしそれだけでは足りないので，この基金をもとに，銀行などからも再開発事業への融資をつのる必要があった．地域再開発事業への融資は銀行にとっても「税控除」があるのでビジネスになるのである．こうした多様な資金を活用して地域社会のための施設を NPO が建築しようとしていたのである．この施設には国際化が進むロスアンゼルスの現実を反映して，人種的には 10 以上もの人たちが住むことになるという．福祉 NPO による実験的な試み，米国流の「福祉のまちづくり」を目の当たりにしたのである．また，かつてのユダヤ系老人ホームを，日系リタイアメント・ホームとして立て直したのも「敬老」（Keiro Services）という NPO 組織だった．この敬老リタイアメント・ホームでは，設立当時のことを知る理事や，当時の CEO にもインタビューすることができた．ロスアンゼルス在住の日系人の念願だったという敬老リタイアメント・ホームの建設には，日本の企業からも寄附を募るなど国際的な

募金活動が繰り広げられたようだ．経営にあたるのはここでも経営学修士を修めた日系三世のマネジメントの専門家であった．後に米国の少なくない数の大学でNPOマネジメントが大学院レベルで教えられていることを知った．病院やナーシングホームなどの多くがNPOである米国では，NPOマネジメントの専門家のニーズが高いのである．NPOのマネジメントが大学院の正規のコースとして確立され，専門家としての職種が確立していることなど，知れば知るほど驚きが深まっていくことになった．

　ロスアンゼルスなど米国西海岸には100年以上にわたる日系移民の歴史がある．一世の苦労を見て育った二世は米国に積極的に同化しようとする．三世になるとまったくの米国人である．しかし一世や二世の価値観は，かんたんには変わらない．そこに介護や家族の価値観をめぐる問題が生じる．日本なら同居しての家族介護になることが多いケースでも，米国社会の中で育った三世世代にとっては，米国的な解決策を見いだしていくほかはない．それがNPOなのである．日系社会にNPOが形成され，日系の高齢者のための介護や福祉サービスを提供していくことになる．ロスアンゼルスに敬老リタイアメント・ホームが，そしてサンフランシスコで「キモチ会」というNPOが設立されているのは，エスニック・マイノリティが米国社会のなかで，高齢者介護などの福祉問題をどう解決していくかのひとつの方向を示している．

　ロスアンゼルスには，大きなチャイナタウンやコリアンタウン，ヒスパニック・コミュニティもある．筆者はそうしたエスニック・コミュニティにも足を運んで，さまざまな福祉NPOを取材した．ダウンタウンのヒスパニック・コミュニティでは，ヒスパニックの人たちを代表して，「福祉オンブズマン」が活躍していた．筆者は彼らとともに，ナーシングホームを訪問して，オンブズマンがどのように活動しているのかを目の当たりにして多くの示唆を得ることができた．オンブズマンもNPOを形成して活動していた．ナーシングホームには，何か問題があればこの施設担当のオンブズマンに連絡するように，という掲示が義務づけられている．電話で寄せられるそうした情報を集計すると，どのような施設に問題がありそうなのかを統計的に把握できるという．オンブズマンのボランティアは研修も厳しく難しい．「でもやりがいある活動だ」と彼らは言う．定期的にさまざまなナーシングホームを訪問して，さりげなく観

察しながら施設のスタッフと対話している．たとえば「きょうのメニューにはターキーと書いてありますが，これはチキンではありませんか」というようなことである．そういう小さなことから，次第にさまざまなことが見えてくるのだという．そして「重要なことは，敵対していくのではなく，注意を喚起し，問題が自発的に改善されるようにすることなのだ」と言う．オンブズマンの活動は有効に機能しているようだった．最終的な監査や査察そして権力の発動は行政の責任である．しかしその手前で，NPOとしてのオンブズマンができることはたいへん多いのだと教えられた．

このようにロスアンゼルスで福祉 NPO 団体を取材したところによれば，米国社会では，人種や宗教，地域を問わずにボランティア活動への志向性が高い．これはなぜなのか，社会システムとボランティア活動との関連として，次の調査研究テーマとなっていった．

NPO のマネジメント

リトル東京サービスセンターでは，ハーバード大学で MBA（経営学修士）をとった若いエリート女性が，NPO の CDC 部門をまかされてめざましい活躍をしていた．彼女から，米国の専門職にとって，NPO は初職として有望なひとつの選択肢であることを教えられた．もし大企業に入ったら，MBA をもったエリートでもその他大勢の1人にすぎない．重要な仕事を任せてもらえるまでかなり時間がかかるであろう．しかし小規模な NPO なら，いきなり大きな役割に挑戦できる．そこで成功すれば，次の職への大きな飛躍も可能なのだという．ちなみに彼女の前任者も，NPO の次にはロスアンゼルス市役所の重職へと転職していったのだと語った．

もちろんこのようなサクセス・ストーリーばかりではないだろう．しかし近年，米国では大学院レベルで，NPO の管理・運営コースが続々と新設されているのは事実だ．ハーバード大学のケネディ行政学センターには1997年ハウザー非営利マネジメント研究所（Hauser Center for Nonprofit Management）が設立された．筆者が所属していた UCLA の社会福祉学部も，その後，改組再編される過程で，市民社会研究センター（Center for Civil Society Studies）を設立し，ロンドン大学（London School of Economics）か

らヘルムート・アンハイヤをセンター長として招聘するなど，米国の大学ではNPOマネジメントコースの新設が続いた．イエール大学やインディアナ大学のNPOマネジメントのコースは昔から有名だが，全米NPO学会ARNOVA（Association for Research on Nonprofit Organizations and Voluntary Action）には，こうしたNPOの管理運営コースを担当する大学教育関係者が集まって大きな部会を編成している．ARNOVAの年次大会には1,000人もの参加者がある．

サラモンとジョンズ・ホプキンス大学

NPOの形成する「非営利セクター」がじつは巨大な存在であり社会に大きな役割を果たしていることに目を開かれたのは，レスター・M.サラモンとヘルムート・アンハイヤを中心とする当時のジョンズ・ホプキンス大学のメンバーたちが，『米国の非営利セクター入門』（Salamon 1999）や *Defining the Nonprofit Sector*（Salamon and Anheier, eds. 1997），*Global Civil Society*（Salamon *et al.* 2004）など，画期的な調査研究成果を次々に公にしていったからだ．彼らの研究によって「非営利セクター」の姿がくっきりと浮かび上がった．それは保健・医療・福祉・文化・教育サービスなど，現代の人間社会にとって不可欠なヒューマンサービスの分野の全体をカバーしていたのだ．

さらに驚くべきことは，米国の非営利セクターの大きさだった．それは雇用規模や経済規模，どちらをとっても政府セクターよりも大きかった．ひとつひとつを見れば小さくても，非営利セクター全体として見ると，それはすでに巨大で米国社会にとって不可欠な一部になっていたのだ．より広く目を世界に広げれば，米国のみならず世界の先進諸国で非営利セクターが社会サービスの大きな部分を担っていることも明らかになった．国によって非営利法人の制度や税制に違いはあるものの，果たしている役割はほぼ共通しており，その重要性はますます大きくなっている．先進諸国だけでなく，発展途上国でも非営利組織や非営利セクターの役割は拡大しており，とりわけ環境問題や国際協力などでは，NGO（Non Governmental Organization）の役割が増大している．まさにここに社会科学の最先端の調査研究分野があることをサラモンらの研究は告げていたのである．世界中で非営利セクター研究のうねりが湧き起こることに

なった．

　筆者は2000年4月からわずか1学期ほどであるが，メリーランド州ボルティモアにあるジョンズ・ホプキンス大学のレスター・M.サラモン教授のもとで彼のゼミや研究会に参加した．なかでも印象深かったのは，世界から，とりわけ東欧から若い研究者等を招聘して，NPOマネジメントを教えていることであった．ロシアから来た学生は筆者と同室であったが，父親がマルクス経済学者であったという．彼自身はNPOマネジメントを学んでロシアで新しい放送メディアをNPOとして立ち上げたいと語っていた．ブルガリアやポーランドからも続々とスカラシップをもらった若者が到着した．ジョンズ・ホプキンス大学の公共政策研究所は，サラモンたちのNPO調査研究プロジェクトだけでなく，さまざまな財団から資金をえて，東欧の旧共産圏諸国から若い研究者を招いて非営利組織の立ち上げやマネジメントを研修してもいたのだ．1991年のソ連邦の崩壊以後，東欧への支援はアメリカにとっても重要な課題だった．しかし政府間だけの支援では限界がある．とりわけ内政干渉にならないようにしながら，市民社会の育成を支援する必要があった．サラモンらの唱える市民社会論，とりわけ非営利セクターと非営利組織の果たす役割の研究は，旧共産圏諸国の社会制度改革にとっても重要な意味をもつものと思われた．なによりもそれは，米国にとって建国以来なじんできた社会制度そのものなので，フォード財団はじめ，米国の大きな民間非営利組織を支援する財団は，こうしたプログラムを支援した．ジョンズ・ホプキンス大学で見たのはそのようなプログラムの一端だったのだ．

　ジョンズ・ホプキンス大学の存在するメリーランド州ボルティモアは犯罪率が高い町としても有名であった．大学はダウンタウンから離れた郊外にあり，大学およびその周辺は，美しい住宅地であった．春爛漫の住宅地の間の道を散歩すると，まさに夢のような豪邸と美しい花々が咲き乱れていた．ところがダウンタウンに出かけると，一転してそこには荒廃した殺伐さが漂っていた．このボルティモアにもさまざまな福祉NPOがあり，エスニック・マイノリティや人種差別，そして貧困問題に起因するさまざまな社会問題にとりくんでいるのだった．

　その後，サラモンたちはNPOセクターの世界比較というさらに壮大なプロ

ジェクトに乗り出した．そして国によってなぜ非営利セクターが異なるのかを，さまざまな歴史的な要因から説明しようとしている．ただしこのプロジェクトは，現在までのところ，あまり成功しているとは思われない．実態調査は順調のようだが，問題は非営利セクターの現在における規模や内容の違いを，歴史を遡って説明しようとする点にある．被説明変数は現在の非営利セクターの規模や制度の違いなのだから，結論が先にあって，後づけで理由や原因を探索することになりがちである．近年，ARNOVA などの学会でサラモンたちが報告すると批判を浴びることが多くなったのは，世界の NPO 研究の水準が向上したことも一因なのだが，非営利セクターという社会制度が，欧米とりわけ米国の社会制度と密接不可分なので，米国中心主義が知らず知らずのうちに混入してしまう傾向があり，そのことにたいして世界の研究者たちも敏感になってきたからであろう．

AARP との遭遇

話は戻るが，1995 年に UCLA での 1 年間の在外研究を終えて帰国する前に，筆者は思いきってワシントン DC の AARP 本部を訪ねた．ロスアンゼルスでさまざまな福祉 NPO を訪ね歩いていると，当時はまだ「全米退職者協会」（American Association of Retired Persons）と名乗っていた AARP という巨大な全国組織が，さまざまな場面で言及されたからだ．たとえばアルツハイマー病の高齢者の金銭管理を行っている福祉 NPO を訪問すると，金銭管理のガイドラインやマニュアルをつくったのは AARP だった．また TV 番組でも，しばしば米国でもっともパワフルなロビー活動を行う政治的な団体として取り上げられていた．日本でも関心が高まっているようだった．高齢者政策に大きな発言力をもつ当事者団体としての AARP の姿に関心をもち，いずれ日本にも AARP のような団体をつくりたい，と念願する人たちが，市民団体や NPO の世界にたくさん現れてくることになる．

初めてワシントン DC の目抜き通りにある AARP の巨大なビルを訪問したときのことは忘れられない．広報担当者が次々に紹介してくれる部署や人たちが語る AARP の世界は，これまで見てきた小さな NPO とは別世界だった．それは NPO というより，米国の最先端の企業に似ていた．その後，ロスアン

ゼルス郊外レイクウッドにある AARP の巨大な会員受付のテレフォン・センターや会員証の印刷発送工場を見たときの驚きや印象も同じだった．

　ところで AARP については毀誉褒貶が激しい．インターネットを調べても AARP を批判する団体や意見が渦巻いている．巨大な組織であるだけに，過去のスキャンダルにも事欠かない．営利会社組織も傘下に持っているので，実態はシニアビジネスや保険会社のようなものではないのか，という声もある．

　しかし，AARP を十数年にわたって見つづけてきて，批判的な声があることも含めて，AARP は，きわめて米国的な価値感を反映した存在であると思われる．地域コミュニティの中で活躍する小さな NPO だけを評価して，AARP を評価できないことは，米国の NPO 世界の全体を正当に評価できないことではないだろうか．その理由は本書で論述してきたが，AARP との出会いは，多面的で奥深い NPO の世界へと足を踏み込むことであった．日本にはない，日本ではいまのところありえない NPO の世界，それが AARP との遭遇であった．AARP を研究することは，その功罪を含めて米国の NPO の可能性と限界，問題や課題を研究することに他ならないのではないか．本書は，AARP との出会いによって見えてきた筆者なりの NPO 観でもある．

10　まとめと考察

　最後に，本書を閉じるにあたって，今回はふれることの出来なかった問題や論じきれなかったいくつかの課題を考察しておきたい．

　本書のきっかけは 1991-92 年の住民参加型の福祉ボランティア調査からであった．エピローグにも記したとおり，急激な高齢化と都市部におけるひとり暮らし高齢者の在宅生活の維持のための支援が緊急の課題となったときだった．阪神・淡路大震災以前ではあったが，都市部の中高年女性を中心に，福祉ボランティアの活動が急拡大していた．すでに社会福祉協議会や福祉公社などが現れて，行政も関与しながら福祉ボランティアの支援システムの検討がなされていた．そして福祉ボランティアの世界に堀田力氏が現れ，「ボランティア切符」によってボランティア活動を促進し福祉社会を形成するというビジョンが語られた．全国社会福祉協議会・地域社会部でも住民参加型在宅福祉サービ

活動やその担い手の全国調査部会が設けられ，筆者もその一員となってアンケート調査やヒアリング調査に参加した．これが後の福祉 NPO への関心につながる．

ボランティア活動とボランティア・コーディネーター

この調査結果はたいへんに興味深いものであった．急激な地域の核家族化と高齢化に危機感をいだいた中高年女性が，社会参加のワンステップとして住民参加型活動に参加している場合が多かった．その参加動機は，社会貢献意識，福祉や介護への関心と学びの意欲などであった．しかし活動頻度はさほど多くなく，しかも大多数の参加者は 1 年程度で活動を休止してしまうのであった．福祉やボランティア活動への関心の高まりとともに，そこには活動の持続や展開に関して多くの問題があることは明らかだった．この問題に関しては，福祉 NPO 研究と平行して持続的に調査実施している病院ボランティア活動の日米比較のほうでも実証研究してきた．いずれ福祉 NPO 研究とも接合させる予定であるが，今回は時間的な余裕がなく，詳しくはふれることができなかった．病院ボランティア活動に限らず，市民互助型活動でも，ボランティア活動を始めた個人への支援システムが必要である．病院ボランティアの場合には，ボランティア・コーディネーターがその役割を果たしている．米国の『病院要覧』(*Hospital Statistics*) をみると，全米の病院の 8 割以上に「ボランティア部」があり，専任専従の職員が配置されている．また病院ボランティア・コーディネーターのための NPO が大都市部では都市ごとに，その他の地域ではカウンティ（郡）や州，そして複数の州のまとまった地域レベルで組織されている．そうしたコーディネーターのための全国研修を行う組織も NPO 法人（全米病院ボランティア・ディレクター協会 Association for Directors of Volunteer Services）となっていて，研修マニュアルを作成したり年次大会をもって医療や病院の動向と，病院ボランティア活動のための研修を行っている．全米病院協会（American Hospital Association これも NPO 法人である）ともネットワークや協力関係を持ちながら活動展開している．

AARP のみならず，このようにさまざまな領域で，地域のボランティアを支える専門職あるいはコーディネーターのアソシエーションがあり，その上に

地域のネットワーク団体があり，さらにその上に全国展開しているアドボカシー団体があるという構造は，米国のボランティアと NPO との関係を考えるうえで，たいへん示唆に富むものである．今回は十分にこの問題を取り上げることが出来なかった．いずれ病院ボランティア活動の日米比較研究をまとめるときにはこの問題を取り上げて考察したいと念じている．

福祉概念の相違

　日本の福祉ボランティアと米国のボランティアとの比較研究も，本書では十分に福祉 NPO との関連で考察することができなかったテーマである．この問題は福祉 NPO とボランティアとの関係を考えるさいには重要な問題となる．米国でフィールドワークを行うと「福祉」(Welfare) という言葉のニュアンスや含意が異なることにすぐ気づくことになる．日本の場合にも「福祉」という言葉は両義的な含意をもつのだが，通常に使われる場合には，かなり肯定的なイメージを喚起するものである．少なくとも社会政策や社会学を含む社会科学では，福祉は肯定的な含意で用いられることがほとんどである．しかし米国では違っていた．ここにも重要な研究課題があるのだが，まだ十分にこの問題を取り上げて考察する段階にはいたっていない．仮説的には，多民族社会における公的扶助システムのあり方が，人種ごとの経済的な格差の問題とオーバーラップするので，公的扶助のあり方にたいして，階層差だけでないさまざまな問題が影響してくるのであろう．クレーマーやハッセンフェルドらが「福祉」という言葉をほとんど避けるようにして「ヒューマンサービス」という用語を用いているのは米国のこのような背景もふまえなくては理解できないであろう．ボランティア活動にたいする喚起力や，モチベーションとも関連してくる問題である．「福祉」という言葉の日米での含意の違いも視野におさめて考察する必要がいずれあらわれるに違いない．この問題は福祉 NPO に限らず社会政策や制度を考える上でも重要な問題であろうかと思われる．

ボランティア活動の日米比較

　福祉と隣接して医療における NPO の問題に関しても，準備をしているのだが，今回はふれることができなかった．カリフォルニア大学ロサンゼルス校

(UCLA) 滞在中には，福祉ボランティアだけでなく，病院ボランティアの調査も始めた．医療や福祉それに教育の分野での日米の違いはきわめて大きかった．米国の病院が開かれた印象をあたえ，医師が時間をかけて患者の声に耳を傾け，医療が利用者志向のヒューマンサービスになっているように思われた．それはたんに米国の医療が保険によってカバーされていない自由診療で，高額の市場メカニズムに委ねられているという理由だけではないと思われた．事情は，教育や福祉でも同じであった．当時から，福祉サービスに関しても，利用者指向だけでなく，英語だけでなく多言語を使用した「利用者の言語に意識的なサービス」や「エスニック・マイノリティに配慮したサービス」などが福祉の世界の大きな課題であった．

　こうした調査を通じて，筆者にはひとつの仮説が形成されてきた．それは，米国で医療や福祉において利用者志向の強まりに，ボランティアの参加や関与が影響を与えたのではないか，というものである．もちろん多様な要因が作用しているであろうが，利用者や利害関係者の直接および間接的な参加，さらに潜在的な利用者としてのボランティアの参加やそれを媒介するNPOの活動は，米国におけるさまざまな領域での利用者や当事者の立場を強めるように作用したのではないだろうか．病院ボランティアの歴史を調べていると，米国でも約半世紀前の医療現場は，現在の日本とほとんど同じような状況であったことがわかる．医師と患者との関係はパターナリスティックであり，医師などの専門職に権力が集中して患者の立場は弱いものだった．多様な要因が作用するものの病院ボランティア活動の及ぼした作用は大きいと考えられるのである．病院ボランティアは，地域コミュニティからやってきて，日常的に病院に関わり，病院を支援しながら医療の現場で病院をつねにウォッチしていることになる．直接の医療サービスの当事者ではないが，病院の潜在的顧客であり，地域コミュニティの代表であり，当事者に準じるステークホルダー（利害関係者）でもあるのではないだろうか．事情は福祉の世界でも同じで，さまざまなボランティア活動が福祉への市民参加を喚起しているように思われた．エピローグに記した退職高齢者のボランティア活動支援プログラム（RSVP）などの活発さは，阪神・淡路大震災のちょうど1年前に起こったロサンゼルス地震でも活躍し注目されていたし，日系引退者ホームなどでは，こうした地域からのボランティ

ア活動によって支えられている部分が大きかった．ユダヤ系のナーシングホームや，ヒスパニック系の福祉オンブズマン活動など，見れば見るほど，米国の福祉の世界も，ボランティアによる市民参加が，福祉サービスを開かれたもの，顧客志向にしている大きな要因であるように思われた．宗教や人種，エスニシティの違いではなく，ボランティア活動という社会的行為が集合化されてヒューマンサービスの提供に関するシステムにビルトイン（内在化）されたとき，医療や福祉だけでなくさまざまなヒューマンサービスが大きく変化するのではないか，とりわけ利用者志向に大きく変わるのではないか，そう考えられるのである．この仮説や課題も，本書の中では十分には展開することができなかった問題である．社会学的にみれば，この変化はボランティア活動や組織化されたNPOなどが，医療システムに関わるソーシャルアクターとしての機能を果たしたことによるものであると仮定できるのではないか．つまり中間集団が市民の参加機能のみならず，医療システムの転換に影響力を発揮したものと考えることができるのではないか．もちろんこのほかにも米国の医療に関しては日本と異なる多くの要因が作用しており，公的医療保険がないことのほかにも，保険会社など医療費支払い機関の力が強いことや，医療をめぐる訴訟の多さとその影響力など，重要な問題がさまざまに影響することになる．こうした問題もまた本書ではふれることができなかった．

NPOサポートセンター

しかし，こうした作業仮説をもってその後の調査にあたってみると，医療や福祉が，日米のヒューマンサービスのあり方に関してじつによい比較研究の立脚点であることが見えてきた．医療と福祉とを同じ手法で扱うことができるかどうかはさらに検討しなければならないが，医療に関してもさまざまなNPOが活動していることも見えてきた．サンフランシスコでは1960年代の「対抗文化運動」（Counter Culture Movement）の時代から「フリークリニック」などのオルタナティブ医療が試みられるなど先進的な地域なのだが，HIVの蔓延で大きな打撃を受けた．多数あらわれたエイズ患者への支援団体なども，その多くがNPOであった．そのNPOの活動が機能するように，行政はNPOのマネジメント支援を行っていた．こうした先進的な事例は岡部一明が詳しく

実例を紹介している（岡部 2000）．そのほかにも各地に NPO サポートセンターがあり，NPO と行政との連携や協働をサポートしている事例が多いことも見えてきた．有名なサンフランシスコの NPO サポートセンター（現在は名称変更されてコンパスポイント Compus Point となっている）などは日本にも紹介されているが，NPO にたいする中間支援団体の役割や機能についても本書のなかでは十分に扱うことができなかった．これも今後の課題である．

また NPO 理論の研究だけでなく，NPO の実態調査研究も近年格段に進んできている．サラモンらの国際比較調査だけでなく，各地の研究機関が多くの実証調査を行っている．NPO の調査研究機関であるインデペンデント・セクター，アーバン・インスティテュートなどの研究（NPO 活動の評価や成果の評価尺度の開発など）も十分に本書に取り入れることができなかった．他日を期したい．

このように福祉に関わるボランティア活動の日米比較から始めて，次第に，ボランティア活動を支える基盤構造の違い，ボランティアを社会的に効果ある活動へと媒介していく中間支援組織の役割，そしてさまざまな社会的主体が形成する当事者運動としての福祉 NPO などに研究関心が拡大していくことになったのである．

NPO の社会変革力

とりわけ渡米以前には私の視野に入っていなかった NPO 団体の社会的な影響力が研究関心の中心になっていった．なかでも AARP の社会変革力にもっとも関心を惹きつけられたのである．大学院時代にはフランスのトゥレーヌらの社会運動モデルを日本に当てはめようと悪戦苦闘したうえ挫折し，高齢化に関連した地域福祉をフィールドとして住民参加型団体を調べていた私には，社会運動モデルとはまったく違うが，より現実的で社会にたいする影響力を発揮しうる市民からの動きの可能性が，NPO のなかにはっきりと見えたように思われたのである．NPO という概念も実態も，日本のなかにはまだほとんどなかったことも研究への関心を高める要因であった．

以来，10 年以上にわたって AARP の調査研究にあたってきた．その間に AARP も大きく変容した．戦後生まれの米国版団塊の世代であるベビーブー

マー世代の会員への取り込みのために AARP も大胆な組織変革にも取り組んできた．近年も団体の名称の変更や，『私の世代』(*My Generation*) という新たな会誌の発刊や休止，議会からの批判と CEO（事務局長）の交代などさまざまな変化が起こった．ワシントン DC に滞在した 2005 年には 1 週間にわたって毎日 AARP を訪問し，さまざまな部門の責任者に次々とインタビュー取材を行った．また AARP の図書館にこもって創刊以来の会報や雑誌を調べたり，AARP の歴史や組織図を作成したりした．その過程で，AARP 創立にあたってリーダーのエセル・パーシー・アンドラスとともに重要な役割を果たしたレオナード・デイビスという保険業者が，その後の AARP の歴史からほとんど抹消されていることや，グループ医療保険をめぐって金銭的な問題が生じたことなどもおぼろげに見えてきた．こうした事例もあるため研究者のなかには AARP を評価の分かれる団体として研究対象からはずす場合もある．運動と事業との複合は，AARP においてもその当初から問題や波乱ぶくみの課題だったのである．この問題は NPO をめぐる本質的な問題である．NPO は事業を行わなければ，ボランティア活動やボランティア団体，また社会運動や市民運動と大きな違いは生じないことになる．しかし運動性と事業性との両立というのは，矛盾しあうふたつのベクトルを共存させるようなもので，ときには両立不可能にもなりかねない難問なのである．運動性と事業性，社会批判やアドボカシーと財政的・組織的な自立性の両立というきわめて困難な問題が，NPO を歪めたり分裂・解体させたりすることをサラモンも指摘している(Salamon 2003)．AARP はまさにこうした矛盾をそのまま体現する歴史をもっていたわけである．AARP はこうした問題を完全に解決したわけではないが，NPO としての基本を逸脱することなく，半世紀にわたる発展をまだ持続させている．こうした背景には，NPO がその本来的なミッションや理念とともに事業展開できる分野や領域が米国には開かれているからであろう．それは社会が NPO を必要としているということであり，機能論的にいえば，社会にとって必要な機能を NPO が提供しているということではないだろうか．このテーマをもっとも具体的に展開したのが，本書で紹介したクレーマーの福祉 NPO の機能論であろうと思われる．このテーマと近年めざましく発展した NPO 理論の展開を接続して，福祉 NPO の理論および福祉 NPO の社会学を構築しよ

うしたのが本書執筆の発端である．ただし，AARP の裏面の問題や課題を真正面から理論的な考察の対象に据えることは，まだできなかった．AARP においても，社会運動としての歴史的な展開に関する資料は豊富に提供されたが，ことシニアビジネスに関するデータになると，その入手は困難であった．今回の分析にあたっても，ホームページ上に開示されている財政報告書を参照するだけで限界であった．しかし年次ごとに財政報告書の費目や項目には大きな違いが見られる．AARP のほんとうの財政規模や組織規模をはかるには，NPO 会計だけでなく企業会計にも通じた専門家の協力が必要かもしれない．AARP は複雑な複合体となっており，NPO 法人の傘下に営利法人を持っているからである．そうした営利法人の AARP との関係については，今回はふれることができなかったテーマである．NPO における事業と運動性との NPO をめぐる本質的な議論であるだけに，AARP に限らず，これからのさらなる実証調査研究が求められるところであろう．

日本の NPO の課題

ひるがえって日本を見ると，住民参加型団体の多くが財政的な自立どころか事務局経費にも事欠いているのがごく普通の風景であった．専従ではあるがほとんど無給に近い事務局によって支えられている住民参加型団体は，NPO というよりボランティア団体であった．リーダーに事故があれば，あるいはリーダーが引退すれば，団体はすぐに活動休止してしまうという状況がしばしばであった．しかし日本にも大きな時代の変化の風が吹くことになった．阪神・淡路大震災後のボランティアの湧出と特定非営利活動促進法（NPO 法）の成立，そして公的介護保険制度の発足である．事業を行いながら社会に問題提起する運動性をあわせもつ組織という，日本ではほとんど不可能に近いように見えるこの課題にひとつの道が見えたのであった．事業と運動との両立というこの 2 つの困難な課題が幸運にも両立する領域，それが地域福祉なのではないだろうか．

本書の第 3 章は，このテーマに沿って書かれた論文を整理してまとめたものである．まず住民参加型団体を地域福祉への市民参加として位置づけ，しかし福祉政策の意志決定過程への当事者や市民の参加ではなく，サービス供給過程

への参加として始まったことの可能性と問題を論じた．介護保険制度発足当初は，大きな期待と可能性を感じさせた介護保険制度であるが，多くの混乱や問題を抱えたままであると言えよう．当初から，社会保険として発足したことの問題点や，その保険料や40歳からという費用負担者の年齢の設定，そして営利企業も含めてさまざまな事業者が参入したことなど，さまざまな問題が山積していた．しかし「介護の社会化」という時代が要請する理念を真正面からかかげ，むしろ大きな「社会実験」として介護保険制度を位置づけた厚生労働省の判断は正しいものであったと思われる．大きな理念を掲げて発足した社会実験としての介護保険制度に，福祉NPOという，これも生まれたばかりの社会実験組織とも言える団体が，全国から参入するという展開に，社会学に携わるものとして大きな期待と関心と，そして高揚感を覚えて調査研究にあたってきた．住民参加型団体のころと比較して介護NPOにはどのような組織および事業的な変化があったのか，リーダーの意識や担い手はどう変化したのか，介護保険制度のもとでNPOとして活動することにどのような問題や課題があるのか，といったテーマを持続的に調査研究してきた成果が本書の第3章である．
介護保険制度のその後の展開は，現在までのところ多くの人びとの期待を裏切ってきたように思われる．まず予想以上に利用が急増し，利用にあたってモラルハザードが生じているとの指摘もある．しかしこれは制度が発足して普及していく過程で利用者と保険者，そして事業者がともに協力しあって正していくべきものであった．そうした社会的な成熟過程やそれを促進することよりも先に，利用を制限したり管理や監督を強化するという，日本の社会政策の悪しき管理主義やパターナリズムが強まっていると思われる．介護保険制度5年目の見直しの過程は財政的な観点から主導され，介護報酬の引き下げや事業者への管理強化を中心としたものであった．そこには利用者の参加どころか，利用者の声さえ吸い上げられていないように思われる．またヒューマンサービスを提供する主体としての事業者に関しては，営利と非営利とを区別せず，まったく同じ基準で管理と規制の強化を行った．その結果は深刻で，景気の回復ともあいまって，介護現場からは介護労働力の離職・転職が増大している．このままでは介護労働力不足から介護保険制度の持続可能性が崩壊しかねないと危惧される．また，福祉NPO研究の立場からすると，事業者の法人はその種別ごと

に多様な理念やミッションを持っている．現在の介護保険事業者は営利法人が多数を占めているが，社会福祉法人，社会福祉協議会，生活協同組合，農業協同組合，NPO法人など，多様な民間非営利組織も事業者となっているのである．そしてそれぞれ根拠法も異なり，多様な理念や目標を掲げた法人であり，その立場から介護保険制度に参入しているのである．こうした多様な事業者のあり方を，現在の制度は均質化してしまい，規模や地域，法人種別などによって差異が生じないように管理規制を強化している．こうした制度運営は，多様な法人の参入によって量的にも拡大し，質的にも向上するという準市場としての介護保険制度の当初理念と大きく違うものではないだろうか．また介護保険財政を理由として，保険者である市町村や県などによっては同居家族がいる場合にはサービス利用を制限しようとする事例があるという．こうした運営上の問題は介護保険制度発足当初の理念を浸食していくものであり，制度への市民や事業者，介護現場からの信頼を損なっていくものと考えられる．NPOの理論や福祉NPOの理論は，こうした事態にたいして理論的な批判を行うことができるはずなのである．

　本書では，こうしたアクチュアルな課題に十分には踏み込むことができなかった．本書執筆と並行して，さまざまな介護保険事業者の団体の協力をえて「介護保険制度改定の影響調査」を全国規模で実施している．また調査結果などについては論文として発表していく予定である．

　最後になるが，福祉NPOの影響力はなぜどのように生じるのか，またその影響力はどのように測定し評価できるか，という理論的な問題が残されている．第4章において，米国のシニアムーブメントが米国の高齢者政策を大きく転換させたかの分析を行っており，社会運動や労働運動，政治団体とNPOとの連携や協働を論じているが，まだ仮説的な議論であり，どのような場面でどのような連携や協働があったのか，さらに具体的な実証やその検証が必要であろう．また他の諸国でも可能であるのかどうか，米国固有の制度である部分を捨象して，普遍的な要因を抽出し理論化できるかも大きな課題として残されている．このテーマは，NPOの社会的影響力を論じる場合には不可欠のものであろう．

　このように，福祉NPOの社会学として残された課題は多い．しかし研究を開始した当初の予測を上回ってNPOのもつ社会的影響力は拡大している．本

書では福祉 NPO のなかでも限定的に介護 NPO や，米国の AARP をケーススタディとして取り上げたが，現代社会の文脈において考えれば，NPO は社会学に対して大きな課題やテーマを豊富に提供しつづけているのである．

1） シニアムーブメントにおけるシニアを「50 歳以上の人びと」と定義しておく．本章で論じているとおり AARP の加入資格が 50 歳以上だからである．通常 60 歳や 65 歳以上とされる「高齢者」とは重なるものの同一概念ではない．
2） NPO 概念についてはさまざまな議論があるが，本書第 1 章で論じたように，Salamon and Anheier（1996）がもっとも定評ある NPO 概念を提供している．福祉 NPO 概念の必要性については安立（2006b）を参照．
3） Pratt（1976），Powell *et al.*（1996），Williamson and Beard（2007）など．
4） AARP とアンドラスについては前節の記述のほか安立（2003c）参照．
5） 1978 年と 1986 年の「雇用における年齢差別禁止法」（Amendments to the Age Discrimination in Employment Act）．
6） Senior Rights Movement ともいう．その場合は Civil Right Movement（公民権運動）との同時代性や類似性をより意識したとらえ方となる．本書ではより幅広く応用可能な Senior Movement を採用する．
7） シニアムーブメントに関しては Pratt（1976；1993），Powell *et al.*（1996）などがもっとも参照されることの多い文献であり，本章もこれらの研究に依拠しながら紹介していく．
8） 「成功」をここでは組織の持続と拡大という意味に限定して論じることにする．組織の持続と拡大が「成功」の唯一の尺度ではないことはもちろんである．
9） 高齢化の時代的な区分やそれぞれの段階における特質についてはさまざまな議論があるが，Torres-Gil（1992）や安立・小川編著（2001）などが「ニューエイジング」という概念を提出している．
10） AARP はニューズレター，会報だけでなく，ラジオやテレビ番組の制作，近年ではインターネットを通じてのさまざまな情報提供を行うなど，多様なメディア戦略を展開している．
11） 2006 年度の財務報告によれば政府補助金は歳入総額の 10％未満である．
12） もちろんこの背景は単純なものではない．AARP は近年，IRS（内国歳入庁）と NPO に対する課税範囲をめぐって争ってきた．また郵政局との郵便料金の非営利組織特典をめぐる争いや州政府レベルでの免税範囲をめぐる争いなども知られている．そのほか，巨大なシニアビジネスに関しては，過去にもさまざまな問題があったことも指摘されている．Morris（1996），Atta（1998）等を参照．
13） Salamon（1995），Anheier（2005）等を参照．

14) 安立（2005a；2005b）はこの問題を論じた．
15) サラモンは米国における政府とNPOとの関係を，「第三者政府」と表現している．Salamon（1995），Anheier（2005）等を参照．
16) 矢澤（2003）が包括的で行き届いた論考を行っている．
17) 2000年のときの内容は「ソーシャルセキュリティの維持」「メディケアの維持」「ロングタームケア改革」「マネージドケアと患者保護」の4点であった．この4点に関する有力候補者の回答が並べられている．
18) 配偶者を失った会員に対して，近隣のAARPメンバーが訪問して支えとなる．
19) そもそもアンドラスとともにAARPの共同設立者でもあったレオナード・デイビスという人物がアカウンタビリティを問われAARPの正史からほぼ抹消されているのはその一例である．ニューヨーク州のひとりの保険ブローカーだったデイビスは，AARPのグループ医療保険を独占して，コロニアル・ペンという巨大な保険会社を設立した．これはAARPのグループ医療保険が巨大な収益源にもなったからであろう．
20) 一例をあげれば，AARP Services Inc. はAARPの傘下にある営利企業で株式会社であり，富裕層への投資顧問などファイナンシャルアドバイスを行っている．
21) 理事会メンバーは地域や人種，職種のバランスを見ながら事務局が注意深く選定する名誉職的なボランティアであり，会長は一種の名誉職である．

文　献

Abramson, J. A. and M. L. Salamon, 1986, *The Nonprofit Sector and the New Federal Budget*, Washington, D. C.: The Urban Institute Press.
安立清史，1993,「住民参加型在宅福祉サービス活動の担い手の意識」『月刊福祉』11月号，全国社会福祉協議会．
安立清史，1994,「福祉活動の担い手」目黒依子編『ジェンダーの社会学』放送大学教育振興会．
安立清史，1996a,「ボランティア活動の日米比較（1）」『月刊福祉』8月号，全国社会福祉協議会．
安立清史，1996b,「ボランティア活動の日米比較（2）」『月刊福祉』9月号，全国社会福祉協議会．
安立清史，1998a,『市民福祉の社会学——高齢化・福祉改革・NPO』ハーベスト社．
安立清史，1998b,「福祉社会におけるボランティア活動とNPO」青井和夫ほか編『福祉社会の家族と共同意識』梓出版社．
安立清史，1999,「福祉社会の行方」満田久義・青木康容編『社会学への誘い』朝日新聞社，pp. 79-89.
安立清史，2000,「地域福祉への市民参加」三重野卓・平岡公一編『福祉政策の理論と実際』東信堂，pp. 89-109.
安立清史，2001,「介護保険とNPO」『介護保険情報』2月号，社会保険研究所：34-40.
安立清史，2002a,『NPOのインパクトアナリシスに関する国際共同研究の企画調査』文部科学省科学研究費報告書．
安立清史，2002b,「新しい公共性の形成」「未知普請」研究会編『公共事業は誰のものか』中央公論新社，pp. 103-121.
安立清史，2002c,「NPOが開く公共性」佐々木毅・金泰昌編『公共哲学7　中間集団が開く公共性』東京大学出版会，pp. 293-331.
安立清史，2002d,「高齢者運動」目加田説子編『市民の道具箱』岩波書店，pp. 120-121.
安立清史，2003a,「集団と社会——ボランティア・NPO・社会改革」満田久義編『現代社会学への誘い』朝日新聞社．
安立清史，2003b,「高齢者支援とNPO ——介護保険のもとでのNPOの展開」『現代社会学研究』Vol. 16，北海道社会学会：3-24.
安立清史，2003c,「高齢者NPOと『生きがい』の実現——エセル・パーシー・アンドラスとAARPの展開にみる『生きがい』の社会学的考察」『生きがい研究』No. 9, 長寿社会開発センター：44-68.

安立清史，2004a,「アメリカにおけるニューエイジング研究の動向──ベビーブーマー世代の高齢化をめぐって」三浦文夫編『図説　高齢者白書　2004年度版』全国社会福祉協議会，pp. 52-161.
安立清史，2004b,「アメリカの病院ボランティア・システム」『社会保険旬報』No. 2215, 社会保険研究所：11-15.
安立清史，2004c, "Japan's Nonprofit Sector and the Care Nonprofits," *Kyosei Shakaigaku*, 九州大学大学院人間環境学研究院.
安立清史，2005a,「福祉NPO概念の検討と日本への応用」『大原社会問題研究所雑誌』No. 554, 法政大学大原社会問題研究所：15-27.
安立清史，2005b,「福祉NPOの展開と福祉社会学の研究課題」『福祉社会学研究』2, 福祉社会学会：12-32.
安立清史，2005c,「高齢者NPOから社会をみる」友枝敏雄編『心と社会をはかる・みる──人間科学への招待』九州大学出版会，pp. 163-178.
安立清史，2005d,「地域福祉における市民参加」三重野卓・平岡公一編『福祉政策の理論と実際──福祉社会学研究入門』[改訂版]東信堂，pp. 91-111.
安立清史，2006a,「米国のシニアムーブメントはなぜ成功したか」『社会学評論』Vol. 57, No. 2, 日本社会学会：275-291.
安立清史，2006b,「非営利組織（NPO）理論の社会学的検討」『共生社会学』No. 5, 九州大学大学院人間環境学研究院：1-15.
安立清史，2007,「社会政策とNPO」『社会政策研究』（特集・市民活動・NPOと社会政策）No. 7, 東信堂：17-36.
安立清史・小川全夫編著，2001,『ニューエイジング──日米の挑戦と課題』九州大学出版会.
安立清史・杉岡直人編著，2001,『社会福祉士養成テキストブック14　社会学』ミネルヴァ書房.
安立清史ほか，2002,『福祉NPOと厚生行政との共働可能性に関する調査研究』厚生科学研究費補助金報告書，厚生労働省.
安立清史・藤田昌子，2003,「介護系NPOリーダーのコミュニティ意識」『共生社会学』No. 3, 九州大学大学院人間環境学研究院：17-37.
安立清史・藤田摩理子・陳曉娴，2004,「介護系NPOの展開──NPO法人『たすけあい佐賀』と『たすけあい泉』の事例」『西日本社会学会紀要』No. 2, 西日本社会学会：165-171.
Adachi, K., J. E. Lubben and N. Tsukada, 1996, "Expansion of Formalized In-home Services For the Japan's Aged," *Journal of Aging & Social Policy*, Vol. 8, No. 2/3, The Haworth Press, Inc.: 147-159.
阿川尚之，1997,『トクヴィルとアメリカへ』新潮社.
天田城介，2003,『〈老い衰えゆくこと〉の社会学』多賀出版.
天野正子，1999,『老いの近代』岩波書店.
Andrus, E. P., 1968, *Power of Years : The wisdom of Ethel Percy Andrus,* Long Beach :

NRTA-AARP Publisher.
Anheier, H. K., 2004, *Civil Society : Measurement, Evaluation, Policy*, London : Earthcan.
Anheier, H. K., 2005, *Nonprofit Organizations : Theory, Management and Policy*, Abingdon : Routledge.
Anheier, H. K. and W. Seibel, eds., 1990, *The Third Sector : Comparative Studies of Nonprofit Organizations*, Berlin, New York : de Gruyter.
Anheier, H. K. and L. M. Salamon, 1998, *The Nonprofit Sector in the Developing World : A Comparative Analysis*, Manchester and New York : Manchester University Press.
Anheier, H. K. and S. Toepler, 1999, *Private Funds, Public Purpose : Philanthropic Foundations in International Perspective*, New York : Kluwer Academic/Plenum Publishers.
Anheier, H. K. and J. Kendall, 2001, *Third Sector Policy at the Crossroads : An International Nonprofit Analysis*, London and New York : Routledge.
Anheier, H. K. and A. Ben-Ner, eds., 2003, *The Study of Nonprofit Enterprise : Theories and Approaches*, New York : Springer.
Anheier, H. K. and L. Diana, 2006, *Creative Philanthropy*, London and New York : Routledge.
Anheier, H. K. and S. Daly, 2006, *The Politics of Foundations : A Comparative Analysis*, London and New York : Routledge.
青井和夫・高橋徹・庄司興吉編，1998,『福祉社会の家族と共同意識』梓出版社.
朝日新聞論説委員室ほか編著，1996,『福祉が変わる 医療が変わる』ぶどう社.
浅川澄一，2006,『これこそ欲しい介護サービス！――安心できるケア付き住宅を求めて』日本経済新聞社.
Ash, R., 1972, *Social Movements in America*, Chicago : Markham Publishing Co.
Atchley, C. R. and A. Baruch, 2004, *Social Forces and Aging : An Introduction to Social Gerontology*, Wadsworth Publishing（宮内康二編訳，2005,『ジェロントロジー――加齢の価値と社会の力学』きんざい）.
Atta, D. V., 1998, *Trust Betrayed : Inside AARP*, Washington, D. C. : Regnery Publishing.
Berger, P. L. and R. J. Neuhaus, 1977, *To Empower People : The Role of Mediating Structures in Public Policy*, American Enterprise Institute for Public Policy Research.
Berry, M. J. with F. D. Arons, 2003, *A Voice For Nonprofits*, Washington, D. C. : Brookings Institution Press.
Boris, E. T. and E. C. Steuerle, eds., 1999, *Nonprofits and Government : Collaboration and Conflict*, Washington, D. C. : Urban Institute Press（上野真城子・山内直人訳, 2007,『NPOと政府』ミネルヴァ書房）.
Bull, C. N. and D. N. Levine, eds., 1993, *The Older Volunteer : An Annotated Bibliogra-*

phy, Westport : Greenwood Press.

Campbell, J., 1993, *How Policies Change : The Japanese and the Aging Society*, Princeton University Press（三浦文夫・坂田周一監訳, 1995,『日本政府と高齢化社会——政策転換の理論と検証』中央法規出版）.

Courtney, R., 2002, *Strategic Management for Voluntary Nonprofit Organizations*, London and New York : Routledge.

Crippen, D. L. R., J. L. Block, T. E. Zetkov and G. Eliott, 1968, *The Wisdom of Ethel Percy Andrus*, Long Beach : NRTA & AARP.

Deth, J. W., Macro Maraffi, Ken Newton and P. F. Whiteley, 1999, *Social Capital and European Democracy*, London and New York : Routledge.

DiMaggio, P. J. and H. K. Anheier, 1990, "The Sociological Conceptualization of Nonprofit Organizations and Sectors," *Annual Review of Sociology*, 16 : 137-159.

Drucker, P. F., 1990, *Managing the Nonprofit Organization*, New York : Harper Collins（上田惇訳, 2007,『ドラッカー名著集4 非営利組織の経営』ダイヤモンド社）.

Drucker, P. F., 1998, *The Drucker Foundation Self-Assessment Tool : Participant Workbook*, Jossey-Bass（田中弥生監訳, 2000,『非営利組織の成果重視マネジメント——NPO・行政・公益法人のための「自己評価手法」』ダイヤモンド社）.

Dunn, A., 2000, *The Voluntary Sector, the State and the Law*, Portland : Hart Publishing.

Esping-Andersen, G., 1996, *Welfare States in Translation : National Adaptations in Global Economies*, London : Sage Publication（埋橋孝文訳, 2003,『転換期の福祉国家——グローバル経済下の適応戦略』早稲田大学出版部）.

Fischer, L. R. and Kay B. Schaffer, 1993, *Older Volunteers : A Guide to Research and Practice*, Newbury Park : Sage Publications.

Foundation Center, 1998, *Foundation Giving*, New York: Foundation Center.

Frumkin, P., 2002, *On Being Nonprofit : A Conceptual and Policy Primer*, Cambridge, Massachusetts, London : Harvard University Press.

藤井敦史, 1999,「NPO概念の再検討」『組織科学』Vol. 32, No. 4.

藤井敦史, 2002,「福祉NPO固有の社会的機能とそれを可能にするためのマネジメント」奥林康司ほか編著『NPOと経営学』中央経済社, pp. 59-89.

藤村正之, 1999,『福祉国家の再編成——「分権化」と「民営化」をめぐる日本的動態』東京大学出版会.

藤村正之編, 2006,『講座・社会変動9 福祉化と成熟社会』ミネルヴァ書房.

藤田綾子, 2007,『超高齢社会は高齢者が支える——年齢差別を超えて創造的老いへ』大阪大学出版会.

古川孝順, 1994,『社会福祉学序説』有斐閣.

古川孝順, 1995,『社会福祉改革』誠信書房.

古川孝順, 1996,「公的介護保険と福祉マンパワー問題」『ジュリスト』№ 1094 : 32-41.

古川孝順, 1997,『社会福祉のパラダイム転換——政策と理論』有斐閣.

古川孝順, 1998, 『社会福祉基礎構造改革――その課題と展望』誠信書房.
古川孝順, 2001, 『社会福祉の運営』有斐閣.
古川孝順, 2002, 『社会福祉学』誠信書房.
古川孝順, 2003, 『社会福祉原論』誠信書房.
古川孝順, 2004, 『社会福祉学の方法』有斐閣.
古川孝順編, 1992, 『社会福祉供給システムのパラダイム転換』誠信書房.
古川孝順・庄司洋子・定藤丈弘, 1993, 『社会福祉論』有斐閣.
古川孝順・庄司洋子・三本松政之編, 1993, 『社会福祉施設――地域社会コンフリクト』誠信書房.
Gidron, B., R. M. Kramer and L. M. Salamon, eds., 1992, *Government and the Third Sector : Emerging Relationships in Welfare States* (Jossey-Bass Nonprofit & Public Manegement Series), San Francisco : Jossey-Bass.
Gilbert, N., 1993, *Capitalism and the Welfare State : Dilemmas of Social Benevolence*, New Haven and London : Yale University Press (阿部重樹・阿部裕二訳, 1995, 『福祉国家の限界――普遍主義のディレンマ』中央法規出版).
Gilbert, N., 2002, *Transformation of the Welfare State : The Silent Surrender of Public Responsibility*, New York : Oxford University Press.
Gilbert, N. and Harry Specht, 1976, *The Emergence of Social Welfare and Social Work*, Itasca : F. E. Peacock.
Habermas, J., 1981, "New Social Movement," *Telos*, No. 49 : 33-37.
Hall, P. D., 1992, *Inventing the Nonprofit Sector and Other Essays on Philanthoropy, Voluntarism, and Nonprofit Organizations*, Baltimore : The Johns Hopkins University Press.
Hall, P. D., 2006, "A Historical Overview of Philanthropy, Voluntary Associations, and Nonprofit Organizations in the United States, 1600-2000," *The Non-Profit Sector : A Research Handbook*, Second Edition, Yale University Press.
Hammack, D. C., 2000, *Making the Nonprofit Sector in the United States : A Reader* (Philanthropic Studies), Bloomington : Indiana University Press.
Hansmann, H., 1987, "Economic Theories of Nonprofit Organization," W. W. Powell, ed., *The Nonprofit Sector : A Research Handbook*, New Haven and London : Yale University Press, pp. 27-42.
針生誠吉・小林良二編, 1994, 『高齢社会と在宅福祉』日本評論社.
Hasenfeld, Y., 1983, *Human Service Organizations*, Prentice-Hall.
Hasenfeld, Y., 1992, "Human Service as Complex Organizations," Y. Hasenfeld, ed., *Thousand Oaks*, London, New Delhi : Sage Publications.
橋本宏子, 1996, 「アメリカにおける住民参加」社会保障研究所編『社会福祉における市民参加』東京大学出版会.
橋爪大三郎, 1985, 『言語ゲームと社会理論――ヴィトゲンシュタイン・ハート・ルーマン』勁草書房.

橋爪大三郎, 1986, 『仏教の言説戦略』勁草書房.
橋爪大三郎, 1993a, 『橋爪大三郎コレクション I　身体論』勁草書房.
橋爪大三郎, 1993b, 『橋爪大三郎コレクション II　性空間論』勁草書房.
橋爪大三郎, 1993c, 『橋爪大三郎コレクション III　制度論』勁草書房.
橋爪大三郎, 1995, 『橋爪大三郎の社会学講義』夏目書房.
橋爪大三郎, 1997, 『橋爪大三郎の社会学講義 2　新しい社会のために』夏目書房.
橋爪大三郎, 2001, 『世界がわかる宗教社会学入門』筑摩書房.
橋爪大三郎, 2004, 『橋爪大三郎社会学論集　言語／性／権力』春秋社.
橋爪大三郎, 2005, 『アメリカの行動原理』PHP 研究所.
初谷勇, 2001, 『NPO 政策の理論と展開』大阪大学出版会.
早瀬昇, 1997, 「NPO とボランティア」山岡義典編著『NPO 基礎講座 1　市民社会の創造のために』ぎょうせい, pp. 44-74.
林雄二郎・今田忠編, 1999, 『フィランソロピーの思想―― NPO とボランティア』日本経済評論社.
平岡公一, 1996, 「イギリス社会福祉における市民参加」社会保障研究所編『社会福祉における市民参加』東京大学出版会.
平岡公一, 2003, 『イギリスの社会福祉と政策研究――イギリスモデルの持続と変化』ミネルヴァ書房.
広井良典, 1994, 『医療の経済学』日本経済新聞社.
広井良典, 1996, 『遺伝子の技術, 遺伝子の思想――医療の変容と高齢化社会』中央公論社.
広井良典, 1997a, 『ケアを問いなおす』筑摩書房.
広井良典, 1997b, 『医療保険改革の構想』日本経済新聞社.
広井良典, 1999, 『日本の社会保障』岩波書店.
広井良典, 2001, 『定常型社会――「新しい豊かさ」の構想』岩波書店.
広井良典, 2006, 『持続可能な福祉社会――「もうひとつの日本」の構想』筑摩書房.
広井良典編, 1999, 『医療改革とマネジドケア――選択と競争原理の導入』東洋経済新報社.
広井良典・駒村康平編, 2003, 『アジアの社会保障』東京大学出版会.
Hodgkinson, A. V., 1993, *A Portrait of the Independent Sector : The Activities and Finances of Charitable Organizations*, Independent Sector.
Hodgkinson, A. V., M. Weitzman, A. J. Abrahams, A. E. Crutchfieldm and R. D. Stevenson, 1996, *Nonprofit Almanac 1996-1997 : Dimensions of the Independent Sector*（Jossey-Bass Nonprofit Sector Series）San Francisco : Jossey-Boss.
Hodgkinson, A. V., and P. Flynn, eds., 2002, *Measuring the Impact of the Nonprofit Sector*（Nonprofit and Civil Society Studies）, Springer.
Hornbeck, W. and L. M. Salmon, 1991, *Human Capital and America's Future : An Economic Strategy for the Nineties*, Baltimore and London : The Johns Hopkins University Press.

ハウジングアンドコミュニティ財団編，1997，『NPO教書——創発する市民のビジネス革命』風土社．
池田謙一・樫村志郎・廣井脩・似田貝香門，1998，『阪神・淡路大震災に学ぶ——情報・報道・ボランティア』白桃書房．
池上直己／ジョン・キャンベル，1996，『日本の医療』中央公論社．
今田忠編著，2006，『日本のNPO史——NPOの歴史を読む，現在・過去・未来』ぎょうせい．
井上英晴・賀戸一郎，1997，『宅老所「よりあい」の挑戦——住みなれた街のもうひとつの家』ミネルヴァ書房．
入山映，2003，『日本の公益法人——その正しい理解と望ましい制度改革』ぎょうせい．
入山映，2004，『市民社会論——NGO・NPOを超えて』明石書店．
石朋次編，1991，『多民族社会アメリカ』明石書店．
石田雄，1983a，「近代日本における『社会福祉』関連観念の変遷」『近代日本の政治文化と言語象徴』東京大学出版会．
石田雄，1983b，『近代日本の政治文化と言語象徴』東京大学出版会．
石田雄，1984，「日本における福祉観念の特質」東京大学社会科学研究所編『福祉国家4 日本の法と福祉』東京大学出版会．
伊東光晴ほか編，1973，『岩波講座現代都市政策2 市民参加』岩波書店．
伊藤るり，1993，「『新しい社会運動』論の諸相と運動の現在」山之内靖ほか編『岩波講座社会科学の方法8 システムと生活世界』岩波書店．
岩上真珠ほか編，2002，『社会福祉基礎シリーズ13 ソーシャルワーカーのための社会学』有斐閣．
岩崎信彦・鵜飼孝造・浦野正樹・辻勝次・似田貝香門・野田隆・山本剛郎編，1999，『阪神・淡路大震災の社会学』昭和堂．
岩田正美・武川正吾・永岡正己・平岡公一編，2003，『社会福祉基礎シリーズ1 社会福祉の原理と思想——社会福祉原論』有斐閣．
James, E., 1987, "The Nonprofit Sector in Comparative Perspective," W. W. Powell, ed., *The Nonprofit Sector : A Research Handbook*, New Haven and London : Yale University Press, pp. 397-415.
Johnson, N., 1987, *Welfare State in Transition : The Theory and Practice of Welfare Pluralism*, Harvester Wheatsheaf（青木郁夫・山本隆訳，1993，『福祉国家のゆくえ——福祉多元主義の諸問題』法律文化社）．
Johnson, N., 1999, *Mixed Economies of Welfare : A Comparative Perspective*, Prentice Hall（青木郁夫・山本隆監訳，2002，『グローバリゼーションと福祉国家の変容——国際比較の視点』法律文化社）．
賀戸一郎・佐々木隆志編著，2001，『サクセスフルエイジングのための福祉』勁草書房．
Kaldor, M., Albrow, H. Anheier and M. Glasius, 2007, *Global Civil Society*, London, Thousand Oaks and New Delhi : Sage Publications.
金子勇，1993，『都市高齢社会と地域福祉』ミネルヴァ書房．

金子勇,1997,『地域福祉社会学』ミネルヴァ書房.
春日キスヨ,1997,『介護とジェンダー――男が看とる女が看とる』家族社.
片多順編著,2000,『高齢者福祉の比較文化――マレーシア,中国,オーストラリア,日本』九州大学出版会.
経済企画庁国民生活局編,1998,『日本の NPO の経済規模――民間非営利活動団体に関する経済分析調査報告書』大蔵省印刷局.
経済企画庁国民生活局編,1999,『海外における NPO の法人制度・租税制度と運用実態調査』大蔵省印刷局.
経済企画庁国民生活局編,2000,『特定非営利活動法人の活動・運営の実態に関する調査』大蔵省印刷局.
Kendall, J., 2003, *The Voluntary Sector : Comparative Perspectives in the UK*, London and New York : Routledge.
木下武徳,2007,『アメリカの財政と福祉国家 10 アメリカ福祉の民間化』日本経済評論社.
小林良二,1981,「福祉サービスからみたコミュニティとボランティア」『季刊社会保障』Vol. 16-3.
小林良二,1990,「高齢者ケアサービスの認定について」『人文学報』No. 218, 東京都立大学人文学部.
小林良二,1992,「地方老人保健福祉計画の策定に関する諸問題」『社会福祉研究』No. 53, 鉄道弘済会.
小林良二,1996,「福祉サービスと住民参加」社会保障研究所編『社会福祉における市民参加』東京大学出版会.
小島廣光,1998,『非営利組織の経営』北海道大学図書刊行会.
小島廣光,2003,『政策形成と NPO 法――問題,政策,そして政治』有斐閣.
小宮英美,1999,『痴呆性高齢者ケア』中央公論新社.
Kramer, R. M., 1981, *Voluntary Agencies in the Welfare State*, Berkeley : University of California Press.
Kramer, R. M., 1987, "Voluntary Agencies and the Personal Social Services," W. W. Powell, ed., *The Nonprofit Sector : A Research Handbook*, Yale University Press, pp. 240-257.
Kramer, R. M. and H. Specht, eds., 1983, *Readings in Community Organizations Practice*, Englewood : Prentice Hall College Div.
Kramer, R. M., H. Lorentzen, B. W. Melief, L. E. Pasquinelli, H. Johnston and R. J. Gusfield, 1994, *Privatization in Four European Countries : Comparative Studies in Government-Third Sector*, NewYork : M. E. Sharp. Inc.
Letts, C. W., W. P. Ryan and A. Grossman, 1998, *High Performance Nonprofit Organizations : Managing Upstream for Greater Impact*, New York : John Wiley & Sons, Inc.
Lyons, M., 2001, *Third Sector : The Contribution of Nonprofit and Cooperative*

Enterprises in Australia, Crows Nest : Allen & Unwin.
MacIver, R. M., 1917, *Community : a sociological study : being an attempt to set out the nature and fundamental laws of social life*, London : Macmillan(中久郎・松本通晴監訳,1975,『コミュニティ――社会学的研究:社会生活の性質と基本法則に関する一試論』ミネルヴァ書房).
MacIver, R. M., 1931, *The contribution of sociology to social work*, New York : Columbia University Press(小田兼三訳,1988,『ソーシャル・ワークと社会学――社会学のソーシャル・ワークへの貢献』誠信書房).
前田大作,1990,「地域福祉の発達」野上文夫・渡辺武男・小田兼三編『地域福祉論』相川書房.
牧里毎治,1981,「福祉コミュニティ形成要因の分析」『季刊社会保障』17-3.
牧里毎治編,2003,『地域福祉論』放送大学教育振興会.
丸山眞男,2006,『現代政治の思想と行動』[新装版]未來社.
松原治郎・似田貝香門編著,1976,『住民運動の論理――運動の展開過程・課題と展望』学陽書房.
松下圭一,1971,『シビル・ミニマムの思想』東京大学出版会.
松下圭一,1988,『昭和後期の争点と政治』木鐸社.
McAdam, D. M., D. John and M. N. Zald, eds., 1996, *Comparative Perspectives on Social Movements : Political Opportunities, Mobilizing Structures, and Cultural Framings* (Cambridge Studies in Comparative Politics), Cambridge : Cambridge University Press.
目黒依子編,1994,『ジェンダーの社会学』放送大学教育振興会.
三重野卓,1990,『「生活の質」の意味――成熟社会,その表層と深層へ』白桃書房.
三重野卓・平岡公一編,2000,『福祉政策の理論と実際――福祉社会学研究入門』東信堂.
三重野卓編,2001,『福祉国家の社会学――21世紀における可能性を探る』東信堂.
三浦文夫,1971,「コミュニティ・ケアと社会福祉」『季刊社会福祉研究』7巻3号.
三浦文夫,1985,『社会福祉政策研究――社会福祉経営論ノート』全国社会福祉協議会.
宮垣元,2003,『ヒューマンサービスと信頼』慶應義塾大学出版会.
宮川公男・大守隆編,2004,『ソーシャル・キャピタル』東洋経済新報社.
宮島洋,1997,『高齢社会へのメッセージ』丸善.
宮本太郎編著,2002,『講座・福祉国家のゆくえ1 福祉国家再編の政治』ミネルヴァ書房.
三好春樹監修,2005,『あなたが始める小規模,多機能ホーム――実践編』雲母書房.
水口憲人,1995,「市民運動と行政」西尾勝・村松岐夫編『講座行政学6 市民と行政』有斐閣.
Morris, C. R., 1996, *The AARP*, New York : Random House.
Morrow-Howell, Nancy, J. Hinterlong and Michael M. Sherraden, 2001, *Productive Aging : Concepts and Challenges*, Baltimore and London : Johns Hopkins University

Press.
村瀬孝生, 2001, 『おしっこの放物線——老いと折り合う居場所づくり』雲母書房.
永田幹夫, 1988, 『地域福祉論』全国社会福祉協議会.
内閣府国民生活局編, 2002, 『NPO 活動の発展のための多様な評価システムの形成に向けて——NPO の評価手法に関する調査報告書』財務省印刷局.
仲村優一, 2003a, 『仲村優一社会福祉著作集 2　社会福祉の展開』旬報社.
仲村優一, 2003b, 『仲村優一社会福祉著作集 3　ケースワーク論』旬報社.
仲村優一, 2003c, 『仲村優一社会福祉著作集 7　世界と日本の社会福祉』旬報社.
中西正司・上野千鶴子, 2003, 『当事者主権』岩波書店.
中澤秀雄, 1999, 「社会運動の『組織-機会』論と日本の住民運動——『政治過程アプローチ』の前提をどう考えるか」『ソシオロゴス』23：196-211.
仁平典宏, 2004, 「『ボランティア的主体』の〈転用〉可能性について——野宿者支援活動を事例として」『社会学年報』33：1-21.
仁平典宏, 2005, 「ボランティア活動とネオリベラリズムの共振関係を再考する」『社会学評論』56(2)：485-499.
日本労働者協同組合連合会編, 1997, 『AARP の挑戦——アメリカの巨大高齢者 NPO』シーアンドシー出版.
西尾勝, 1975a, 「行政過程における対抗運動」日本政治学会編『政治参加の理論と現実』(年報政治学 1974) 岩波書店.
西尾勝, 1975b, 『権力と参加』東京大学出版会.
似田貝香門, 1994, 『都市社会とコミュニティの社会学』放送大学教育振興会.
似田貝香門・梶田孝道・福岡安則編, 1986, 『リーディングス日本の社会学 10　社会運動』東京大学出版会.
NPO 研究フォーラム, 1999, 『NPO が拓く新世紀——米ジョンズ・ホプキンス大学の「影響力分析」と日本の NPO』清文社.
小田兼三・松原一郎編, 1987, 『変革期の福祉とボランティア』ミネルヴァ書房.
Offe, C., 1984, *Contradictions of the Welfare State*, Cambridge and Massachusetts : The MIT Press.
Offe, C., 1985, "New Social Movements : Challenging the Boundaries of Institutional Politics," *Social Research*, Vol. 52-4.
小笠原浩一・武川正吾編, 2002, 『福祉国家の変貌——グローバル化と分権化のなかで』東信堂.
小笠原慶彰・早瀬昇編, 1986, 『ボランティア活動の理論 2』大阪ボランティア協会.
小川全夫, 1996, 『地域の高齢化と福祉——高齢者のコミュニティ状況』恒星社厚生閣.
岡部一明, 2000, 『サンフランシスコ発——社会変革 NPO』御茶の水書房.
岡本栄一, 1987, 「ボランティア活動の分水嶺」小田兼三・松原一郎編『変革期の福祉とボランティア』ミネルヴァ書房.
岡本祐三, 1993, 『医療と福祉の新時代——「寝たきり老人」はゼロにできる』日本評論社.

岡本祐三,1996,『高齢者医療と福祉』岩波書店.
岡村重夫,1974,『地域福祉論』光生館.
岡沢憲芙・宮本太郎編,1997,『比較福祉国家論――揺らぎとオルタナティブ』法律文化社.
奥田道大,1983,『都市コミュニティの理論』東京大学出版会.
奥山久美子,2003,『のぞみホームの静かな力――新しい介護の生まれ方,育ち方』筒井書房.
大熊由紀子,1990,『「寝たきり老人」のいる国いない国』ぶどう社.
大森彌,1974,「現代行政における『住民参加』の展開――1960年代アメリカにおける『コミュニティ活動事業』の導入と変容」渓内謙ほか編『現代行政と官僚制』(上)東京大学出版会.
大森彌,1987,『自治体行政学入門』良書普及会.
大森彌,1989,「社会福祉における市町村の役割」『社会福祉研究』Vol. 46-10.
大森彌,1990,『自治行政と住民の「元気」』良書普及会.
Ott, J. S., ed., 2000, *The Nature of the Nonprofit Sector*, Boulder : Westview Press.
Pekkanen, R., 2006, *Japan's Dual Civil Society : Members Without Adovocates*, California : Stanford University Press.
Pinker, R., 1971, *Social Theory and Social Policy*, London : Heinemann Educational Books(岡田藤太郎・柏野健三訳,1985,『社会福祉学原論』黎明書房).
Pinker, R., 1979, *The Idea of Welfare*, London : Heinemann Educational Books(星野政明訳,1981,『社会福祉三つのモデル』黎明書房).
Powell, L. A., J. B. Williamson and K. Branco, 1996, *The Senior Rights Movement : Framing the Policy Debate in America*, New York : Twayne Publisher.
Powell, W. W., ed., 1987, *The Nonprofit Sector : A Research Handbook*, New Haven and London : Yale University Press.
Powell, W. W. and Richard Steinberg, eds., 2006, *The Nonprofit Sector : A Research Handbook*, New Haven and London : Yale University Press.
Pratt, H. J., 1976, *The Gray Lobby*, Chicago : University of Chicago Press.
Pratt, H. J., 1993, *Gray agendas : interest groups and public pensions in Canada, Britain, and the United States*, Ann Arbor : University of Michigan Press.
Putnam, Robert D., 1993, *Making democracy work : civic traditions in modern Italy*, Princeton, N. J. : Princeton University Press(河田潤一訳,2001,『哲学する民主主義――伝統と改革の市民的構造』NTT出版).
Robson, W. A., 1976, *Welfare state and Welfare Society*, London : George Allen & Unwin(辻清明・星野信也訳,1980,『福祉国家と福祉社会――幻想と現実』東京大学出版会).
齋藤純一編,2004,『講座・福祉国家のゆくえ5 福祉国家――社会的連帯の理由』ミネルヴァ書房.
Salamon, L. M., 1977, *Welfare : The Elusive Consensus*, NewYork : Praeger Publishers.

Salamon, L. M., 1992, *America's Nonprofit Sector*, New York : The Foundation Center（入山映訳，1994，『米国の「非営利セクター」入門』ダイヤモンド社）．

Salamon, L. M., 1994, *The Emerging Sector : An Overview*, Maryland : Johns Hopkins University（今田忠監訳，1996，『台頭する非営利セクター——12カ国の規模・構成・制度・資金源の現状と展望』ダイヤモンド社）．

Salamon, L. M., 1995, *Partners in Public Service : Government-Nonprofit Relations in the Modern Welfare State*, Baltimore and London : Johns Hopkins University Press.

Salamon, L. M., 1997, *Holding the Center : America's Nonprofit Sector at a Crossroads*, The Nathan（山内直人訳，1999，『NPO最前線——岐路に立つアメリカ市民社会』岩波書店）．

Salamon, L. M., 1999, *America's Nonprofit Sector : A Primer*, New York : The Foundation Center.

Salamon, L. M., 2003, *The Resilient Sector : The State of Nonprofit America*, The Brookings Institution.

Salamon, L. M. and H. K. Anheier, 1996, *Johns Hopkins Nonprofit Sector Series ; 1 The Emerging Nonprofit Sector : An overview*, Manchester, UK, New York : Manchester University Press.

Salamon, L. M. and H. K. Anheier, eds., 1997, *Defining the Nonprofit Sector : A Cross-national Analysis*, Manchester : Manchester University Press.

Salamon, L. M., H. K. Anheier and W. Sokolowski, eds., 1999, *Global Civil Society*, Johns Hopkins University Press.

Salamon, L. M., ed., 2002, *The State of Nonprofit America,* Brookings Institution Press.

Salamon, L. M. and W. Sokolowski, eds., 2003, *Global Civil Society : An Overview*, Johns Hopkins Center for Civil Society Studies.

Salamon, L. M., W. Sokolowski and Associates, 2004, *Global civil society : dimensions of the nonprofit sector*, Bloomfield : Kumarian Press.

「参加型福祉社会を拓く」出版プロジェクト編著，2000，『参加型福祉社会を拓く——介護保険時代，市民はどこまで主役になれるか』風土社．

里見賢治・二木立・伊東敬文，1996，『公的介護保険に異議あり』ミネルヴァ書房．

佐藤慶幸，1994，『アソシエーションの社会学——行為論の展開』［新装版］早稲田大学出版部．

佐藤慶幸，2002，『NPOと市民社会——アソシエーション論の可能性』有斐閣．

佐藤慶幸編著，1988，『女性たちの生活ネットワーク——生活クラブに集う人びと』文眞堂．

社会保障研究所編，1989，『アメリカの社会保障』東京大学出版会．

社会保障研究所編，1996，『社会福祉における市民参加』東京大学出版会．

渋川智明，2001，『福祉NPO——地域を支える市民起業』岩波書店．

渋谷博史・渡瀬義男・樋口均編，2003，『アメリカの福祉国家システム——市場主導型レジームの理念と構造』東京大学出版会．

渋谷博史・平岡公一編著, 2004, 『講座・福祉社会11　福祉の市場化をみる眼——資本主義メカニズムとの整合性』ミネルヴァ書房.
下村恵美子・谷川俊太郎, 2001, 『九八歳の妊娠——宅老所よりあい物語』雲母書房.
新藤宗幸, 1996, 『福祉行政と官僚制』岩波書店.
篠原一, 1977, 『市民参加』岩波書店.
塩原勉, 1994, 『転換する日本社会——対抗的相補性の視角から』新曜社.
塩原勉編, 1989, 『資源動員と組織戦略』新曜社.
塩澤修平・山内直人編著, 2000, 『NPO研究の課題と展望2000』日本評論社.
庄司興吉・矢澤修次郎・武川正吾編, 1988, 『リーディングス日本の社会学17　体制と変動』東京大学出版会.
Sills, D. L., 1980, *The Volunteers, Means and Ends in a National Organization* (Dissertations on sociology), New York : Arno Press.
Smith, S. R., 2002, "Social Services," L. M. Salamon, ed., *The State of Nonprofit America*, pp. 149-186.
Smith, S. R. and M. Lipsky, 1993, *Nonprofits for Hire : The Welfare State in the Age of Contracting*, Harvard University Press.
袖井孝子・高橋紘士・平岡公一編, 1997, 『リーディングス日本の社会学15　福祉と医療』東京大学出版会.
副田義也, 1980, 「社会福祉を阻害する住民運動」地域社会研究会編『地域社会研究年報2　地域問題と地域政策』時潮社.
副田義也, 2003, 『あしなが運動と玉井義臣——歴史社会学的考察』岩波書店.
曽良中清司・長谷川公一・町村敬志・樋口直人編, 2004, 『社会運動という公共空間——理論と方法のフロンティア』成文堂.
Stevens, Rosemary, 1999, *In Sickness and in Wealth : American Hospitals in the Twentieth Century*, Baltimore and London : Johns Hopkins University Press.
杉野昭博, 2007, 『障害学——理論形成と射程』東京大学出版会.
杉岡直人, 1995, 「ボランティア活動と民間非営利組織の連続性」『日本の地域福祉』8 : 41-53.
杉岡直人, 1998, 「新たな社会福祉サービス供給組織とボランティア活動」『社会福祉研究』71 : 40-46.
杉岡直人, 2000, 「福祉の市場原理としてのNPO」『月刊福祉』83 : 10-13.
住居広士訳, 2000, 『アメリカ社会保障の光と陰——マネジドケアから介護とNPOまで』[新版]大学教育出版.
鈴木廣, 1986a, 『都市化の研究——社会移動とコミュニティ』恒星社厚生閣.
鈴木廣, 1986b, 「ヴォランティア的行為における'K'パターンについて」『哲学年報』第46輯, 九州大学文学部.
鈴木廣, 1989, 「ボランティア的行為の福祉社会学」『広島法学』12-4, 広島大学法学部.
鈴木廣編, 1978, 『コミュニティ・モラールと社会移動の研究』アカデミア出版会.
鈴木廣・倉沢進・秋元律郎編, 1991, 『都市社会学研究叢書1　都市化の社会学理論

──シカゴ学派からの展開』ミネルヴァ書房.
田端光美, 1986, 「地域福祉形成の日英比較」吉田久一編著『社会福祉の日本的特質──その形成と動向を探る』川島書店.
高橋紘士・吉村亮二, 1993, 「住民参加型在宅福祉サービスの実際」山口昇・高橋紘士編『市民参加と高齢者ケア』第一法規出版.
高沢武司, 2000, 『現代福祉システム論──最適化の条件を求めて』有斐閣.
高沢武司, 2005, 『福祉パラダイムの危機と転換』中央法規出版.
武智秀之, 1997, 「分権化とNPO」岡沢憲芙・宮本太郎編『比較福祉国家論──揺らぎとオルタナティブ』法律文化社, pp. 206-227.
武智秀之編, 2003, 『講座・福祉国家のゆくえ 3 福祉国家のガヴァナンス』ミネルヴァ書房.
武川正吾, 1992, 『福祉国家と市民社会』法律文化社.
武川正吾, 1996, 「社会政策における参加」社会保障研究所編『社会福祉における市民参加』東京大学出版会.
武川正吾, 1999, 『社会政策のなかの現代──福祉国家と福祉社会』東京大学出版会.
武川正吾, 2001, 『福祉社会──社会政策とその考え方』有斐閣.
武川正吾編, 2006, 『福祉社会の価値意識──社会政策と社会意識の計量分析』東京大学出版会.
竹前栄治, 2002, 『GHQの人びと──経歴と政策』明石書店.
田中尚輝, 1994, 『高齢化時代のボランティア』岩波書店.
田中尚輝, 1996, 『市民社会のボランティア』丸善.
田中尚輝・安立清史, 2000, 『高齢者NPOが社会を変える』岩波書店.
田中尚輝・浅川澄一・安立清史, 2003, 『介護系NPOの最前線──全国トップ16の実像』ミネルヴァ書房.
田中弥生, 2005, 『NPOと社会をつなぐ── NPOを変える評価とインターメディアリ』東京大学出版会.
谷本寛治・田尾雅夫編著, 2002, 『NPOと事業』ミネルヴァ書房.
田尾雅夫, 1995, 『ヒューマン・サービスの組織──医療・保健・福祉における経営管理』法律文化社.
Til, V. J., 2000, *Growing Civil Society : From Nonprofit Sector to Third Space*, Indiana : Indiana University Press.
Tilly, C., 2004, *Social Movements, 1768-2004*, Boulder : Paradigm Publishers.
栃本一三郎, 1996, 「市民参加と社会福祉行政」社会保障研究所編『社会福祉における市民参加』東京大学出版会.
Tocqueville, A., 1835, *Democracy in America*(井伊玄太郎訳, 1987, 『アメリカの民主政治』(上)(中)(下) 講談社学術文庫).
Torres-Gil, F. M., 1992, *The New Aging : Politics and Change in America*, Auburn House.
Tourane, A., 1969, *La société post-industrielle*, Paris : Gonthier(寿里茂・西川潤訳,

1970,『脱工業化の社会』河出書房新社).
外山義, 2003,『自宅でない在宅——高齢者の生活空間論』医学書院.
坪郷實, 1989,『新しい社会運動と緑の党』九州大学出版会.
辻正二, 2000,『高齢者ラベリングの社会学——老人差別の調査研究』恒星社厚生閣.
右田紀久恵編, 1993,『自治型地域福祉の展開』法律文化社.
右田紀久恵編, 1995,『地域福祉総合化への途』ミネルヴァ書房.
United Nations, 1993, *System of National Accounts*, United Nations.
United Nations Statistics Division, 2002, *Handbook on Nonprofit Institutions in the System of National Accounts*, United Nations Statistics Division.
埋橋孝文編著, 2003,『講座・福祉国家のゆくえ2 比較のなかの福祉国家』ミネルヴァ書房.
Virginia, H. and W. Murray, 1996, *Nonprofit Almanac : Dimensions of the Independent Sector*, Josey-Bass Inc.
和田敏明, 1998,「地域福祉の創造のために」山岡義典編著『NPO 基礎講座2 市民活動の現在』ぎょうせい, pp. 31-67.
Wallace, S. P. and J. B. Williamson, eds., 1992, *The Senior Movement,* New York : G. K. Hall & Co.
王名・李妍焱・岡室美恵子, 2002,『中国の NPO ——いま, 社会改革の扉が開く』第一書林.
Weber, M., 1920, *Die Protestantische Ethik Und der Geist Des Kapitalismus*（大塚久雄訳, 1988,『プロテスタンティズムの倫理と資本主義の精神』岩波書店).
Weber, M., 1921, *Gesammelte Aufsatze zur Religionssoziogie*, 3Bbe（大塚久雄・生松敬三訳, 1972,『宗教社会学論選』みすず書房).
Weisbrod, B. A., 1988, *The Nonprofit Economy*, Harvard University Press.
Weitzman, M. S., Nadine T. Jalandoni and Linda M. Lampkin, eds., 2002, *The New Nonprofit Almanac and Desk Reference,* Jossey-Bass Inc.
Williamson, J. B. and R. L. Beard, 2007, "Securing Old Age : The Role of the American Senior Rights Movement,"（坂井宏介・安立清史訳, 2007,「高齢者世代の社会保障」『社会政策研究』第7号).
Wolf, M. R., 1980, *The Valiant Volunteers : The Beginning, Growth, and Scope of Volunteerism at the Massachusetts General Hospital*, Massachusetts : Massachusetts General Hospital.
Woll, P. and R. Binstock, 1972, *America's Political System*, New York : Random House.
山口昇・高橋紘士編, 1993,『市民参加と高齢者ケア』第一法規出版.
山本啓・雨宮孝子・新川達郎編, 2002,『シリーズ NPO 5 NPO と法・行政』ミネルヴァ書房.
山本七平, 1997,『山本七平ライブラリー1 「空気」の研究』文藝春秋.
山本七平・小室直樹, 1981,『日本教の社会学』講談社.
山井和則, 1991,『世界の高齢者福祉——体験ルポ』岩波書店.

山井和則・斉藤弥生，1994，『日本の高齢者福祉——体験ルポ』岩波書店．
山之内靖ほか編，1993，『岩波講座社会科学の方法8　システムと生活世界』岩波書店．
山岡義典，1999，『時代が動くとき——社会の変革とNPOの可能性』ぎょうせい．
山岡義典編著，1997，『NPO基礎講座1　市民社会の創造のために』ぎょうせい．
山岡義典編著，1998，『NPO基礎講座2　市民活動の現在』ぎょうせい．
山岡義典編著，1999，『NPO基礎講座3　現場から見たマネジメント』ぎょうせい．
山岡義典編著，2000，『NPO実践講座1　いかに組織を立ち上げるか』ぎょうせい．
山岡義典・早瀬昇・石川両一編，2001，『NPO非営利セクターの時代——多様な協働の可能性をさぐる』ミネルヴァ書房．
山岡義典編著，2002，『NPO実践講座2　人を活かす組織とは』ぎょうせい．
山岡義典編著，2003，『NPO実践講座3　組織を活かす資金源とは』ぎょうせい．
山岡義典編著，2005，『NPO基礎講座』［新版］ぎょうせい．
山内直人，1997，『ノンプロフィット・エコノミー——NPOとフィランソロピーの経済学』日本評論社．
山内直人編，1999，『NPOデータブック』有斐閣．
安岡厚子，2001，『介護保険はNPOで——サポートハウス年輪の挑戦』ブックマン社．
矢澤修次郎，1984，『現代アメリカ社会学史研究』東京大学出版会．
矢澤修次郎，2003，「社会運動と社会学」矢澤修次郎編『講座社会学15　社会運動』東京大学出版会，pp. 57-102.
矢澤修次郎・岩崎信彦・自治体問題研究所編，1989，『地域と自治体17　都市社会運動の可能性』自治体研究社．
矢澤修次郎編，2003，『講座社会学15　社会運動』東京大学出版会．
吉田久一，1981，『日本社会事業の歴史』［新版］勁草書房．
要田洋江，1999，『障害者差別の社会学——ジェンダー・家族・国家』岩波書店．
財団法人さわやか福祉財団，2003，『福祉系NPO・互助型団体の比較調査研究』平成14年度社会福祉・医療事業団助成事業報告書．
全国社会福祉協議会，1993，『平成4年度　住民参加型在宅福祉サービス調査報告書』全国社会福祉協議会．
全国社会福祉協議会，1997，『住民参加型在宅福祉サービス団体の運営等のあり方に関する調査研究報告書』全国社会福祉協議会．
全国社会福祉協議会，2006，『平成16年度　住民参加型在宅福祉サービス調査報告書』全国社会福祉協議会．

あとがき

　NPO研究の世界は，社会科学の世界でもっとも動いている分野のひとつであろう．次々に新しい調査や研究が現れている．研究の世界が動いているのは，現実の世界が動いているためである．日本国内だけでなく世界的にNPOが大きな社会変化の担い手になっている．このような大きなうねりのなかから社会学研究のテーマが次々に涌きだしてこないはずがない．本書はそのなかのごく一部を主題化しているに過ぎないが，汲めどもつきぬテーマが次々に現れてくるのである．

　本書の中心となる部分は，この十数年の間に発表してきたものをもとにしながら大幅に書きあらためたものである．

　第1章は，「非営利組織（NPO）理論の社会学的検討」（『共生社会学』No.5）や「福祉NPO概念の検討と日本への応用」（『大原社会問題研究所雑誌』No.554），そして福祉社会学会のシンポジウムで発表し，のちに『福祉社会学研究2』に掲載された「福祉NPOの展開と福祉社会学の研究課題」などをもとにして大幅に改稿したものである．こうした背景には，アンハイヤをはじめとして世界のNPO研究者から理論的なまとめが陸続と現れはじめたことがある．また福祉社会学会のシンポジウムにおける筆者の報告にたいして日本NPOセンターの山岡義典氏から「NPO概念はひとつでよいのではないか，福祉NPOという概念をあえて立てる必要はあるのだろうか」という刺激的な問題提起を受けたことにもよる．たしかにNPO概念はひとつのほうが理論的にはクリアであるが，NPO理論の多くは，必ずしも社会学とうまく接合しているわけではないと思われ，また社会学としては中範囲理論として福祉NPOという概念を立てたほうが実証的なリサーチの上で生産的になりうるのではないか．ただしその場合にはNPOの理論と福祉NPOの理論とは，どのような関係にありうるのかを整理する必要があると考えた．そしてNPOの理論をベースとしながらNPOの社会学や福祉NPOの社会学は，むしろNPOという組織の果たす機能や効果の分析のなかに存在するのではないか，というように第1

章を執筆している過程で，第 2 章が次第に膨らんでいったのである．

　第 2 章はおもに 2005 年にボストン・カレッジに客員教授として滞在していた時期に執筆したものがもとになっている．ボストン滞在中は，ボストン公共図書館，ボストン・カレッジやハーバード大学イェンチン図書館などに通って資料を読みながら，過去 10 年間に自分の書いたものを見つめ直していた．この時の滞在は半年間であったが，ボストン郊外の美しい風景のなかにあるボストン・カレッジで大学院学生を相手に小さなゼミを受け持って，日本の人口構造の高齢化にともなう諸問題——家族構造の変化，核家族化や小家族化，家族による扶養に関する意識と実態との変化，地域社会の変化や公的介護保険制度のあらましなどを論じた．日本のことをほとんど知らない米国学生にむけて，日本の高齢化と福祉政策を説明し，さまざまな質疑応答を行ったことは貴重な体験であった．日本の家族について話しはじめるとすぐに何人もの学生から手が上がって率直かつ根本的な質問が次々と飛んでくる．たとえば「日本は人口が減少しはじめているうえに，少子・高齢化で介護労働力も不足しているという．ではなぜ移民労働力を受け入れないのか」という問いかけである．生半可な説明では「それは日本が人種差別して，外国人を受け入れないのではないか」と反論されるのだった．もっと英語力をつけなければと痛感する一方で，世界のグローバル化の流れのなかでは，日本の国内事情を優先したドメスティックな論理は通じないとも思った．この授業経験から受け取った課題はこれからも追求していきたい．ボストン・カレッジには UCLA 時代の恩師であるジム・ラベン教授が移ってきており，ボストン生活上の便宜をはかっていただいたのみならず，研究上および教育上の多くの示唆をいただいた．第 2 章でとりあげたラルフ・クレーマーはラベン教授の UC バークレー時代の指導教員だったという不思議な機縁もあった．ボストン・カレッジでは UCLA のジーク・ハッセンフェルド教授にも再会して旧交をあたためた．同じくボストン・カレッジのケビン・マホーニィ教授やジョン・ウィリアムソン教授には温かくボストン生活を支援していただいた．ケビン・マホーニィ教授は障害者福祉に関する巨大な規模の実証実験（Cash & Counseling）を行っていて大きな刺激を受けた．ジョン・ウィリアムソン教授には，調査研究の大きな示唆をいただいたのみならず，帰国後に日本の『社会政策研究』の編集担当をしていた時に米国

のシニアムーブメントについての貴重な論考を寄稿していただいた．これは第4章に大きな影響を与えている．

社会学と社会福祉学との接点を遡れば，マッキーヴァーは社会学とソーシャルワークとの相補的な関係について論じていた．日本では地域福祉概念を創出した岡村重夫にたどりつくと思われる．平岡公一先生や三重野卓先生に誘われて『福祉政策の理論と実際——福祉社会学研究入門』（東信堂，2000 年）に執筆した「地域福祉への市民参加」も第 2 章には大きな役割を果たしている．岡村重夫の『地域福祉論』には，地域福祉とその学が確立される時期の熱いうねりがあった．そこには明らかに社会学と福祉学との融合がめざされているように思われた．思えば岡村重夫も三浦文夫も，社会学から始まって社会福祉学や地域福祉学へと展開していったのだった．三浦文夫先生には住民参加型在宅福祉団体調査へと誘っていただいた学恩がある．

第 3 章は過去 17 年間以上にわたって住民参加型在宅福祉サービス団体を調査しながら少しずつ発表してきた論文を中心にしている．住民参加型在宅福祉団体については「調査」して「報告書」を書いてきたなどという関係ではなかった．むしろ，目を見開かされ，さまざまなことを教えられ，いっしょに歩みながらともに考え，勇気や元気をもらって育てられてきたものと思っている．社会学の研究者として日本が変わっていく現場の姿をそこに見ることができたという感謝の念が強い．私の役割は地域福祉が変わっていくべき理由を探り当てることであった．そして，この日本社会を変えていく人たちやその集団，組織の姿を報告しながら，そこに多くの問題や課題があること，その解決のための示唆を得ることが重要と考えた．そのためには理論のみならず国際比較などから現実的な解決法を模索したかったのである．

私の社会学としての始まりは，思えばこのように社会を変えていく人たちやその運動を発見したいという思いに他ならなかった．しかし社会学研究者として日本社会を見続けていると「日本が変わるのは難しいのではないか」とつらくなることが少なくない．ところが住民参加型在宅福祉サービス団体のリーダーのなかには，このような悲観的な思いを打ち砕くようなパワフルな人たちがきらきらと存在していた．介護保険発足前夜には，後にその多くが NPO 法人となっていった市民団体やボランティア団体の熱いエネルギーが渦巻いていた．

NPO法と介護保険とが相補的に作用して日本の地域福祉が変わっていくのではないか，そういう期待を多くの人たちが抱いていたことを忘れることはできない．こうした世界への導き手は市民福祉団体全国協議会の田中尚輝氏であった．日本経済新聞社の浅川澄一氏と私と3人で介護保険発足後の福祉NPOの現状と課題をフィールドワークした『介護系NPOの最前線』（ミネルヴァ書房，2003年）は，介護NPOがどのように先進的で実験的な試みを開拓しているかを実際の活動現場に出かけ，リーダーたちのお話をうかがいながらまとめたものである．こうした資料やデータをもとに北海道社会学会で報告した「高齢者支援とNPO ——介護保険のもとでのNPOの展開」（『現代社会学研究』vol.16）では，量的調査を分析しながら介護NPOの分類やタイプ分け，そして発展段階についての仮説的な考察を行った．こうした論考をふまえて第3章を書いたのである．あまりに多すぎてお名前を挙げきれないが，訪問インタビューに快くご協力いただいた多くの福祉NPOリーダーや福祉現場の方々や福祉NPO関係者の方々に，深い感謝を捧げたい．まだまだ不十分ではあるが，今回のまとめをひとつの区切りとして，さらに福祉現場の方々に少しでも貢献できるような研究を進めていきたい．

　第4章は1994年の在外研究以来，ずっとリサーチしつづけてきたAARPについての現在までのまとめである．田中尚輝氏との共著『高齢者NPOが社会を変える』（岩波書店，2000年）や「NPOが開く公共性」（『公共哲学7　中間集団が開く公共性』東京大学出版会，2002年）に発表した論文などをふまえて，その後の展開やAARP本部での集中的なインタビューなどを加えてほぼ全面的に書き換えている．AARPは巨大でありながら，さまざまな研究者にたいして開かれた組織でもある．毀誉褒貶もありさまざまな評価があるが，私は一貫してこの組織に深い関心を注いできた．端的にいってAARPのなかには，日本では考えられないようなNPOの可能性が示されていると思う．もちろん光の部分だけでなく，さまざまな問題や課題も随伴している．しかしNPOの理論的な可能性の最大限の実現が，ここにはあると思われる．ゆえにNPOの理論モデルのひとつの最先端事例として真剣な検討に値すると考えている．広報担当のサリー・エバレット氏やバリー・ロビンソン氏には，毎回とても温かく受け入れていただいた．ハワイ州AARPプレジデントを含め多くのAARP

理事にもインタビューその他でご協力いただいた．現 CEO のビル・ノベリ氏にも何度か話をうかがった．こうしたリサーチ経験は，日本でのものとまったく次元の違うものであった．米国では，他にも多くの NPO 団体を訪問してきたが，それぞれに毎回驚きと発見の連続であった．いちいちお名前や組織名は列挙しないが，このような経験も社会学研究者としてまたとない幸運だったと感謝している．

　NPO 研究の世界ではレスター・M. サラモンのことを知らぬ研究者はいないだろう．2000 年にわずか 2 カ月という短期間ではあるが，ジョンズ・ホプキンス大学で彼のセミナーや研究会に参加した経験は貴重なものであった．当時のジョンズ・ホプキンス大学は世界の NPO 研究の中心のひとつであった．私は介護保険が発足した 2000 年 4 月 1 日のニューズをジョンズ・ホプキンス大学の図書館で読んで感慨にふけった時のことを憶えている．窓の外はマグノリアの花が満開で，キャンパスは春爛漫，絶美の世界であった．サラモンからはフィールドワークについても多くの示唆をもらった．国立民族学博物館の出口正之氏には，サラモンやアンハイヤを紹介していただき国際的な NPO 研究者のネットワークへと誘っていただいたことに感謝している．米国 NPO 学会（ARNOVA）に参加するたびに多くの知的刺激を与えられた．福岡でのシンポジウムで来日して以来親しくなったベンジャミン・ギドロン氏など多くの NPO 研究者とのつながりは大切な財産である．その他，日本 NPO 学会や，福祉社会学会，日本社会学会の多くの研究者の方々から，貴重なコメントや示唆をいただいたことに感謝する．

　前著『市民福祉の社会学——高齢化・福祉改革・NPO』（ハーベスト社，1998 年）以来，10 年がたち，前著以降に発表してきた諸論文をまとめてみたいと思い立った時に相談にのっていただいた上智大学の藤村正之先生，東京大学の武川正吾先生には，多くのご助言をいただきたいへん感謝している．本書の草稿段階で内容や構成に関して多くのコメントや示唆をいただいた九州大学の小川全夫教授（現・山口県立大学），鈴木譲教授，南博文教授にはたいへんお世話になった．そして福岡工業大学の坂井宏介氏には，草稿段階の全文を熟読していただき貴重なコメントを多くいただいた．たいへん感謝している．また本書の図表や文献一覧の作成など，細かな作業にあたっては，九州大学文

学部社会学研究室の多くの学生のみなさんのあたたかい助力に支えられた．ほんとうにありがとう．また，しばしば海外へと調査に出かけてしまう私を支えてくれている家族にも大きな感謝を捧げたい．こうした人たちの助けがなかったら，本書の作業は進まなかっただろう．

　最後に，東京大学出版会の宗司光治さんには，編集作業でたいへんなご苦労をおかけした．過去の自分の論考を見つめることは，たいへんつらい自己批判の作業でもある．その苦しさのあまり遅々として進まないリライト作業を我慢強く見守っていただき，細かな点にまで深く配慮していただいた．このように多くの支援と励ましを受けながら，本書が今ようやく生まれようとしている．

　なお，本書は，独立行政法人日本学術振興会平成19年度科学研究費補助金（研究成果公開促進費）の交付を受けている．学術研究出版が困難になりつつある現在，このような貴重な機会を得ることができた幸運に感謝する．

　　2008年1月

　　　　　　　　　　　　　　　　　　　　　　　　安　立　清　史

人名索引

ア

アンドラス, E. P. 163, 173-179, 224
アンハイヤ, H. K. 17, 21, 32, 74-75, 215
石田 雄 104, 110
イリイチ, I. 125
ヴァン・ティル, J. 23
ウィリアムソン, J. B. 163, 165
上野千鶴子 146-147
ヴェーバー, M. 34, 48, 191, 193
右田紀久恵 59
エスピン－アンデルセン, G. 15, 73, 75
大熊由紀子 207
大森 彌 118-120
岡部一明 222
岡村重夫 16, 59, 126-127
岡本栄一 58
小川全夫 125
奥田道大 124, 126
オット, J. S. 39
オッフェ, C. 16, 124
オルソン, M. 22

カ

金子 勇 125
ギドロン, B. 69
ギルバート, N. 70
クレーマー, R. 17, 19, 54, 69, 160, 172, 220, 224
クーン, M. 163, 166
ゴルツ, A. 125

サ

佐藤慶幸 64
サラモン, L. M. 9, 11, 17, 21, 24, 26, 43, 63, 68-69, 74, 92, 161, 193, 215, 216, 224
ジェイムズ, E. 41, 53
シェーファー, K. B. 24
塩原 勉 22
篠原 一 121, 126
シルズ, D. L. 64
杉岡直人 57
鈴木 廣 24
スペクト, H. 70
副田義也 51, 61, 65, 123

タ

武川正吾 15, 128
田中尚輝 57
玉井義臣 65
デイビス, L. 175, 224
ディマジオ, P. 39
デュルケム, E. 22, 68
トゥレーヌ, A. 124, 173
トックヴィル, A. De 9, 45
鳥越皓之 64

ナ

中西正司 66, 146-147
西尾 勝 118-119
仁田貝香門 22, 123
ノベリ, B. 204

ハ

パウエル, L. A. 163, 165
橋爪大三郎 10
パーソンズ, T. 89
ハッセンフェルド, Y. 220

253

パットナム，R. D.　69
ハーバーマス，J.　16, 124
早瀬 昇　58
ハンスマン，H.　40, 53
ビアード，R.　165
平岡公一　129
フィッシャー，L. R.　24
福武 直　125
ブース，C.　106
プラット，H. J.　163, 165
ブル，C. N.　24
古川孝順　123
ベヴァレッジ，W. H.　78
ベン・ナー，A.　41, 53
ボリス，E. T.　71
ホール，P. D.　14, 23, 190

マ

牧里毎治　57

マッキーヴァー，R. M.　8, 17
松下圭一　118, 121
水口憲人　121
宮垣 元　66
メルッチ，A.　124

ヤ

矢澤修次郎　61
山岡義典　57
ヤング，D.　41

ラ

レヴァイン，D. N.　24
ロウントリー，B. S.　106
ローズ－アッカーマン，S.　41

ワ

ワイスブロッド，B.　39
和田敏明　57

事項索引

ア

アクション会員　200
アジア的社会福祉　207
あしなが運動　61, 65
アソシエーション　8, 161
新しい社会運動　16, 122, 124, 173
圧力団体　169
アドボカシー　11, 82, 160, 177-178
　　——機能　147, 198
　　——能力　147
　　——役割　147
　　セルフ——　130
アーバン・インスティテュート　25, 223
RSVP　210, 221
アンドラス財団　187, 201
アンドラス・ジェロントロジー・センター　188
インセンティブ　63
インターミディアリー（中間支援）　148
インディペンデント・セクター　25, 223
インパクト・アナリシス　26
インフォーマル・ケア　130-131
運動総過程論　22
AARP（全米退職者協会）　18, 20, 159, 166, 176
　　——財政サービス　187
　　——財団　187, 201
　　——サービス　188
　　——/投票　180
『AARPブルティン』　177
『AARPマガジン』　188
AGIL図式　89
エイジ・ライン　187

エスニシティ　181
エスニック・グループ　131
NCSC　166
NGO（非政府組織）　29, 35, 215
NPO　11, 18-19
　　——会計　225
　　——と政府　32, 70, 74, 85
　　——の影響力　33, 98
　　——の社会的機能論　19, 55
　　——の世界比較　25, 216
　　——の組織論　33, 46
　　——の存在理由　33
　　——の評価測定　98
　　会員制——　161
　　介護——　17, 19, 133, 150, 203
NPOサポートセンター　223
NPOセクター　25, 68
『NPOと政府』　71
NPOマネジメント　215
大阪ボランティア協会　58
公の支配　108

カ

改革機能　72
改革役割　72
介護の社会化　15, 226
介護保険
　　——との役割分担型　142
　　——への上乗せ型　141
　　公的——　106, 131
開拓機能　72
　　サービスにおける——　78
核家族化　104
革新自治体　118

255

家事援助（ホームヘルプサービス） 95, 110, 133, 142
家族会 96
価値合理性 48-50
Government and the Third Sector 69
家父長制モデル 15
環境雇用プログラム 185
間接的動員 168
官僚制 46, 170
Giving & Volunteering in the U. S. 25
機関委任事務 122
起業家（アントレプレナー） 40
　　──精神の理論 40
擬似市場 130
擬似政府組織（QUANGOS） 31, 60
機能 91, 94
　　──充足 94
　　──的要件 91-92, 94
逆エイジズム 169
逆機能 92
共済組織 186
共生的関係 43
共同募金 107
繰り出し梯子の理論 70
グループ医療保険 161, 167, 177, 202
グループホーム 134, 144, 149
グレイ・パンサーズ 163, 166
グローバル化 162
グローバル・シビル・ソサエティ 30, 75
経済機会法 119
形式合理性 46, 48-50
敬老（Keiro Services） 212
公益法人 10, 61
後期資本主義社会 124
公共財理論 39
『公共政策課題』 180
公私関係論 70
公私分離の原則 60, 108
厚生事業 105
構造 - 機能主義モデル 91

構造 - 機能的アプローチ 35
構造 - 機能分析のモデル 89
構築主義的アプローチ 125
交通遺児育英会 65
公民関係論 70
公民権運動 45, 120, 179
合理的選択の理論 22
高齢者昼食会 212
高齢者の運転技能向上プログラム 184
高齢者への法律相談 185
国際会計基準 29
黒人高齢者連盟 166
国家主義体制 75, 100
国家主義的モデル 15
コーディネート 115
501(c)4 団体 171, 187
501(c)3 団体 187
コーポラティズム体制 75, 100
コミュニティ活動事業 119
コミュニティ・ケア 127
　　──改革 126, 129
コミュニティ形成 74, 96, 200
コミュニティ・ボランティア・プログラム 174, 181
ゴールド・プラン 106, 118, 131
混合経済 130

サ

済世顧問 108
作為阻止型 123
サービス提供機能 11, 69
差別 174
サポートネットワーク 104
さわやか福祉財団 113, 116
参加 117
　　最大限可能な── 120
　　専門家による── 120
参加型福祉 113, 126, 131, 152
　　──社会 56
参加促進機能 11

GHQ　59-60, 104
CS 神戸　208-209
CDC（都市再開発事業）　212
ジェロントロジー（老年学）　169, 187, 201
ジェンダー　45, 207
時間貯蓄　5, 56, 114
資金提供型財団　201
資源動員論　22, 61, 125
市場の失敗理論　18, 21, 39-40
慈善事業　105
シニアコンパニオン・プログラム　7
シニアムーブメント　162-164, 228
シニア・ライツ・ムーブメント　228
支部　186, 198
シーボーム改革　129
シーボーム報告　126
市民互助型在宅福祉活動団体　57
市民参加　15, 120-121
市民事業体　61, 65, 196
市民社会　12, 30, 35, 75
市民社会研究センター　214
市民セクター　12, 30, 208
市民福祉団体全国協議会　148, 151
社会運動　16, 61
　——体　65
　——の社会学　22
　——論　63, 122
社会運動家の理論　51,
社会起業家（ソーシャルアントレプレナー）の理論　22, 41
社会経済　30, 35
社会参加機能　96
社会事業　63, 105
社会システム論　92
社会実験　23, 61, 226
社会政策　105, 128
社会的企業（ソーシャル・エンタープライズ）　35, 178
社会的起源の理論　75

社会的入院　206
社会的ネットワーク　69
社会福祉　16, 104, 127
　——団体　187
　——の三原則　60, 105
　予防的——　127
社会福祉基礎構造改革　16, 108, 152
社会福祉協議会　5, 16, 57, 107, 128
社会福祉事業法　59, 126
　——改正　131
『社会福祉への市民参加』　59
社会福祉法人　57, 108
社会変動　74
社会保障　104
社会民主主義体制　75, 100
社会連帯　68
集合行動　62
　——論　63
自由裁量　43
自由主義体制　75, 99
住民運動論　122
住民参加　120
住民参加型在宅福祉活動　57, 110, 112, 131
住民参加型在宅福祉団体　5-6, 58
住民参加型・市民互助型活動　56, 111
主体形成プロセス　22
需要　129
生涯教育　177
障害者の親の会　83
障害者福祉サービス　71
障害者福祉団体　71
小家族化　104
小規模多機能施設　137
小規模多機能地域密着型サービス　149
少子高齢社会　104
消費者主権（コンシューマリズム）　129-130
ジョンズ・ホプキンス大学　25, 73, 215
自立生活運動　66

事項索引　257

自立生活センター 95
シンクタンク 148, 169, 177, 199
人種差別 45, 179
信頼の理論 66
生活クラブ生協 64
生活世界の植民地化 124
生活の質（QOL） 174
生活費の代理受け取りプログラム 184
生活保護法 109
請求権 106
政策研究所 169, 177, 199
性差別 45
生成・展開モデル 97
政府の失敗理論 18, 21, 39
世代間の相互扶助 170
世代間の平等 169
世代間の連帯 203
セルフヘルプ・グループ 130
先駆的役割 78
全国高齢者協議会 163
全国社会福祉協議会（全社協） 58, 110
全米NPO学会（ARNOVA） 33, 215
全米退職教員協会（NRTA） 161, 163, 166, 175
全米病院ボランティア・ディレクター協会 219
総合発展型 96
相補性 171
組織 45, 97
　　――の発展段階モデル 97
　　――のライフコース 97
　　反―― 50
ソーシャル・キャピタル 74, 96, 149, 151, 200
ソーシャル・ネットワーク 151
ソーシャルワーカー 82
措置制度 118
措置福祉 126

タ

対抗文化運動 222
第三者政府 26, 43, 71
第3セクター 31
体制内編入 51
タウンゼンド運動 165, 167
多機能型 96
宅老所 134, 144, 149
ただのり（フリーライダー） 22
脱工業化社会 14, 173
多様性の理論 39
単機能型 96
団体事務 122
治安維持対策 105
地域組織化 127
地域福祉 15, 116
　　――社会学 125
　　――組織化 59, 127
　　――への市民参加 118
　　――論 59, 127
地域福祉事業法 122
『地域福祉論』 16, 126
地方老人保健福祉計画 118
チャリティ 35
中央社会福祉協議会 107
中間支援団体 223
中間集団 22, 63, 222
中範囲理論 74, 91
長期介護 73
長寿社会文化協会（WAC） 113
デイ・サービス 137
低所得者へのコミュニティ雇用プログラム 184
定年制度 18
定年退職 160, 174
ディマンド 121
当事者運動 164
当事者参加 96, 146
当事者主権 15, 66, 146
当事者団体 196
統治構造 78

投票ガイド　200

ナ

内国歳入コード　190
内国歳入庁（IRS）　25, 27, 196
ニーズ　121
日本型福祉社会論　107
『日本教の社会学』　10
日本病院ボランティア協会　210
ニューエイジング　193, 228
ニューディール　105
認知症高齢者　134
ネットワーキング論　69
年齢差別（エイジズム）　45, 160, 162, 164
年齢差別撤廃雇用法　180
納税申告補助プログラム　184
Nonprofit Almanac　25

ハ

ハウザー非営利マネジメント研究所　214
阪神・淡路大震災　63, 207
反テクノクラシー運動　124
ピアカウンセリング　96
非営利事業体　164
非営利セクター　215
　　——の国際比較研究　30
非営利郵便特典　192
非課税組織　24
非課税団体　35
ヒスパニック　181
必要の判定（ニーズアセスメント）
　129-130
ひとり暮らし高齢者　110
非分配原則　53
病院ボランティア　219-221
貧困との戦争　119
貧困問題　179
フィアラー委員会レポート　82
フィランソロピー　35
フェミニズム　45

フォーマル化　85
福祉 NPO　111, 150
　　——の機能　19, 55, 67, 98, 164
　　——の社会学　67
　　——の中範囲理論　74
　　——の役割　96, 98
　　——の理論　67
福祉オンブズマン　213
福祉関係八法改正　118, 131
福祉公社　5, 58, 110
福祉国家　12, 14, 55, 67, 72-74, 104
　　——モデル　75
　　家父長的——　152
　　規制的——　152
　　多元的——　152
福祉コミュニティ　15, 59, 126-127, 149
福祉サービス供給組織　16
福祉社会　104
福祉社会学　118
福祉多元主義　130
福祉ボランティア　108
福祉ミックス　77, 152
ブラックパワー・ムーブメント　120
ふれあい・たすけあい活動　134, 137, 145
プログラム社会　124
米国高齢者法　166, 212
米国社会保障法　165
併呑　51, 124
ベビーブーマー世代　170, 194, 202
包括補助金　83
方面委員　108
訪問介護サービス　136
補完　84
補充・補足　84
ポスト産業化社会論　173
ボランタリー・アソシエーション　35, 64-65, 206
　　——論　22
ボランタリー・エージェンシー　35, 77
Voluntary Agencies in the Welfare State

70
ボランティア　63, 114
　——活動　111
　——切符　56
　——・コーディネーター　211, 219
　——・ディレクター　211
　——の失敗　26, 44
　——反対論　82
　　行政委嘱——　108
ホワイトハウス高齢化会議　198

マ

マクロレベル　93-94
マネジメントの理論　21
ミクロおよびメゾ・レベル　93-94
ミッション　65, 193
未亡人への相談援助プログラム　184
民生委員　108
メディケア（高齢者医療健康保険）　160, 166, 179, 194
メディケイド（医療扶助）　160, 166, 179
免税特典　83
『モダン・マチュリティ』　177
モデル都市事業　119
モラルハザード　41

ヤ

役割　94
　——形成　94
　——取得　94
有償・有料システム　6
要求の多様性　39

ラ

利害関係者（ステークホルダー）の理論　22, 41, 53, 221
利害集団　169
リタイアメント・コミュニティ　176
リーダーシップ理論　53
立法府　83
リトル東京サービスセンター　212
利用者志向　221
連携機能　75
労働組合（AFL-CIO）　82, 163
ロビイスト　169, 177, 180
ロビー活動　160, 177, 198
ロビー活動公開法　192

ワ

ワーカーズ・コレクティブ　150

著者略歴

1957 年	群馬県生まれ
1981 年	東京大学文学部社会学科卒業
1987 年	東京大学大学院社会学研究科博士課程修了
	日本社会事業大学助手，同専任講師を経て，
1992 年	日本社会事業大学助教授
1996 年	九州大学文学部助教授
1994-1996 年	UCLA（カリフォルニア大学ロサンゼルス校）在外研究
現　在	九州大学大学院人間環境学研究院准教授

主要著書等

『市民福祉の社会学』（ハーベスト社，1998 年）
『高齢者 NPO が社会を変える』（共著，岩波書店，2000 年）
『ニューエイジング』（共編，九州大学出版会，2001 年）
『介護系 NPO の最前線』（共著，ミネルヴァ書房，2003 年）

福祉 NPO の社会学

2008 年 2 月 22 日　初　版

［検印廃止］

著　者　安立清史（あだちきよし）

発行所　財団法人　東京大学出版会

代表者　岡本和夫

113-8654　東京都文京区本郷 7-3-1 東大構内
電話 03-3811-8814　FAX 03-3812-6958
振替 00160-6-59964

印刷所　株式会社平文社
製本所　牧製本印刷株式会社

©2008 Kiyoshi Adachi
ISBN 978-4-13-056065-8 Printed in Japan
R〈日本複写権センター委託出版物〉
本書の全部または一部を無断で複写複製（コピー）することは，著作権法上での例外を除き，禁じられています．本書からの複写を希望される場合は，日本複写権センター（03-3401-2382）にご連絡ください．

武川正吾	連帯と承認	A5・3800円
武川正吾	社会政策のなかの現代	A5・4800円
藤村正之	福祉国家の再編成	A5・4600円
京極高宣・武川正吾 編	高齢社会の福祉サービス	A5・3600円
国立社会保障・人口問題研究所 編	社会保障制度改革	A5・3800円
社会保障研究所 編	社会福祉における市民参加	A5・4800円
田中弥生	ＮＰＯと社会をつなぐ	A5・2800円

ここに表示された価格はすべて本体価格です．御購入の際には消費税が加算されますのでご了承下さい．